대통령제와
정치적 메커니즘

미네르바정치학회 편
주미영 외

명인문화사

대통령제와 정치적 메커니즘

1쇄 펴낸날_ 2009년 2월 23일
지은이_ 주미영, 김태수, 김형철, 김신규, 강경희, 이순주,
　　　　　황규득, 장지향, 강영순, 김종법, 이상묵
펴낸이_ 박선영
펴낸곳_ 명인문화사

편집 및 표지디자인_ 엄수정
교 정_ 정동연

등 록_ 제2005-77호(2005.11.10)
주 소_ 서울시 송파구 석촌동 58-24 미주빌딩 202호
이메일_ myunginbooks@hanmail.net
전 화_ 02)416-3059
팩 스_ 02)417-3095
ISBN_ 978-89-92803-13-7
가 격_ 19,000원

ⓒ 명인문화사

1970년대 중반 민주화의 제3의 물결이 시작된 후 30년 이상이 지난 현재 전세계적으로 민주주의는 보편적 이념으로 자리 잡고 있다. 민주주의 이행과 공고화 과정에서 많은 국가들은 자국의 민주주의 발전을 위해 적합한 권력구조 모색을 위해 많은 고민을 해오고 있다. 대통령제, 내각책임제, 이원집정제 등으로 구분되던 기존의 권력구조 모델로는 더 이상 일정 국가들을 이해하고 설명하기 어려운 상황이 될 정도로 다양한 권력구조의 틀이 탄생되고 있다. 이 연구총서는 대통령제와 관련하여 논의될 수 있는 국가들에 대한 사례연구들을 소개하고 있다. 많은 국가들은 각기 상이한 역사적 경험을 해왔을 뿐만 아니라, 정치적·사회적 조건과 상황에서도 차별성을 보이고 있기 때문에 대통령제 범주에 있다 하더라도 동일한 분석 틀을 일률적으로 적용하기 어려운 측면이 있다.

미국, 남미 대부분의 국가들, 사하라 사막 이남의 아프리카 국가들, 그리고 구소련으로부터 독립된 대부분의 국가들은 대통령제가 지배적인 반면, 일본 및 인도, 유럽 그리고 오세아니아 지역 국가들은 의원내각제가 대부분이다. 지역적으로 분포된 권력구조의 운영 실태를 보더라도 미국 이외의 대통령제 국가들은 대부분이 민주화가 필요하거나 이행단계에 있는 상태인데, 의원내각제 국가들은 비교적 민주정치의 안정된 모습을 보이고 있다. 의원내각제 국가들과는 달리 대통령제 국가들은 민주주의 발전과 정치

적 안정에 취약할 뿐 아니라 오히려 권위주의 정권을 유지하는 데 보탬이
될 수 있다는 견해가 보편적이다. 이 때문에 거의 모든 권력구조 논쟁이 대
통령제의 문제점 해결을 위해 시작되고 있으며, 다양한 모습의 대통령제는
국가적 요구에 의해 이루어져왔다.

　　이 연구총서는 권력구조 논쟁에서 양대 틀 중 하나인 대통령제를 보다
심도 있게 논의하는데 목적을 두고 있다. 권력구조와 관련된 기존 연구들이
주로 대통령제와 의원내각제의 제도적 특성이나 장단점을 논의해 왔다면,
이 총서에서는 대통령제 탄생의 배경으로부터 시작하여, 대통령제 운영 모
델에 대한 비교, 변형된 대통령제 운영 메커니즘을 보이는 다양한 모습의
대통령제 국가들 소개, 대통령제의 수용 또는 포기를 둘러싼 일부 국가들의
성공과 실패 등을 다루고 있다. 우선 대통령제의 모델국가 사례 연구로 최
초의 대통령제 국가인 미국, 이원집정제 혹은 총리형 대통령제(premier-
presidentialism)로 구분되는 프랑스, 대통령 중심 내각책임제(president-
parliamentarism)인 대만 등이 소개되고 있다. 변형된 대통령제 국가로는
민족갈등을 완화하기 위해 집단-순환 대통령제를 운영하는 보스니아-헤르
체고비나, 정치대통령보다 종교적 지도자가 우위에 있는 이란, 아시아에
서 이슬람 문화를 수용하는 인도네시아, 남미에서 초대통령제(hyper-pres-
identialism)의 특성을 보이는 베네수엘라와 브라질, 인종화합과 국가통합
을 위해 의회제적 대통령제(parliamentary presidentailism)를 운영하는
남아프리카공화국 등이 논의되고 있다. 마지막으로 내각책임제 국가에서
대통령제로의 전환을 모색하는 이탈리아가 소개되고, 한국에서의 권력구
조 변화와 대통령제 운영의 변화가 논의되고 있다.

　　전세계 국가들의 절반 정도에서 채택되고 있는 대통령제를 모두 논의
하기는 불가능하지만, 대통령제 논의에 필요할 만큼의 사례 연구를 선별하
여 각 국가별 특성, 장단점 등을 살펴본다면 한국에서도 빈번히 등장하는
권력구조 논쟁이나 대통령제 개혁 논의에서 한국 상황에 바람직한 권력구

조 또는 대통령제를 다시 한 번 생각해볼 수 있는 장이 될 수 있을 것이다. 이런 의미에서 이 총서 편집에 포함된 11개의 사례연구는 각 국가나 지역 연구 전문가들에 의해 이루어진 만큼 각 국가에 대한 정확하고 상세한 내용이 소개될 수 있었다. 마지막으로 각 국가들에 대해 해박한 지식을 제공해준 한국외대 미네르바정치학회 회원들인 모든 저자들의 많은 노고에 깊은 감사의 마음을 전하고자 한다.

미네르바정치학회를 대표하여 주미영

간략목차

세부목차

도해목차

제1부

제도 중심의 대통령제 모델

제1장

미국:

대통령제의 제도화와 대통령 권한 변화*

주미영 (한국외국어대학교)

1. 들어가는 말

오늘날 전세계적으로 대통령제를 채택하고 있는 국가는 약 100개 정도 존재한다. 대통령제 국가의 수는 제2차 세계대전 이후 급격히 증가하기 시작하면서 현재에는 내각책임제를 운영하는 국가들보다 훨씬 더 많은 수를 차지하고 있다. 흔히 대통령제를 채택하고 있는 많은 국가들이 대통령제의 원조국가인 미국 대통령제와 거의 유사한 특징을 보일 것 같지만 헌법이나 제도적 운영의 틀을 세부적으로 살펴보면 상당 부분 다른 모습을 보이고 있음을 알 수 있다. 현재에는 순수 형태의 대통령제를 운영하는 국가들보다도 내각책임제의 특징을 일부분 포함한 혼합 형태의 대통령제나 변형된

---

* 이 장의 제3~5절 중 일부 내용은 본 저자의 "미국의 정치개혁과 향후 과제"(오름, 2004)
  의 내용을 수정·보완한 것임.

대통령제를 채택하는 국가들이 더 많은 편이다. 각 국가의 권력구조는 국가의 역사적 배경, 문화적 특성, 정치엘리트들의 정략적 선택, 국내 정치 상황, 외부로부터 영향 등 수많은 요인에 의해 설명되는 만큼 그 모습은 다양할 수밖에 없다.

　영국의 식민지 통치로부터 독립한 미국이 당시의 유럽 국가들과는 다른 모습의 권력구조로서 대통령제를 만들게 된 이유는 무엇일까? 자유와 평등이라는 민주주의 가치를 누리기 위해 신대륙으로 이주한 유럽인들은 독립 이후 자신들의 가치를 실현시켜줄 수 있는 새로운 정치체제로서 대통령제가 바람직하다고 생각한 것일까? 미국이 새로운 제도를 만들어 낸 원인 파악을 위해서는 미국인들만의 역사적 경험과 당시의 미국 국민들이 진정으로 원했던 것이 무엇이었는가를 살펴볼 필요가 있다.

　무엇보다도 미국에서 최초로 대통령제가 탄생하게 된 배경이 무엇인가를 파악하기 위해서는 헌법제정 당시 대통령직을 둘러싼 건국의 아버지들의 논쟁 과정에서 어떤 주장들이 있었는가를 살펴봐야 한다. 더불어 미국 헌법이 보장하고 있는 대통령의 헌법상 권한과 대통령이 실제로 행사하고 있는 권한이 역사적으로 얼마만큼 변화되어 왔는가를 추적해 본다면 그 변화의 원인과 미국 대통령제의 현재의 모습을 명확히 이해할 수 있을 것이다. 만일 미국의 대통령제가 미국의 경험과 당시의 현실적 상황에 맞춰 등장한 제도라면, 과연 다른 국가에 적용되었을 경우 미국에서와 같이 운영될 수 있을지 또 다른 국가의 대통령제는 과연 그들에게 적합한 형태로 운영되고 있는지에 대해 평가해 볼 수도 있다.

　미국에서는 헌법제정 당시부터 대통령의 필요성을 둘러싸고 나타났던 각기 다른 찬반 논란을 타협으로 이끌어 냈던 만큼이나 헌법제정 이후에도 대통령제 운영에 있어서 늘 상반된 기대와 논리적 모순점이 존재해왔다. 건국의 아버지들이 의도한대로 삼권분립과 견제와 균형을 위한 헌법조항들이 마련되었음에도 불구하고 워싱턴(George Washington) 대통령 이후 현재까지 거의 모든 미국 대통령들은 권한 확대를 위해 끊임없이 노력해왔다고 해도 과언이 아니다. 특히 20세기 이후의 이른바 현대적 의미의 대통령들은 헌법제정 당시보다 실제로 모든 면에서 제약이 없을 정도의 강력한 권한을 행사해오고 있다고 평가된다. 이런 대통령의 권한 강화는 헌법의 공식적 권한의 변화라기보다는 시대적 상황이나 직무 운영에 있어서 대통령이 활용할 수 있는 다양한 자원과 제도 변화를 통한 비공식적 권한의 확대를 의미한다. 그런데도 현재의 미국 대통령제 하에서도 여전히 정치의 정체, 봉쇄, 마비, 혹은 교착 상태로 표현되는 대통령의 발목을 잡는 현상이 과거보다도 빈번히 나타나고 있다. '현대 대통령직의 위기'라고 일컬어지는 이 현상은 대통령제가 지닌 제도적 이유도 있지만 궁극적으로는 대통령이 국민들이 기대하고 요구하는 정치적 리더십을 효율적으로 수행하지 못하기 때문에 나타난다. 그럼에도 불구하고 미국 대통령제는 큰 위기를 겪지 않고 200년이 넘도록 안정적으로 운영되어 오고 있다는 점에서 대통령제의 이상형 모델로 간주되고 있다고 할 수 있다.

　　미국헌법 제정 이후 대통령직 변화를 세밀히 살펴보면 대통령의 권한 강화도 있었지만 권력의 견제와 균형을 위해 의회가 의도적으로 대통령의 권한을 약화시키려는 노력도 상당 부분 있어왔다. 따라서 이 글에서는 우선 미국 대통령제 탄생 배경과 제도화 과정, 대통령제의 특징을 살펴보고, 민주주의 운영에서 권력의 견제와 균형의 틀을 둘러싼 대통령 권한 변화를 검토하고자 한다. 이런 의미에서 의회와 사법부와의 관계 속에서 대통령 권한이 어떤 양상을 보여 왔는가가 논의될 것이다. 게다가 대통령의 의지나 의도에 의해 변화될 수 있는 비공식적 권한 변화를 파악하기 위해서는 정당, 사법부, 언론 그리고 대중과의 관계를 차례로 살펴볼 필요가 있다. 특히 제2차 세계대전 이후 현재까지 지난 50여 년 동안 적지 않은 부분에서 지속적으로 제도적 변화가 있어 왔고, 이와 관련된 연구도 상당 수 존재한다. 대통령 권한 변화에 대한 연구 대부분은 주로 대통령의 헌법상 권한과의 비교를 통해 재임 중 대통령들이 어느 정도의 권한을 행사해 왔는지 혹은 실제로 어떤 방법으로 권한을 넘어서는 권한을 행사했는가에 초점을 두고 있었다. 그러나 무엇보다도 현실 정치에서 대통령이 자신의 권한을 확대하기 위해 어떤 자원과 방법을 이용해왔는가를 살펴보는 것이 보다 중요하다.

2. 미국 대통령제의 탄생 배경

1) 영국의 식민지 통치로부터의 경험

아메리카 대륙에 이주한 유럽인들은 영국의 식민통치 하에서 분리지배(divide and rule) 원칙에 기초한 삶 속에서 당시 유럽의 봉건적 구조와는 달리 자유로운 식민지 생활과 자치정부를 영위할 수 있었다. 따라서 버지니아에서는 선거를 통해 하원(House of Burgesses)[1]이라는 아메리카 지역에서의 최초의 의회가 탄생될 수 있었다. 그런데 영국왕이 임명한 총독이 자신의 권한을 증대시키고 실제로 독재 군주처럼 행세함에 따라 정착민들은 총독과 동부지역 귀족들의 권한에 대해 큰 불만을 갖게 되었고, 이 때문에 1767년 식민지에서 최초의 반권위주의 정서를 대변하는 베이컨(Nathaniel Bacon)의 반란[2]이 발생하였다.

---

1) 버지시스(Burgesses)는 시민으로서의 권리를 지닌 사람을 의미하며, 불어의 부르주아지와 동일한 어원을 지닌다. 이 회의에는 1619년 총독, 총독이 지명한 주 의원 6명, 개별 사유지에서 선출된 대표 2명, 버지니아사에서 영지 네 곳과 지역에서 선출된 2명으로 구성되어 있었다. 처음에는 모든 남성들에게 투표권이 허용되기도 했지만 1670년에 이르러 투표권은 땅을 소유한 17세 이상의 남자들에게만 허용되었다(데이비스 2003, 67).
2) 이 사건은 당시 버지니아 총독이 부당한 세금징수, 측근의 고위직 기용, 인디언으로부터 농부들을 보호하지 못하는 것에 대해 앞장서 비판을 가하던 베이컨이 민병대를 조직하여 민중반란을 일으킨 것이다. 이 반란은 20개 정도의 식민지 반란 중 최초로 발생한 것으로,

영국은 일부 식민지들을 상업적으로 성공하기 위해서라기보다는 토지와 권력을 지닌 귀족들에게 영구적인 거주지를 제공해 주는 데 이용하기도 했다. 결국 이들 귀족들은 신세계에서 하사받은 토지에 대해 거의 왕에 버금가는 권한을 행사할 수 있었던 반면, 일반 정착민들은 지대를 지불하는 생활을 하면서도 종교의 자유나 정치적 자유를 허용 받을 수 있었다. 이들 식민지들은 세금을 제외한 모든 면에서 독자적인 계획에 따라 형성되었고 대부분 서로 간섭받지 않는 상황 속에서 발전하였기 때문에 영국으로부터의 통치는 단지 형식적인 것에 불과했다. 식민지 정치의 초점은 지방정치였고, 식민지 정부는 영국 의회로부터 어느 정도 독립되어 독자적으로 운영되었다.

1689년부터 1775년 사이에 있었던 유럽 강대국들 간의 전쟁은 대부분 왕위계승을 둘러싼 분규에서 시작하여 식민지 경쟁으로 비화된 것이었다. 이런 과정에서 아메리카 대륙에서 치러진 이들 유럽 국가들 간의 전쟁으로 인해 정착민들은 전쟁 비용 충당에 대한 압력을 크게 받게 되었고, 결국 영국과 프랑스 간의 7년 전쟁(1756~1763)이 끝난 후에는 영국 정부와 식민지간의 갈등은 극에 다다르게 되었다. 군인들에 대한 무료 숙박 제공 등 영국의 강제 요구사항과 징병을 둘러싼 갈등, 전쟁부채를 위해 영국 의회가 부과하는 세금에 대한 반대, 영국 정부의 무역규제에 대한 반항 등이 지속적으로 발생하였다. 결국 영국과 식민지의 반체제자들은 영국 헌법이 위험에 빠졌다고 확신함과 동시에 왕과 그의 각료들이 유일한 권력 중심으로 부상하면서 부패된 위험한 독재체제로 변화되고 있다고 비판하기 시작했다. 당시 영국왕 조지 3세에 대한 저항은 결국 1775년 미국 독립전쟁의 도화선이 되었고 1776년 마침내 독립선언서가 선포되면서 미국이 탄생되었다.

미국의 탄생은 영국의 어설픈 식민지 경영과 전비충당으로 인한 경제

'가진 자에 대한 갖지 못한 자의 반란'으로 간주되고 있다.

적 현실 그리고 유럽으로부터 계몽주의 사상의 영향 등에 의해 가능했다. 영국 전제군주에 반발하여 영국으로부터 해방되고자 했던 식민지 정부들이 영국 정부의 구조와 유사한 모습을 보인 것은 모순적 현상이었다. 13개의 식민지는 독립을 주장하며 스스로 주(state)라 부르기 시작했고 각자의 주권을 동등하게 행사하게 되었다. 당시의 미국인들은 연방정부의 필요성을 인지하지 못한 채 각 식민지가 스스로의 권력 중심이라고 생각했다. 주지사는 영국왕에 의해, 연방의회의 상원은 주지사에 의해 임명되었던 반면 하원은 국민에 의해 선출되었다. 주지사는 식민지 의회에서 절대적인 최종 거부권을 행사할 수 있는 권한, 사법부 구성 권한, 그리고 의회를 정회하거나 해산할 권한 등 실질적인 권한을 지니고 있었다. 이 때문에 식민지 정부들은 또다시 권력에 목말라 하는 주지사들에 의해 남용될 수밖에 없었다. 결국 미국인들은 영국과는 다른 권력구조의 필요성을 인식하게 되었다.

2) 연합규약의 실패와 연방정부의 필요성

미국 독립은 영국 왕의 권력 남용에 대한 반발로써 이루어졌지만, 미국의 법과 제도를 마련하기 위해 모인 당시의 엘리트들에게는 영국의 입헌군주제가 가장 익숙했을 뿐만 아니라 당시 이 제도를 다른 어떤 국가보다도 영국을 부강하게 유지할 수 있게 한 정치체제로 간주하고 있었다. 왜냐하면 영국의 입헌군주제는 아리스토텔레스(Aristotle)가 제시했던 세 가지 정부 유형이 지녔던 내재적 문제점을 해결하여 국민들에게 적어도 기본적인 자유를 보장해주기 위해 만들어낸 제도였기 때문이다. 즉 군주제(monarchy)를 기초로 한 국왕, 귀족제(aristocracy)를 기초로 한 상원, 민주제(polity)를 기초로 한 하원의 탄생은 각 유형이 타락해서 폭군제, 과두제, 폭민제로 빠질 것을 우려하여 국왕, 상원 그리고 하원이 서로 견제와 균형을 이룰 수 있도록 혼합된 결과물이었다(Milkis and Nelson 1999, 2-3).

하지만 식민지 경험을 통해 영국왕의 폭정 위험성을 인식함으로써 이들 엘리트들은 행정부에 의해 자유가 위협받을 수 있지만 의회에 의해서는 보호된다고 믿었다. 따라서 그들은 국왕의 존재나 연방정부의 중요성에 대한 인식 없이 강한 주정부의 권한을 기초로 한 연합규약(Articles of Confederation)을 만들어 냈다. 뉴욕3)을 제외한 나머지 12개의 주법은 의회에 의해 임명되고 재선이 불가능한 임기 1년의 약한 주지사와 강한 의회를 명시하고 있었다. 주들의 우호관계를 강조하고 의회 내 동등권을 강조한 연합규약은 연방정부와 행정수반에 대한 미국인들의 두려움이 반영된 것으로 대통령(president)4)의 역할은 오직 의회 회기를 진행하는 사회자에 불과했다. 대륙회의(Continental Congress)로 알려진 의회는 연방정부의 유일한 기구였으나 무역조정권, 군대징집권과 조세권을 전혀 지니지 못했고 이를 위해서는 주의회에 승인을 요청해야만 하는 무능력한 기구에 불과했다.

결국 중앙정부의 역할 부재 때문에 미국은 전쟁으로 인한 경제적 혼란을 극복하기 어려웠고, 각 주의 화폐 남발로 인한 통화 붕괴, 해외무역의 중단 등으로 국내 상황이 극도로 악화되기 시작했으며, 외국군의 침략과 지방의 반란을 막아낼 능력 또한 없었다. 동등한 주들 간의 영토분쟁이나 과세분쟁이 발생했을 때에도 이를 해결할 수 있는 방법조차 없었다. 게다가 연합규약의 수정을 위해서 모든 주들의 만장일치가 필요했기 때문에 그 수정조차 쉬운 문제는 아니었다. 이렇듯 연합규약이 실효성이 없음을 인식하게 된 것이 바로 미국 대통령제의 탄생의 주요 계기가 된 셈이다. 이들 주들은 자신들이 만들어낸 문제를 해결하기 위해서 강력한 중앙정부 역할의

---

3) 뉴욕의 주지사는 주민에 의해 선출되고 임기 3년에 재선이 가능했다.
4) 대통령(president)란 용어는 연합규약을 만들어 낸 대륙회의의 사회자에서 유래되었고, 의회(Congress)도 대륙회의에서 유래되었음을 알 수 있다.

필요성을 인식하게 되었다. 한편 1786년에는 퇴역병이었던 쉐이즈(Daniel Shays)가 주도한 미국 내 기득권층에 대한 농부들과 노동자들의 저항이 발생하기도 했는데, 이는 보통 사람들에 의해서도 사회적 무질서가 발생할 수 있다는 위협을 주는 사건이었다. 이로써 질서유지를 위해서라도 중앙정부의 역할이 필요하다는 의식이 보다 강하게 결집되면서 마침내 미국 건국의 아버지들의 토론과 타협을 거쳐 새로운 헌법이 제정되었다.

3. 미국 대통령제의 제도화와 대통령의 권한

1) 대통령제 수립과정에서의 논쟁

17, 8세기 계몽주의 사상이 미국의 식민지 시절부터 독립선언서와 헌법제정에 이르기까지 미국에 큰 영향을 끼쳤다는 사실은 잘 알려져 있지만, 최초의 대통령제 수립에 있어서 세부적으로 어떤 방식으로 영향을 주었는가에 대해 살펴볼 필요가 있다. 그 시절 아메리카에서는 영국왕이었던 조지 3세의 횡포에 대한 반감이 팽배한 가운데 새로운 정치제도를 마련하고 있었을지라도, 지식인들 모두가 왕의 필요성을 부정한 것은 아니었다. 이들은 다만 왕의 절대적 권위를 막을 수 있는 방법을 강구하는 것이 보다 필요한 작업이라 생각했다. 유럽의 많은 계몽주의 철학자들 사이에서 권력분립의 원칙이 강조되고 있었던 만큼, 미국에서도 권력분립을 통해 견제와 균형이 이루어질 수 있는 정부 형태가 가장 좋은 정부로 간주되고 있었다.

로크(John Locke)도 외교적 정책결정, 특히 전쟁선포와 전쟁수행과 같은 특권적 권한은 분명히 왕에게 부여되어야 한다고 주장했다(Dunn 1969, 148-64). 권력분립 원칙이 잘 이루어지기 위해서는 강력한 독립 군주가 필요했다. 몽테스키외(Charles Louis de Secondat Montesquieu)나 흄

(David Hume)도 절대적 권위를 행사하는 군주는 아니지만 적당한 권위
와 존엄을 갖추고 있으면서 독립적인 강한 권한을 행사할 수 있는 군주와
같은 행정수반이라면 효율적이고 균형 있는 정부를 가능하게 할 수 있다고
주장했다(Scheuerman 2005, 30-32).

하지만 유럽의 사상가들과는 달리 미국 내에서는 1776년 페인(Thomas
Paine)이 『상식(*Common Sense*)』이란 글을 통해 국왕 세습의 부조리를
비판하면서 조지 3세처럼 부패한 군주를 축출하고 인민들을 잔혹하게 괴
롭히는 정치체제와는 완전히 결별하는 것은 하나의 상식과도 같다고 주장
했다(페인 2004). 그럼에도 불구하고 미국 독립 후 인민 지배를 기초로 하
는 민주주의 사상은 불만에 쌓인 억압받는 계급이었던 신흥 중산계급이나
소외된 비세습적 귀족들의 일부만이 선호하고 있었을 뿐 자신들의 특권을
더욱 강화시키려고 애쓰던 사회의 특권층에게는 결코 선호될 수 없었다.
몇 명을 제외한 대부분의 건국의 아버지들도 상당한 사회적 지위와 부를
누리고 있었던 사람들이었기 때문에 보통사람들이나 인민에 의한 지배에
대해 큰 거부감을 보이고 있었다. 대중들의 반란에 의해 발생할 무정부상
태와 공포의 위험으로부터 벗어나기 위해서는 어떤 형태의 정부라도 채택
되어야 했는데, 건국의 아버지들은 군주에 의한 독단적인 지배나 인민 통
치의 자의성에 반대하는 공화주의(republicanism)를 선호하였다. 공화주
의는 미국 건국의 아버지들처럼 세습귀족은 아니지만 국가를 이끌 수 있는
시민적 덕성이 남보다 뛰어난 엘리트적 존재를 중시하고, 국민에 의한 통
치의 자의성을 경계해 직접민주주의보다 대표성이 중시되는 대의제를 수
용하는 것이었다.

헌법제정회의에 참석한 건국의 아버지로 일컬어지는 55명의 대표자들
은 영국의 행정가들과 오랫동안 경험을 같이 했던 미국 내 신귀족층에 속
했던 사람들로서 강한 연방정부를 갖추는 것이 새로운 국가인 미국을 성공
적으로 만들 수 있는 중요 요인이 될 거라는 데 공감하고 있었다.[5] 이들은

연합규약의 실패를 거울삼아 연방정부의 필요성에 대한 합의 하에 행정부와 대통령의 역할에 대한 헌법 조항을 마련할 수 있었지만, 타협이 이루어지기까지에는 600번 이상의 표결이 있었을 정도로 수많은 내부적 갈등이 존재했었다. 이를 감안해 볼 때 미국의 정치제도 수립에 기초를 마련해준 헌법은 헌법제정자들의 정치적 이상과 정치적 편의 간의 조화를 달성하기 위해 수많은 협상절차를 거쳐 이루어낸 정치적 산물이라고 해도 과언이 아니다.

건국의 아버지들은 무엇보다도 폭정의 원인이 되었던 전제군주로부터 벗어나 자유로운 새로운 정부형태를 창조하고 또한 무절제한 인민 의지의 행사, 즉 인민에 의한 전제정치로부터 보호되는 정부형태를 만들어 내야 하는 두 가지 목적을 달성해야만 했다. 이들이 논의했던 중요 쟁점은 대표의 문제와 노예의 문제 이외에도 행정부와 대통령의 역할에 관한 것도 포함되어 있었다. 우선 매디슨(James Madison)의 버지니아안(Virginia Plan)은 투명성과 전문성을 위해 3부를 갖춘 연방정부를 구성할 것과 연방정부에 주법을 거부할 수 있는 권한을 부여하여 나름대로 연합규약의 폐단을 막고자 하는 의도는 엿볼 수 있었지만, 행정부 수반과 관련해서는 의회에 의해 행정부 수반이 선출되어야 한다고만 언급하고 있을 뿐 행정부 수반의 수나 그 권한과 관련된 명확한 내용은 없었다. 버지니아의 입장에서는 자유를 보호하고 "모든 권력은 궁극적으로 국민으로부터 유래되어져야 한다"는 원칙을 고수하기 위해 의회에 의한 행정부 수반 선출을 선호하였다. 군주제 폐지를 위한 오랜 전쟁을 겪은 미국에서는 한 명의 행정부 수반에 과도한 권력이 놓이게 되는 것에 대한 두려움이 상당히 팽배되어 있었다. 그럼에도 불구하고 논의 과정에서 불명확한 문구 조정 작업을 통해 의회에 의해 단 한 명의 행정부 수반이 선출되어야 하고 임기는 7년으로 하는 내

---

5) 이들 중 42명은 전직 의원들이었고, 21명은 독립전쟁에 참가한 경험이 있었고, 8명은 독립선언문에 서명하기도 했다.

용이 첨부되었다.

　한편 작은 주에 속한 뉴저지는 큰 주들과의 경쟁적 관계에서 의회에서 선출하고 해임하는 다수 또는 위원회 형태의 행정부 수반의 필요성을 제안했다. 이와는 대조적으로 해밀턴(Alexander Hamilton)은 영국식 정부의 우월성을 강조하면서 세습적 군주는 아니지만 행정부 수반은 선거인에 의해 선출되어야 하고 종신제를 인정할 것과 군통수권을 비롯하여 막강한 권한을 행사해야 된다고 주장하였다. 헌법제정자들은 버지니아안이 적정한 수준이라 생각하고 부족한 부분을 보다 명확하고 세부화 시키는 작업을 통해 대통령의 임기를 4년으로 하되 연임에 대한 제한은 두지 않고, 대통령은 의회가 아닌 선거인단(electoral college)에 의해서 선출할 것을 확정지었다. 이와 함께 대통령의 자격조건, 권한 등에 대한 조정도 이루어졌다.

　헌법제정회의 초기에는 강력한 연방정부와 행정수반에 대한 주장이 주목받지 못했지만 미국의 방대한 지리적 조건, 외부로부터의 지속적인 침입 위협 등 당시의 대내외적인 경제적, 정치적 어려움 극복을 위해 강력한 연방정부와 대통령의 필요성이 인지될 수 있었다. 헌법제정 과정에서 가장 큰 대립각을 보였던 매디슨과 해밀턴간에 벌어진 논쟁에서 헌법 제정자들이 실제로 어떤 가치를 추구했고 의도를 가지고 있었는지도 간파할 수 있다. 매디슨은 행정부가 너무 과도한 권한을 지닌다면 자유를 위협하는 위험한 정부가 될 것이라고 주장했던 반면, 대표적인 연방주의자인 해밀턴은 강력한 정부와 강한 대통령을 옹호하면서 강력한 연방 정부의 필요성을 주장해 온 만큼 국가의 질서유지를 최우선시 하는 주장을 펼쳤다. 헌법제정 회의가 열렸던 당시에 견제와 균형을 감안해서 상당 수준 제한된 권한만을 허용한 대통령직이 탄생된 점은 자유라는 가치를 우선시 하던 매디슨의 주장이 더 우세했다고 평가할 수 있다. 하지만 해밀턴이 주장했던 종신제가 아닌 4년이라는 대통령 임기 그리고 연임 조항이 채택된 점에서만 차이가 있을 뿐, 행정부 수반의 호칭이 왕에서 대통령으로 바뀐 것이나 권력분립이 이루어진 것은 그들 간의 승패를 결정짓는 결과는 아니었다.

　행정부 수반에 대한 청사진 만들기가 매우 복잡한 문제라는 점을 감안했을 때 당시에 정치적 지식은 물론 새로운 실험에 대해서도 불확실한 환경이었음에도 불구하고 미국 대통령제의 탄생은 아주 창조적이고 중요한 업적으로 평가될 수 있다. 미국 대통령직은 오랫동안 논의되었던 만큼 다소의 의견충돌은 있었지만 심각한 대립경쟁을 거치지 않고 단지 활기 넘치는 토론을 통해 안정적으로 공화주의적 새로운 제도를 설계하려는 독창적인 노력으로 탄생된 작품이었다(Rakove 1996, 82). 게다가 자신을 왕으로 추대하려는 사람들을 단호히 뿌리친 독립전쟁 영웅 워싱턴(George Washington)이 없었다면 미국의 대통령제 탄생은 불가능했을 것이다.

2) 대통령의 헌법적 권한

미국 헌법 제2조에는 대통령의 수, 선출방법, 임기와 자격조건, 해임 조건, 행정부와 입법부 간의 제도적 분립, 대통령의 권한 등이 명시되어 있다. 대통령은 권력분립이 되어 있는 정치체제 속에서도 행정부 리더십의 중심 역할을 담당하는 주인공으로 간주되고 있다. 헌법은 대통령직이 하나의 직책으로서 어떻게 기능해야 하는가를 명시하고 있다. 헌법제정 당시에도 그랬지만 200년 이상이 지난 현재에도 미국 대통령제는 다른 국가와 비교를 하더라도 그 독특함을 유지하고 있다. 대통령제를 채택한 많은 국가들이 분명히 미국 대통령제를 기초로 했음에도 불구하고 운영과정에서의 시행착오를 겪으면서 그들만의 특수성을 갖출 수밖에 없었을 것이다. 미국 대통령제 역시 시간이 흐름에 따라 대통령 권한과 관련하여 다소 변화된 부분이 있긴 하지만, 그 동안 한 번도 대통령제를 버리고 다른 권력구조로 변화시키려는 획기적 시도 없이 안정적으로 운영되고 있다는 점에서 대통령제를 운영하는 국가들에게는 모범답안처럼 간주될 수밖에 없다.

도표 1-1 대통령의 행정명령 수

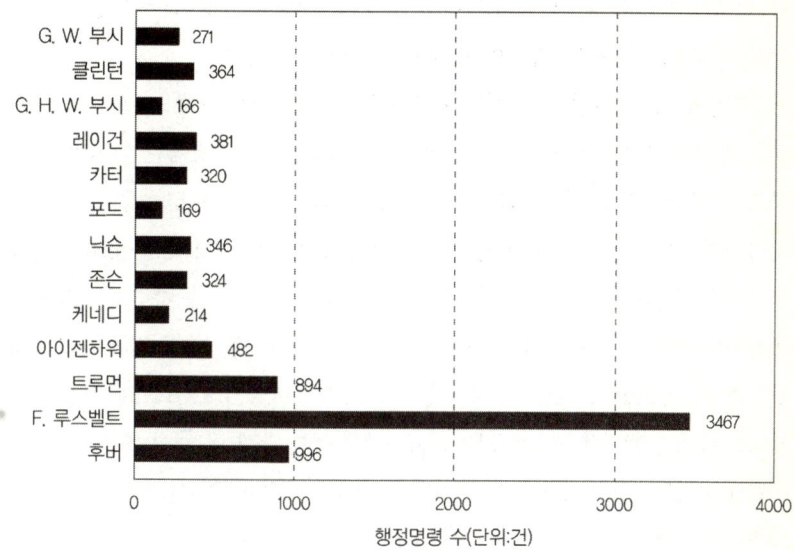

행정명령 수(단위:건)

출처: The National Archives Federal Register(2008년 8월까지의 자료임) (http://www.archives.gov/federal-register/executive-orders/disposition.html)

    헌법 내 대통령의 자격은 미국에서 태어나 최소한 14년 이상 거주한 35세 이상이어야 한다고 명시되어 있다. 대통령의 의무는 그 직무의 중요성을 감안해 볼 때 지나칠 정도로 간략하게 명시되어 있어 애매모호한 상황이 발생한다. 이 때문에 대통령의 권한을 허용하거나 제한하는 데 있어서 문제가 발생하기도 한다. 대통령의 주요 의무로는 국가수반이자 행정부 수반으로서의 의무, 군통수권자로서의 역할, 의회소집권, 법안 또는 결의안 거부권(veto), 상원 승인 하에 각료 및 고위직 공무원의 임명 및 해임권, 조약체결권, 그리고 사면권(pardon power) 등이 있다. 이 중 사면권만이 실제로 대통령이 독점적으로 행사할 수 있는 권한일 뿐 다른 권한은 공유된 권한에 속한다. 대통령은 이렇게 분명히 명시되어 있는 내용 이외에 헌

법에서 추론될 수 있는 고유권한(inherent powers) 범위에서 자신의 권한
을 확대하기도 한다. 이런 고유권한은 주로 역사적으로 국가의 중대 상황
이나 외교정책수립의 경우에 행사되는 경향이 있다.[6)]

그밖에도 고유권한의 범주에 속하는 것으로 행정명령(executive or-
der)과 행정특권(executive privilege) 등이 있다. 행정명령은 의회에서 법
령으로 제정하지 않았을지라도 법과 같은 효력을 지니는 명령으로 1936년
대법원에 의해 헌법적 효과가 있다고 판결되었기 때문에 대통령들은 긴급
히 처리할 필요가 있는 문제에 대해 상당수의 행정명령을 내리고 있다. 대
표적인 예로 트루먼(Harry Truman) 대통령이 군부 내에 인종차별철폐
를, 존슨(Lyndon Johnson) 대통령이 소수자우대정책(affirmative action
program)을, 레이건(Ronald Reagan) 대통령이 군대 내 동성애 금지를, 클
린턴(Bill Clinton) 대통령이 아이티에서의 쿠데타 이후 제재조치 등을 행
정명령에 의해 시행하기도 했다(Fiorina and Peterson 2003, 402). 9·11
테러 이후 부시 대통령 역시 국토안보부 설치와 테러와의 전쟁과 관련하여
미국과 미국민을 보호하기 위한 일련의 행정명령을 내린 바 있다.

한편 행정특권은 권력분립의 원칙상 행정부의 정책결정과정이 고도의
기밀성을 요구할 경우 대통령은 그 정책과 관련하여 의회나 대법원 등과 같
은 다른 권력기관으로부터의 자료 제출이나 증언 요구를 거부할 수 있는 고
유 권한으로 건국 초기부터 인정되어왔다. 닉슨(Richard Nixon) 대통령은
워터게이트 사건 당시 행정특권을 내세워 대법원의 자료제출 요구를 거부
했었고 1974년 대법원은 이를 인정한 바 있다. 이후 카터(Jimmy Carter)
와 부시(H. W. Bush)는 거의 이것을 사용하지 않았고, 최근 클린턴 행정

---

6) 이 예로는 워싱턴 대통령이 상원과의 합의 없이 영국과 제이조약(Jay Treaty)을 체결한 경
  우(최명·백창제 2001, 366), 링컨 대통령이 남북전쟁 시 의회가 승인한 상한선을 초과한
  규모의 군대를 명령한 경우와 군사경비가 예산보다 초과하자 의회의 조세권과 지출권을
  뺏은 경우(Janda et al. 2002, 375) 등이 있다.

부 2기부터 부시(George W. Bush) 대통령의 경우 행정특권의 사용이 증가해왔다.

클린턴 대통령은 르윈스키 성추문 사건에 대한 스타(Kenneth Starr) 특별검사의 조사에 대응하기 위해 행정특권을 행사했지만 법원에서 인정되지 않았다. 2002년 부시 대통령도 에너지 회사인 엔론(Enron)사 파산과 관련하여 백악관과 부통령실에 관련 자료를 제출하라는 상·하 양원 법사위원회의 요구를 대통령의 행정특권을 내세워 거부한 적이 있으며, 최근에도 의회가 2006년 연방검사 무더기 해임사태, 영장 없는 불법도청과 관련된 증거 제출과 백악관 측근들의 증인 출석을 요구했지만 대통령은 행정특권을 발동해 거부했다. 실제로 이 권한은 역사적으로 단지 소수의 대통령들만이 행사하였음에도 불구하고 부시 대통령의 경우는 다른 대통령들보다 많은 여섯 차례의 행정특권을 사용했는데 2007년에 접어들어 네 번이나 사용하는 기록을 세우고 있다.

행정특권 사용과 관련해 볼 때 권리장전과 책임정부는 공존할 수 없음을 알 수 있다. 정부업무에 대해 국민들이 자세히 알 수 있는 자유를 보장하는 것도 중요하지만, 국가 안보를 위해 대통령이 중요 정보를 의회, 관료, 그리고 대중에게 비밀에 부칠 수도 있기 때문이다. 헌법제정자들은 자유를 위협하지 않는 효율적 리더십을 위한 제도의 필요성을 강조했지만, 실제로 헌법에는 이 문제에 대한 언급이 전혀 존재하지 않는다.

대통령과 관련된 공식적인 헌법 수정은 현재까지 네 번 있었다. 수정안 제12조(1803)의 경우 대통령과 부통령 선거와 관련된 내용으로서 원래 헌법에서 자세히 명시되지 않았던 선거방법과 관련된 세부적 내용이 첨부되거나 변화되었는데, 이는 대통령 권한 변화와는 전혀 관련이 없다. 반면 1933년의 수정안 제20조는 대통령과 연방의회 의원의 임기와 관련된 것으로 새로 선출된 대통령의 취임일(1월 20일)과 11월 초 실시되는 선거일과의 차이를 줄임으로써 재임 중인 대통령의 레임덕(lame duck)

현상을 줄이려는 의도가 반영된 조항이다. 하지만 이 조항은 레임덕 현상의 축소보다는 대통령 권한 약화를 최소화시키려는 의도를 반영하고 있다고 할 수 있다. 이 수정안은 또한 임기 개시일 전에 대통령이 결정되지 않거나 당선자가 사망했을 경우 부통령이 대신할 수 있다는 내용도 포함하고 있다.

수정안 제22조(1951)는 대통령은 재선까지만 가능하도록 임기를 제한하는 것으로 4개의 수정안 중 가장 대통령 권한 변화에 큰 영향을 주는 것이다. 이 수정안이 등장하기 전까지는 대통령의 임기 제한이 없었는데도 불구하고 워싱턴 대통령이 연임한 이후 대통령직을 물러남으로써 임기제한이 없다는 이유로 대통령이 장기 집권하는 문제는 발생한 적이 없다. 임기제한은 없더라도 연임하는 것이 마치 관행처럼 이어져 왔기 때문에 성문화되어 있지는 않았으나 마치 불문헌법적 요소로 인정되어왔다. 하지만 미국이 경제 대공황에 빠져 있던 시기 4번 연속 대통령에 당선되었던 루스벨트(Franklin Roosevelt) 대통령 하에서 이 법안이 상정되어 통과되었다. 장기집권 방지를 위한 수정안이었지만 이 때문에 대통령이 오히려 레임덕에 빠질 위험이 높아지게 되어 대통령의 권한이 위축될 뿐만 아니라 국정운영상의 효율성이 저하될 가능성이 높아졌다. 마지막으로 1967년에 비준된 수정안 제25조는 대통령이 탄핵, 사망, 유고 시 부통령이 대통령직을 승계한다는 것과 함께 부통령직 궐위 시 대통령이 부통령을 임명하고 의회가 인준해야 함을 명시하고 있다.

이렇듯 헌법 상 명시된 대통령 관련 내용에서는 200년이 지난 현시점에도 그다지 큰 변화가 나타나지 않는다. 대통령 선거 및 임기와 임기제한 철폐 등과 관련하여 미국 사회에서 다양한 의견이 제기되고 있기는 하지만 큰 주목을 받지 못하고 있는 것을 볼 때 향후에도 대통령제에 영향을 줄 새로운 수정안이 제기될 가능성은 거의 없다.

4. 대통령과 입법부, 사법부와의 관계

1) 대통령 권한의 견제와 균형을 위한 법제정

헌법적 권한 수정과는 달리 미국 대통령제의 제도화는 1930년대 시작되었다고 할 수 있다. 1929년 경제대공황에 이어 두 번의 세계대전 그리고 냉전시기 수많은 국제사회 내 전쟁개입 등으로 인해 대통령 중심의 정부가 탄생될 수밖에 없었고, 의회 역시 국가적 위기 상황에서 대통령 권한 강화에 방관하는 태도를 보임으로써 스스로 자신들의 입지를 약화시켰다. 대통령의 권한에 영향을 주는 새로운 법(Act) 제정은 대통령직을 강화하거나 약화시키는 효과를 주는 방법이 되고 있다. 견제와 균형이 미국 정치의 근간을 이루고 있음을 감안할 때 대통령의 권한 변화는 무엇보다도 대통령과 의회의 역할이 심각하게 불균형하게 될 경우에만 그 조정이 필요하다. 초기 워싱턴 대통령 시절에는 대통령이 의회보다 우세했지만 남북 전쟁이 끝난 후 20세기 초까지는 역으로 의회가 우위에 있는 상황이 전개되었다. 대통령과 의회의 권력관계 변화는 대통령직 개혁과 의회개혁을 통해 상반된 방향에서 동시에 이루어져 왔으나 주로 대통령의 권한에 속해 있던 예산편성과 외교정책 등을 통해 그 변화를 살펴볼 수 있다.

대통령이 경제영역에서 전혀 관여할 수 없었던 예산권한을 1920년 이전까지는 의회에 있었으나 1921년 예산회계법이 통과됨으로써 행정부에 예산권한이 부여되는 획기적인 행정개혁이 이루어졌다. 이를 계기로 대통령은 정부기관의 제반 예산정보를 총괄 취합하는 예산편성권을 보유하게 되어 정치력 영향력과 함께 실질적으로 재정권을 행사할 수 있게 됨으로써 미국은 행정부 중심의 강력한 행정국가가 될 수 있었다. 1930년대 경제대공황을 극복해야 했던 루스벨트 대통령은 업무의 효율성을 위하여 정부재조직법을 통해 새로운 기관과 프로그램 등을 창출해내면서 대통령의 권한을

표 1-1 대통령 권한 변화에 영향을 주는 법(Acts)

권한 강화	권한 약화
• 예산회계법 (Budget and Accounting Act, 1921) • 정부재조직법 (Executive Reorganization Act, 1939) • 고용법 (Employment Act, 1946) • 개별항목거부권 (Line-item Veto, 1997): 1998년 무효화됨	• 의회재조직법 (Congressional Reorganization Act, 1946 & 1970) • 케이스법 (Case-Zablocki Act, 1972): 국제비밀행정협정의 내용을 의회에 보고 • 전쟁권한법 (War Powers Act, 1973) • 의회 예산 및 지출거부통제법 (Congressional Budget and Impoundment Control Act, 1974) • Boland Amendment(1984): 니카라과 반군지원 금지

강화시켰다. 1946년 통과된 고용법 역시 연방정부로 하여금 국민들의 완전 고용과 건전한 국가경제를 유지하기 위해 경제자문위원회를 설치할 수 있 게 함으로써 대통령이 경제 문제를 해결하는 데 큰 도움을 얻을 수 있었다.

제2차 세계대전은 대통령 권한이 대대적으로 확대하는 계기가 되었는 데, 그 이유는 전시에 중앙집권적 리더십이 필요하기도 했지만 한편으로는 의회 조직이 지닌 문제 때문이었다. 즉 너무 많은 위원회들과 성가신 회의 절차들 때문에 의회가 적극적으로나 건설적으로 전시의 국가정책결정에 참여할 수 없었다. 따라서 의회의 입장에서는 전후 개혁 작업으로서 의회 의 근대화가 가장 우선시 되었다. 결국 의회는 1946년 의회재조직법의 제 정을 통해 행정부에 대한 감독기능의 강화, 새로운 예산 절차 도입, 난립한 위원회들의 축소, 참모진 확대 등을 통해 의회의 권한을 강화함과 동시에 대통령을 주축으로 한 행정부의 권한을 약화시키고자 했다.[7] 게다가 앞서 예산회계법이 대통령 권한 강화와 관련되었다면, 1974년 의회예산 및 지출거부통제법은 의회가 다시 예산에 대한 통제력을 회복하고 의회 내 예산 심의과정을 개선하기 위한 것이었다. 이 법에 의하면 대통령은 의회에서 의결된 예산내용을 집행하지 않고 자신이 선호하는 사업에 예산을 보다 많이 사용하려는 집행거부행위를 통제받게 되었다. 그런데도 대통령은 경제정책을 수립하는 데 중심적인 역할을 하고 있다.

대통령 권한 통제와 관련된 또 다른 변화는 대통령의 군사 권한에서 찾아 볼 수 있다. 미국헌법을 논의할 때부터 미국에서는 국내 정책보다도 대외정책 혹은 군사정책 분야와 관련된 대통령의 리더십을 중요하게 간주하고 이에 대해 보다 더 많이 용인하려는 의지를 보였다. 하지만 헌법에 의하면 의회는 전쟁선포와 전쟁비용 지출을 승인하는 권한을 가지고 있고, 대통령은 자국의 군대를 전쟁에 파견하는 권한만을 지니고 있었다. 많은 대통령들이 공식적인 방법에 따라 전쟁을 선포하지 않고 전쟁을 수행하는 일이 잇달아 발생하자, 의회는 헌법에서 인정되지 않는 대통령의 행위를 막고 의회의 권한을 강화하기 위한 조치로서 1973년 닉슨의 거부권을 누르고 전쟁권한법[8])을 통과시켰다. 이 법의 목적은 헌법적 균형을 바로잡고 전쟁을 수행하는 데 있어서 의회의 올바른 역할을 회복하는 것이었다. 그

---

7) 최초의 의회 개혁 작업은 1940년대 접어들어 제기 되었지만 성공하지 못했다. 하지만 1960년대 말에서 70년대에 걸쳐 다시 시도된 의회재조직법(1970)에 의하여 일대 수정이 가능하게 되었다. 이는 대통령과 비교해서 힘의 불균형의 심화 현상을 겪던 의회가 1970년대에 들어서면서 월남전과 워터게이트 사건의 부정적 여파를 계기로 헌법이 부여하고 있는 권한을 회복하여 정치과정에서의 견제와 균형을 이뤄내려는 적극적인 의지를 보여주었던 것이다.

8) 헌법에 따르면 대통령은 미군을 해외에 파병하기 전 의회의 승인을 구해야 하고, 그렇지 않을 경우 의회가 대통령의 결정을 뒤집을 수 있게 되어 있다. 전쟁권한에 대한 결의는 미국이 해외에서 어떠한 형태로든지 전쟁에 참가하거나 미군을 증가하여 파견할 경우 대통령은 48시간 이내에 의회에 반드시 보고해야함을 요구하고 있다. 만일 미군이 의회의 승인 없이 전쟁에 참가할 경우, 60일 이내에 전쟁으로부터 군대를 철수할 것을 요구하고 있으나, 대통령이 불가피하게 군사적으로 긴급하게 군대를 파견할 필요성이 있다는 것을 의회에서 증명할 수 있을 경우 30일 이상 더 연장할 수 있다. 의회가 60일 간 검토기간을 거친 뒤에 의회가 전쟁을 선언하거나 무력 사용을 승인하지 않으면 대통령은 본국으로 병력을 철수해야만 하도록 하였다(Pfiffner 1994, 179-180).

럼에도 불구하고 현실적으로 미국 대통령들은 이 법이 최고 군통수권자로
서의 헌법적 권한을 침해한다고 생각해서 별로 준수해오지 않았으나 최근
에는 과거에 비해 비교적 잘 지켜지고 있는 추세를 보이고 있다.

　한편 대통령의 권한을 견제하기 위해 채택된 법 중 효율적이지 못한 예
는 바로 1972년 의회에서 통과된 케이스법(Case Act)이다. 이 법은 대통령
이 외국과 많은 행정협정을 맺을 때 상원의 동의를 필요로 하지 않는 행위
를 견제하기 위해 채택되었다. 건국 초기에는 행정협정이 주로 사소한 문제
에 관한 것이었으나, 제2차 세계대전 중 루스벨트 대통령이 체결한 상당수
의 행정협정이 비밀리에 이루어짐으로써 의회가 큰 불만을 느끼게 되었다.
이 법에 의하면 국무장관은 협정내용을 의회에 보고해야 하는데, 보안이 반
드시 필요할 경우 상원과 하원의 외교분과위원회에 비공개로 제출할 수 있
다. 하지만 이 법은 실제로는 대통령의 행정협정 권한에 별로 영향을 주지
못하는 상징적 의미만을 지니고 있다고 평가된다(서정갑 1997, 334).

　미국 대통령과 행정부는 한계를 넘는 업무를 할 수 없도록 의도적으로
고안된 일련의 제약 속에서 운영되고 있다. 법적 테두리 내에서 대통령의
권한 변화는 헌법의 수정보다는 오히려 의회와의 관계 속에서 '견제와 균
형'이라는 미국적 전통에 따라 지속적으로 나타나고 있다. 따라서 비록 제
도적인 변형이 필요한 경우가 있었음에도 불구하고 대통령 권한의 확대와
축소를 위한 근본적인 헌법개혁은 거의 없었지만 대통령과 의회 간의 팽팽
한 권력균형 노력이 지속적으로 이루어지고 있는 것은 바람직한 현상이라
고 할 수 있다.

2) 대통령의 의회 관계 개선 노력

권력분립 하에서 행정부는 다른 기관들과 의견을 조율하고 타협해야 하는
데, 미국에서는 대통령이 행정부 수반으로서 정치체제 내에서 중심적 위치

에 있기 때문에 대통령 리더십이 개인화되는 성향이 강하다. 따라서 의회
는 본질적으로 반응에 민감하게 대응하는 기관이기 때문에 대통령의 리더
십이 개인화 되는 것에 대해 지속적으로 제약을 주려고 노력해 왔다. 무엇
보다 이들 관계가 가장 심각해지는 경우가 바로 분점정부(divided govern-
ment) 현상이 발생하는 경우이다.

표 1-2에서 볼 수 있듯이, 1946년 이래 현재까지 분점정부는 보편
적인 현상이 될 정도로 장기간, 즉 62년 중 34년 동안 운영되었음을 알 수
있다. 최근에도 2006년 중간선거 결과 민주당 우위의 의회가 탄생됨으로써
단점정부로 시작했던 부시정부가 분점정부로 변화되었다. 루스벨트 대통
령 재임 시 등장했던 분점정부 현상으로 인해 결국 현대의 대통령들은 분
리된 정치체제로 인해 나타나는 문제점을 종합적으로 해결해 줄 수 있는
방법을 모색해야만 했다.

미국에서는 단점정부 상황일지라도 대통령과 그 보좌관들은 매일같이
권력 분립의 현실을 직시하면서 통합된 행정부를 만드는 데 늘 제약이 나
타날 수 있음을 인식하고 있다. 1930년 이전에는 의회에 대한 대통령의 영
향력이 압도적으로 강세였던 경우가 거의 없었던 반면, 1930년대 뉴딜정
책 하에서 대통령의 영향력 행사가 상당히 강해짐으로써 의회의 영향력은

표 1-2 미국 행정부 운영의 특성(1856~2008)

기 간	분점정부 수		종 합	
	양원 모두	1개 원	년 수	%
1856~1946 (90년)	3	10	26	29
1946~2008 (62년)	14	3	34	55
1856~2008 (152년)	17	13	60	40

출처: Stanley and Niemie 2006: U.S. Department of Commerce 1971~2006.

급속히 줄어들게 되었다. 이는 1940년 이전 분할정부 하에서 정부안이 의
회를 통과할 수 있었던 비율이 약 13%였던 반면, 1945년 이후에는 57%까
지 높아진 사실로 알 수 있다(Jones 1994, 189-190). 이는 1945년 이후
의회가 더 이상 과거와 같은 활동을 할 수 없었음을 의미하며 동시에 권력
이 대통령에게 치우치는 추이를 설명하는 것이다. 헌팅턴은 이러한 현상에
대해 "의회가 제도적인 '적응 위기'를 맞고 있는 중요한 사회적 변화"라고
언급했다(Huntington 1965, 7-8).

　　결국 1960, 1970년대 의회는 행정부와의 관계에서 상대적으로 자율성
을 확보하려는 실질적인 개혁을 시도하였다. 그 결과 대통령이 광범위한
새로운 프로그램을 제안하는 성향이 사라졌지만, 존슨 대통령의 경우 오히
려 '가난과의 전쟁'을 통해 '위대한 사회(Great Society)'를 실현한다는 목
표 하에 많은 정책안들을 제시하였고, 정책안 통과도 성공적이었다. 물론
이런 결과는 케네디 대통령의 후광 효과 때문이라고도 하지만 분명히 존슨
대통령의 개인적인 역량이 가져온 성과라고도 할 수 있다. 대통령과 의회
사이의 관계를 살펴보면, 대통령이 제출한 정책안이 의회에서 통과되지 않
는 경우도 있고, 때로는 대통령이 반대하는 의안 제출안을 놓고 의원들이
승리하기도 한다. 이런 의미에서 대통령의 리더십은 중요한 역할을 한다.
대통령의 업무성과로 간주되는 대통령의 성공은 그가 원하는 프로그램이
얼마만큼 의회 내에서 관철되는가, 즉 의회에서 통과된 법안 수에 의해 평
가될 수 있기 때문에 대통령은 의회로부터 동의와 지지를 얻어 내기 위해
전략을 강구할 필요가 있다.

　　표 1-3과 표 1-4의 분점정부와 단점정부 하에서 대통령 거부권 행사
의 성공률과 대통령 주도 정책안의 성공률을 보면 분명하게 차이가 존재한
다. 케네디 대통령과 같이 단점정부이면서도 민주당 내 보수파들의 반대가
심해서 정책안 통과가 매우 어려웠던 예외적인 경우도 있다. 클린턴 대통
령의 경우 1993년 재정적자 삭감안(deficit reduction bill)을 통과시키기

표 1-3 의회 내에서 미국 대통령의 효율성 측정

대통령	출석 투표에서의 성공률 (%)	의원 지지도의 연평균(%)		대통령 주도 정책안의 성공률(%)	정부형태(년)
		하원	상원		
루스벨트	–	–	–	–	단점(12)
트루먼	–	–	–	–	단점(2)/ 분점(2)/단점(4)
아이젠하워	69.9	68.4	70.7	67	단점(2)/분점(6)
케네디	84.6	83.7	85.2	48	단점(2)
존슨	82.2	85.9	79.7	69	단점(6)
닉슨	64.3	68.2	61.5	46	분점(5)
포드	58.3	51.0	65.0	37	분점(3)
카터	76.6	73.1	79.7	33	단점(4)
레이건	62.2	43.6	77.9	62	분점(8)
G. H. W.부시	51.8	40.2	65.6	54	분점(4)
클린턴	57.4	50.9	66.0	58	단점(2)/분점(6)
G. W. 부시	80.9	81.8	80.4	57*	단점(6)/분점(2)

출처: Stanley and Niemie 2006, 46; Nelson 2000, 488의 Table 17.1을 재구성함.
* 부시의 경우 정책안성공률은 2001~2006까지 6년간의 통계이고, 나머지는 2001~2008.8까지의 자료임.

위해 민주당 의원들과의 거래(deal making)를 하기도 했으며, 경우에 따라서는 투표교환(vote trading)과 같은 전략을 이용하기도 하였다. 그 해의 86.4%의 법안 통과율에서 볼 수 있듯이 대통령의 수완과 노력에 의해 의회와의 협력과 합의가 이루어질 수도 있기 때문에, 분점정부 하에서 항상 대통령의 업무수행력이 저하된다고 단정 지을 수는 없다. 그러나 이 같

표 1-4 　대통령의 거부권 행사

대통령	총거부	일반 거부	포켓거부(%)	번복된 거부권
루스벨트	635	372	263(41.4)	9
트루먼	250	180	70(28.0)	12
아이젠하워	181	73	108(59.7)	2
케네디	21	12	9(42.9)	0
존슨	30	16	14(46.7)	0
닉슨	43	26	17(39.5)	7
포드	66	48	18(27.3)	12
카터	31	13	18(58.1)	2
레이건	78	39	39(50.0)	9
G. H. W. 부시	46	29	17(37.0)	1
클린턴	37	36	1(2.7)	2
G. W. 부시*	7	6	1(14.3)	1

출처: U.S. House of Representatives, Office of the Clerk, "Historical Highlights,
　　　Presidential Vetoes, 1789~2006": http://clerk.house.gov/art_history/
　　　house_history/vetoes.htm
* 부시 대통령의 경우 2008년 2월까지의 기록임

은 현상은 의회에서 지지를 얻으려는 일환으로 대통령이 사용하는 도구와
도 같은 것일 뿐, 이런 방법은 의회에서 성공을 보장하는 것도 아니고, 대통
령의 리더십을 대신하지도 않는다. 1970년과 1980년대에 의회 내에서는
위계적 질서가 줄어들고, 보다 민주적이고, 리더십에 대한 추종이 줄어드
는 획기적 변화로 인해 의원들은 과거보다 더욱 독립적이고 기업가적인 성
향을 지니게 되었다. 이런 경우 대통령이 의회로부터 지지를 얻기 위해서
는 보다 더 열심히 의원들을 대상으로 활동해야만 한다. 대통령이 되기 전
에 다른 어느 대통령들보다도 장기간인 약 25년 동안 의회활동을 해왔던
포드 대통령조차도 대통령과 의회 간의 관계를 개선하는 방법은 없다고 역

설한 바 있듯이 대통령이 수완을 발휘하여 이를 극복하려는 의지를 지니는
것이 무엇보다도 중요하다.

19세기 미국 대통령들은 입법과정에 적극적이지 않았으나, 20세기에
와서야 연방정부의 활동이 강화되면서 대통령직에서 큰 변화가 나타나기
시작하였다. 대통령 권한을 적극적으로 행사코자 한 루스벨트 대통령은 올
바른 입법을 위해서 아주 적극적인 관심을 보여야 한다고 주장하면서도 실
제로는 입법과정에 눈에 보일 정도로 관여하려는 모습은 보이지 않았다. 비
록 대통령이 입법과정에 참여하는 정도가 적극적이고 열성적이라 하더라도
그런 참여는 제도화되지 않았기 때문이다. 아이젠하워 대통령이 백악관에
의회담당실(Office of Congressional Relations)을 설치함으로써 차기 행
정부들은 이 제도적 장치를 통해 의회에서의 로비활동을 할 수 있게 되었
다. 카터 대통령의 경우 그의 정치적 지식에 대해 회의적으로 생각했던 의
회지도자들은 물론 심지어 그의 백악관 보좌관들조차 비협조적이었기 때문
에 행정부 출범 후 비효율적인 업무성과를 이룰 수밖에 없었지만, 임기 후
반에는 의회에서의 로비활동을 통해 보다 생산적인 결과를 얻어낼 수 있었
다. 레이건 대통령 역시 1981년 그의 경제프로그램이 통과될 수 있었던 것
은 의원들과의 관계가 노련한 전문가를 의회연락관(congressional liai-
son officer)으로 활용했기 때문이었다.9)

3) 대통령과 사법부

미국의 대법원은 대체적으로 대통령의 권한 확대를 지원하고 강화시켜주
는 역할을 한다. 헌법에 법관 선별에 대한 기준이 없기 때문에 대통령이 사

---

9) 레이건 대통령의 경제프로그램은 미국 역사상 가장 큰 폭의 세금삭감, 평화 시 가장 큰 폭
  의 국방비 증가, 국내프로그램에 대한 보조금 지불 삭감 등의 내용으로 의회 내에서 통과
  되기 어려운 것으로 예측되었다.

법적 가치와 철학을 기초로 정책적 선호가 일치되는 법관들을 임명하는 자유재량권을 행사한다. 법관 임명 시 상원의 승인이 필요하기 때문에 궁극적으로는 상원과 백악관 간의 파트너십 형성이 가장 중요한 변수가 된다. 법관의 임명은 정치적 활동이지만 대통령은 임명 후 그들에게 자신의 견해를 강력하게 주장할 수 있는 헌법적 권한이 없다. 이 때문에 약 25%의 법관들은 임명해준 대통령을 배반하여 자기 멋대로 판결을 내리는 성향을 보인다고 한다. 특히 대통령에 대한 대중적 지지가 낮은 상황이거나, 대통령이 사망 또는 해임될 경우 대통령에 반하는 판결을 내리는 경향이 높다.

이런 예는 미국 역사상 여러 차례 발생했는데, 제퍼슨 대통령의 경우 마샬 대법원장에 의해 대통령의 잘못이 지적당하기도 했다. 링컨 대통령 역시 서거한 후 군사재판이 정당화되지 못한 지역에서 군사재판을 사용한 것에 대해 대법원은 무효 판결을 내렸다. 루즈벨트 대통령은 대공황 시기에 대법원에 의해 저지된 일부의 뉴딜정책을 실시한 것에 대해 위헌이라는 판결을 받기도 했으며, 트루먼 대통령은 사법부에 의해 제철소에 대한 연방정부의 간섭을 철퇴하라는 명령을 받기도 했다. 1974년 워터게이트의 장본인이었던 닉슨 대통령은 범죄모의에 사용한 백악관 테이프를 제출할 것을 명령받았고 결국 닉슨은 스스로 사퇴하는 결과를 초래하였다.

비록 대법원이 종종 대통령의 활동을 중지시키거나 대통령의 행위를 위헌이라고 선언하기도 하지만 이는 아주 드문 경우이고 대부분의 경우 대통령의 권한을 승인하거나 합법화하려는 경우가 보다 많이 발생한다. 법관들은 전쟁이나 외교정책과 관련해서는 대통령을 지지하고 대통령의 권한 행사를 허용하는 태도를 보인다. 대통령이 재임 시 2~3명의 법관 임명을 할 기회를 얻는다면 지인이나 정당의 충신 등을 임명하여 자신의 업무추진에 천군만마를 얻어낼 수도 있다. 대법원의 존재는 원래 의회의 지나친 권한 행사를 견제하기 위한 것이었지 대통령의 권한을 견제하려는 것은 아니었다. 대통령에 대한 탄핵소추와 심판이 각기 하원과 상원의 권한이라는 점을 보더라도 대통령과 사법부의 관계는 의회만큼 갈등과 긴장을 야기시키지는 않는다.

5. 현실 정치에서의 대통령 권한

1) 대통령과 정당과의 관계

초기 미국 대통령들은 정당을 파벌과 분파를 조장하는 '사회적 악'으로 간주했기 때문에 정당 발전을 원하지 않았다. 그럼에도 불구하고 대통령은 전국 유권자를 대상으로 정치활동을 하는 유일한 인물로서 전국 수준의 정당지도자의 역할을 한다고 볼 수도 있다. 특히 20세기에 접어들어 투표권확대와 매스커뮤니케이션의 놀라운 성장 때문에 행정부 수반은 대중의 주목을 받게 되었고 이에 따라 대중정당 리더십의 원천이 되었다. 정당 내에서 가장 잘 알려진 구성원이자 대변인으로서의 대통령은 소속정당의 지도자로 간주될 정도의 영향력을 발휘할 수 있지만, 실제로는 당수도 아닐 뿐더러 공천권이나 정치자금의 돈줄을 전적으로 쥐고 있지도 않다. 그렇지만 대통령은 자신의 소속정당 전국위원회를 자신의 선거캠페인 조직으로 이용하기도 하고 의장을 선출하는 등 정당을 통제하기도 한다. 초기 대통령들의 경우 의장을 자신의 내각에 포함시킴으로써 정당정치의 영향을 받기도 했으나, 현재에는 대통령이 직접 정당엘리트를 백악관 참모에 포함시킴으로써 정당으로부터 자신의 위치를 보호하려는 태도를 보인다. 대통령은 선거에서 바람직한 후보를 내세우거나 경쟁성 없는 후보를 포기시키는 등 나름대로 정당조직에 큰 영향을 주지만, 정당을 위해서라기보다는 오히려 대통령 자신의 입법활동에 도움이 될 후보를 위한 활동에 보다 적극적인 태도를 보인다. 이는 대통령의 입장에서 자신이 추구하는 입법적 성공을 위해서 정당의 도움이 필요하기 때문에 정당과의 관계를 원활하게 유지하려는 것을 의미한다.

　대통령은 의원들을 대상으로는 재선이 가능하도록 선거자금 모금을 비롯하여 정당의 일원으로서 그들의 선거캠페인을 열심히 도와주기도 한다. 이런 활동은 일부 대통령제 국가에서는 대통령이 공무원이기 때문에 선거의 공정성 문제로 논란이 되기도 한다. 미국에서는 연방공무원의 정치활동을 금지한 해치법(Hatch Act) 때문에 연방공무원들이 '선거에 개입할 목적 또는 선거의 결과에 영향을 끼칠 목적으로 자기의 권한 또는 영향력을 행사하는 행위'가 엄격히 금지되고 있으나, 대통령과 부통령은 여기에서 제외된다. 따라서 행정부의 수반이면서 정당의 당수의 역할을 하는 미국 대통령은 의회 선거운동 기간 중 자기 당 후보의 정치자금 모금행사에 참석하거나 적극적인 지원 유세를 하는 것이 가능하다. 미국의 현직 대통령들은 공무와 선거운동의 경계가 모호한 점을 이용해 선거 시즌에는 전용기를 이용하여 전국을 돌면서 선거 지원유세를 돕는다. 심지어는 현직 대통령 뿐 아니라 전직 대통령까지도 직접 선거운동 과정에 개입해 정치활동을 벌이고 있다. 하지만 분명한 것은 대통령의 정치 활동의 한계는 불문율처럼 지켜지고 있다는 점이다. 대통령이 선거판에 뛰어들어 상대 정당의 정책을 비판하고 소속 정당에 대한 지지를 호소하지만, 직접 나서서 상대 정당 후보를 비난하거나 특정 후보에 대한 공개지지 선언은 하지 않는다. 이런 틀을 벗어날 경우 사회적 비난으로부터 자유롭지 못하기 때문에 오히려 역효과가 발생할 수 있기 때문이다.

　예비선거(primary) 수의 급증 현상으로 인해 후보지명과정에서 일반 당원들에 의한 영향력이 훨씬 더 강화된 반면, 정당 엘리트들의 영향력은 이전보다 약화되었기 때문에 최근 미국 정당의 역할은 과거에 비해 훨씬 미약하다. 예비선거방식에서는 후보자 중심의 선거조직이 발전하게 되고 이 조직은 후보를 위한 선거자금을 모으고 선거 캠페인 활동을 한다. 따라서 정당이 오히려 대통령과 대통령후보들에게 종속되어지는 현상이 나타나게 되었다. 대통령이 정당에 영향을 주는 기능 중 가장 중요한 것이 바로 선거자금모금활동이다. 본인을 위해서도 그렇지만 선거에 출마하는 소속정당의 후보자들의 승리를 위해서라도 대통령은 소속정당의 대표로서 선거자금모금을 위해 열심히 노력해야 한다.

1920년대 민주당의 지도자로 등극한 잭슨(Andrew Jackson)은 정당의 지도자로서 그리고 행정부의 수장으로서 효율적인 대통령이었지만, 이후 많은 대통령들이 정당지도자로서의 의무를 수행하기란 수월하지 않았다. 닉슨대통령의 경우는 초당적 외교정책을 이루기 위해 공화당 의장직을 버리고 스스로 공화당원으로서의 딱지를 떼어버리는 것을 주저하지 않았다. 하지만 결국은 정당을 등진 대가로 1972년 선거캠페인에서 정당과는 별도로 독자적인 선거활동을 할 수밖에 없었다. 이와 비슷하게 부시(G. H. W. Bush)의 경우도 1988년 도움 없이 선거캠페인을 펼치기도 했다. 반면에 레이건은 선거자금 모금을 위해 또 선거도우미로서 활동함으로써 공화당 의장과의 관계를 돈독히 하는 등 대통령으로서 정당의 요구에 예민하게 대처하는 모습을 보였다. 클린턴 대통령은 민주당 우위의 주 출신으로서 민주당 상하원 후보들과 주지사 후보들을 위한 선거자금 모금에 너무 많은 시간을 소모함으로써 정당에 발목 잡힌 사례로 평가된다. 결국 닉슨 대통령이나 클린턴 대통령처럼 너무 지나치게 정당에 억매일 경우 물의를 일으킬 수 있다.

일반적으로 대통령은 당선 후에는 정당과 거리를 두고 백악관 내의 정치인이 되고자 한다. 대통령이 된 이후 차기 선거를 노리는 행태를 보이거나 일정단체나 정당을 선호하는 모습을 국민들이 혐오하기 때문이다. 순수하고 공정한 중립적 관리로서의 모습을 보임으로써 대통령은 대중적 지지는 물론 정당 리더십보다는 대중적 리더십을 부각하는 것이 보다 효율적이다. 미국의 권력분립 체제와 선거제도의 특성상 독립적인 소신투표(cross voting)와 분리투표(split-ticket voting)가 증가하는 추세이기 때문에 소속정당이 대통령을 지지해줄 수도 있고 아닐 수도 있다. 구심력이 강하고 규율이 강한 이념정당이라면 구성원들은 지도자의 승리를 위해 결집될 수 있지만 미국의 정당은 이런 성향이 결여되어 있다.

　　최근 유권자들의 정당일체감은 약화되고 있는 반면 정치인들은 오히려 과거에 비해 정파성이 더 강해지는 성향을 보이고 있기 때문에 이런 변화는 대통령직 수행에 중요한 영향을 준다(Genovese 2008, 176). 결국 대통령 입장에서 재선을 위해서는 유권자들과 의회 내의 대통령 소속 정당 의원들을 대상으로 각기 다른 전략을 강구해야만 한다. 후보지명 과정이나 선거 캠페인에서 대체로 대통령 자신을 중도적 성향에 위치한다고 알림으로써 더 많은 유권자의 지지를 얻을 수 있다. 클린턴과 부시도 이런 중도적 성향으로 선거에서 당선될 수 있었다.

2) 대통령과 언론 그리고 대중과의 관계

대통령과 대중간의 관계 역시 오랜 기간 많은 변화를 보여 왔다. 대통령이 얻을 수 있는 대중적 지지 역시 대통령이 의회에서 자신의 목적을 달성하는 데 큰 힘이 될 수 있다. 대통령에 대한 대중의 지지가 1% 증가할 경우 의회 내에서의 대통령 지지율이 약 1% 정도 증가한다고 한다(Rivers and Rose 1985, 192). 대통령은 자신의 정책안 통과를 위해 의원들을 설득하기 위해 노력하고 전략을 세우는 것도 중요하지만, 대중들에게 관심 없는 이슈를 가지고는 의회에서 성공할 수 없다. 선별된 특정이슈에 대해 대중의 지지를 얻기 위해서 대통령이 스스로 활용할 수 있는 다양한 자원을 동원할 필요가 있다. 대중적 지지가 대통령을 의회에서 성공하게 하는 보증수표라고 말하기 어렵지만 분명히 도움이 되므로 대통령은 늘 신중하게 여론의 변화 추이를 관망할 필요가 있다. 여론은 대통령의 권한 행사를 성공적으로 수행하기 위해 가장 중요한 자원이기 때문이다. 링컨은 "대중의 감정은 모든 것을 움직인다. 대중적인 공감대가 이루어지면 어떤 것도 실패하지 않고, 그렇지 못할 경우 어떤 것도 성공할 수 없다"고 말하기도 했다 (Edwards and Wayne 1997, 90).

대통령의 정치적 기술이 의회 내에서의 입법적 결과에 영향을 준다는 점은 이미 앞서 논의하였다. 대통령의 영향력이 그의 평판(reputation)과 위신(prestige)과 관련이 있다는 점을 고려할 때, 대통령이 국민의 지지를 얻지 못하고 있다면 의회는 대통령과 협력하거나 지지해줄 명분이 없다. 따라서 대통령은 TV연설, 기자들을 위한 뉴스회견, 국민들과의 직접 대담이나 만남 등을 통해 자신의 정책을 국민들에게 설득하려는 노력을 펼침으로써 대중의 지지를 확보할 수 있다.

표 1-5에서 볼 수 있듯이 실제로 현대의 대통령직이 시작된 이후 각 대통령들은 자신들이 사용가능한 커뮤니케이션 기술 전략 중에서 자신이 가장 선호하는 방법을 통해 언론이나 대중과의 접촉을 시도해오고 있다. 루스벨트 대통령 이후 뉴스회견과 연설이 점차 줄어들다 최근에 와서 다시 증가하는 추세를 보이고 있는 반면, 직접적인 대중 접촉은 꾸준히 증가하고 있다. 이는 최근 대통령들은 국민들을 설득하기 위해서라면 가능한 모든 방법을 모두 사용하는 노력을 하고 있음을 의미한다. 특히 직접 대중을 만나 설득하려는 노력이 크게 증가하고 있다.

지난 반세기 동안 교통수단, 대중매체, 그리고 정보통신기술이 지속적으로 발달함에 따라 대통령은 대중을 대상으로 보다 많은 연설을 하고, 더 많은 여행을 하고, TV에 보다 자주 출연하고, 언론의 이용을 확대하면서 대중에 보다 다가설 수 있게 되었다. 커넬(Samuel Kernell 1986)은 워싱턴 정치계에서 발생하는 중요한 변화 때문에 대통령이 대중에게 다가서려는 강한 의지를 보이고 있다고 주장하였다. 이는 '제도적 다원주의'가 보다 큰 정치적 연합들 사이에서 흥정을 통해 '제도화된 다원주의'로 대체되어

표 1-5 미국 대통령의 언론 및 대중 접촉

대통령	주요연설(월평균)	뉴스회견(월평균)	대중접촉(월평균)*
루스벨트	3.4	7.0	0.5
트루먼	3.0	3.4	1.8
아이젠하워	2.4	2.0	1.2
케네디	2.3	1.9	1.4
존슨	2.7	2.2	2.1
닉슨	1.8	0.6	2.9
포드	2.4	1.3	1.2
카터	2.8	1.2	3.6
레이건	2.1	0.5	4.1
G. H. W.부시	2.8	3.0	5.3
클린턴	3.9	2.0	8.2
G. W. 부시**	4.5	2.1	NA

출처: Stanley and Niemie, 2008.
* 워싱턴 D.C. 지역은 제외된 수치임
** 부시의 경우 2008년 8월까지 포함됨.

왔다는 것을 의미한다.

현대적 의미의 대통령들은 업무 활동에 있어서 놀라울 정도로 유사성을 보이고 있다. 루스벨트 대통령 이후 21세기에 걸쳐 미국 대통령들은 발생한 사건들을 단순히 보고하기 위해서가 아닌 일반적인 목표나 업무의 우선순위를 세우기 위해서 대중을 대상으로 하는 연설을 이용하기 시작하였다(Light 1983, 160). 이 때문에 미국 대통령들은 자신을 위해 봉사해주고, 가능하면 대통령의 목적 달성에 도움이 되는 백악관 참모들을 임명해왔다. 백악관은 국민들에게까지 영향을 줄 수 있는 보다 제도화된 능력을 키우기 위한 노력의 일환으로 복잡 다양한 현대적 방법의 의사소통 기술을 사용하려는 경향을 보이고 있다. 현대의 미국 대통령들은 유권자들에게 직접적으로 호소하기 위하여, 또 기자들과 여론 지도자들(opinion leaders)이 대대로 사용해 온 방해활동을 교묘히 피하기 위하여 현대적 의사소통기술을 의도적으로 사용하고 있다.

수사적 대통령직(rhetorical presidency)의 등장은 윌슨(Woodraw Wilson) 대통령 당시에 시작되었다고 하는데, 루스벨트 대통령의 뉴딜정책이 실시될 당시에 비로소 수사적 대통령직이 시작되었다고 주장되기도 한다(Hinckley 1990). 그렇지만 백악관의 어떤 조직도 공보실(Office of Communication)과 대변인실(Office of Press Secretary)만큼은 발달되어 오지 않았다. 예를 들면, 부시 대통령의 백악관에는 연설문 작성, 연구, 언론관계, 홍보, 대민업무 등을 포함하여 공보실에 41명의 직원이 활동하고 있었다. 이 숫자는 루스벨트 대통령 당시 백악관의 전체 직원 수와 거의 같은 것으로 규모가 더 증가한 것이다. 특히 의회에서 민주당이 우세할 경우 공화당 출신 대통령들이 공보실 운영에 많은 관심을 보이는 경향이 있다.

수사(rhetorics)를 이용하는 것은 대통령이 대중의 지지를 높이는 방법론적 차원에서 긍정적인 효과를 창출해 내기도 하지만, 한편으로는 부정적인 측면에서 사용되기도 한다. 은폐(secrecy)와 스펙터클(spectacle)은 현대적 의미의 대통령직에서 대중적 지지를 조작하기 위한 운영전략의 예라고 할 수 있다(Hinckley 1990, 107). 은폐는 대통령과 그 보좌관들이 무엇을 하고 있는가의 상당한 부분을 감추는 것을 의미하며, 스펙터클은 그들의 행동을 과장하여 신비롭게 만드는 것을 의미한다. 현대의 대통령들은 이러한 은폐와 스펙터클의 두 가지 방법을 함께 섞어 사용하고 있는데, 이는 한 가지가 다른 하나를 용이하게 하기 때문이 아니라 두 개 모두가 공통적인 핵심목표를 공유하기 때문이다. 은폐는 스펙터클에 도움이 된다. 만일 대중들이 행정부가 공개하지 않는 곳에서 무슨 일이 벌어지고 있는가를 너무 많이 알게 된다면, 스펙터클이 손상된다. 한편 스펙터클은 은폐에 도움이 되기도 한다. 대중은 과장된 선전에 의해 생각을 바꾸기도 하고, 행정부의 가장 기본적이긴 하지만 암암리에 행해지는 일들에 대해 잘 알지 못한 채로 있는 경우도 있다.

현대의 대통령들이 은폐와 스펙터클을 많이 사용하게 된 것은 제2차 세계대전 이후 미국이 패권국가로 등장하고, 미국의 안보에 약간이라도 위협을 주는 국가, 즉 베트남, 칠레, 그리고 니카라과와 같은 국가들의 관련 업무를 조작하기 위한 간섭주의적 외교정책의 일부로서 보이기 위해서였다. 하지만 대통령들이 은폐와 스펙터클을 갑자기 줄이고 정치적인 대화로 대체한 것은 민주적 책임은 물론 대통령의 효율성을 위해 필요했기 때문이다.

6. 나오는 말: 미국 대통령제에 대한 평가

미국에서 대통령제가 탄생될 수 있었던 것은 미국인들의 독특한 역사적 경험을 통해 가능할 수 있었고, 그들이 스스로 원하는 제도를 만들었기 때문에 현재까지도 거의 변화 없이 안정되게 유지될 수 있는 것이다. "역사는 되풀이 된다. 그것이 바로 역사의 오류 중 하나이다"라고 미국의 변호사였던 대로우(Clarence Darrow 1857~1938)가 말했듯이 미국 대통령의 권한 변화는 흥망성쇠의 모습은 아닐지라도 그 권한의 강약조절의 측면에서 순환되어 왔다고 할 수 있다. 건국의 아버지들이 마련한 헌법은 오늘날 우리가 민주주의 과정이라고 생각하는 것과는 달리 '권력통제를 위한 투쟁의 장, 즉 의회와 대통령간의 제도를 둘러싼 주도권 싸움(tug-of-war)'(Corwin 1925)에서 나온 산출물이었다.

영국의 입헌군주제의 틀에서 미국인들이 우려하는 문제점들을 제거하려는 노력의 결과로 세습적 왕이 아닌 선출에 의한 대통령이라는 명칭의 행정부 수반이 탄생되었고, 전제군주와 같은 지도자에 대한 두려움 때문에 권력분립, 즉 견제와 균형의 원칙을 중시한 제도 마련이 가능했다. 하지만 헌법제정과정 속에서 평등적 가치를 중시하는 매디슨과 질서유지를 최우선시 하는 해밀턴과의 갈등은 아직도 미국 민주주의의 딜레마로 남겨져 있다. 무엇보다도 군주든 인민이든 미국을 혼란에 빠뜨릴 수 있는 자들에 의한 전제지배를 배제하기 위해 공화제가 채택되었지만, 대부분의 신흥귀족 출신이었던 헌법제정자들의 생각이 표출되었을 뿐 일반 국민들의 생각이 반영되지 못한 것은 큰 오류 중의 하나로 평가될 수 있다. 공화주의는 인간의 덕성을 인정함으로써 성립될 수 있음에도 불구하고 당시의 지식인들이 인민들을 혼란과 무질서를 일으키는 반란자들로 간주하고 있었다는 점은 모순이라 할 수 있다.

대통령제 하에서의 대통령의 권한은 다양한 차원에서 설명할 수 있다. 대통령으로서의 한 개인, 하나의 제도로서의 대통령직, 권력분립 체제의 한 부분, 그리고 처해진 환경 등의 변화에 따라 대통령의 권한이 영향을 받게 된다. 대통령의 권한은 각기 다른 시기에 다른 대통령 하에서 달라질 수 있다는 의미로 해석된다. 결국 대통령제 수립 이후 대통령의 권한은 대통령의 의지와 능력에 따라, 권력 경쟁 상대와의 상호관계를 통해, 국가적 위기와 같은 환경 변화에 따라 수없이 변화를 보여 왔다. 헌법상의 권한 변화가 별로 없었던 점을 감안한다면, 대통령 개인에 의해 충분히 권한 확대가 가능할 수 있다. 미국에서 '제왕적 대통령(imperial presidency)'라는 호칭이 등장할 수 있었던 것도 바로 이런 이유에서이다. 대통령을 둘러싼 권력자원이 많아지면서 특히 현대의 대통령들은 자신들이 할 수 있는 만큼의 권한 확대를 위해, 즉 업무수행 효과를 극대화하기 위해, 그리고 궁극적으로는 대통령으로서 성공을 얻기 위해 많은 노력을 강구해오고 있다. '제왕적'이란 단어는 그 의미만큼의 강력함을 상징하는 것이 아니라 헌법에 명시되어 있는 권한 이상의 권한이 행사되고 있음을 강조하는 것일 수 있다. 오히려 대통령으로서 개인들의 정치적 역량과 기술, 자신에게 주어진 모든 자원의 효율적 운영, 그리고 정치적 노력 등이 오히려 과거의 대통령들에 비해 향상되고 있다고 긍정적으로 해석해도 될 것 같다. 왜냐하면 미국은 권력분립 체제라는 울타리가 강건히 버티고 있기 때문에 지나칠 경우 언제든지 의회와 대법원에 의해 견제되고 있기 때문이다.

미국의 대통령제는 미국만을 위해 탄생되었음에도 불구하고 신생국이나 체제변화를 꾀하는 국가들에게는 권력구조 형성 시 하나의 대안으로 간주되고 있다. 문제는 민주주의적 가치와 민주주의 제도에 익숙하지 못한 경우에 미국식 대통령제를 도입한다면 오히려 입헌군주제에서 발생할 수 있는 전제군주와 같은 대통령의 등장 때문에 실패할 가능성이 높다는 것이다. 실제로 대통령제를 채택한 많은 국가들이 민주주의가 아닌 권위주의라는 부작용을 경험하고 있으며, 이를 치유하기 위해 자신들에게 적합한 독특한 형태의 권력구조를 수용하고 있다. 미국의 대통령제는 미국에게 가장 적합한 제도이고 미국에서만 잘 운영될 수 있는 것처럼, 다른 국가들도 자신들의 고유한 역사적 경험과 자신들이 중시하는 가치를 기초로 가장 최선이 될 수 있는 권력구조를 모색하는 것이 바람직할 것이다.

참고문헌

박찬욱, 이현우 외. 2004. 『미국의 정치개혁과 민주주의』. 서울: 오름.

서정갑. 1997. 『부조화의 정치: 미국의 경험』. 서울: 법문사.

엘런 브링클리 저. 황혜성 등 공역. 『미국인의 역사 1』. 서울: 비봉출판사.

최명 & 백창재. 2000. 『현대 미국정치의 이해』. 서울: 서울대학교출판부.

케네스 데이비스 지음. 이순호 옮김. 『미국에 대해 알아야 할 모든 것, 미국사』. 서울: 책과 함께.

토마스 페인. 박홍규 역. 2004. 『상식, 인권』. 서울: 필맥.

Arnold, Peri E. 1986. *Making the Managerial Presidency: Comprehensive Reorganization Planning, 1905~1980*. Princeton: Princeton University Press.

Bennett, G. H. 2000. *The American Presidency 1945~2000: Illusions of Grandeur*. Thrupp: Sutton Publishing.

Brace, Paul, Christine B. Harrington, and Gary King (eds.). 1989. *The Presidency in American Politics*. New York and London: New York University Press.

Brody, Richard. 1991. *Assessing the President: The Media, Elite Opinion, and Public Support*. Stanford, CA: Stanford University Press.

Campbell, Colin. 1998. *The U. S. Presidency in Crisis: A Comparative Perspective*. New York and Oxford: Oxford University Press.

Conley, Patricia Heidotting. 2001. *Presidential Mandates: How Elections Shape the National Agenda*. Chicago & London: The University of Chicago Press.

Corwin, E. S. 1925. "The Progress of Constitutional Theory, 1776 to 1787." *American Historical Review* Vol. XXX, No. 3.

Crockett, David A. 2002. *The Opposition Presidency: Leadership and the Constraints of History*. College Station: Texas A&M University Press.

Cronin, Thomas E., and Michael A. Genevese. 1998. *The Paradoxes of the American Presidency*. New York and Oxford: Oxford University Press.

Dunn, John. 1969. *The Political Thought of John Locke: An Historical Account of the Argument of the 'Two Treatises of Government'*. Cambridge: Cambridge University Press.

Elgie, Robert. 1995. *Political Leadership in Liberal Democracies*. London: Macmillan.

Edwards, George, and Stephen Wayne. 1997. *Presidential Leadership*, 5th edition. New York: St. Martin's.

Fiorina, Morris P., and Paul E. Peterson. 2003. *The New American Democracy*. New York: Addition Wesley Longman.

Genovese, Michael A. 2008. *Memo to a President: The Art and Science of Presidential Leadership*. New York and Oxford: Oxford University Press.

———. 2003. *The Presidential Dilemma: Leadership in the American System*, 2nd ed. New York: Harper Collins College Publishers.

Hess, Stephen. 1988. *Organizing the Presidency*. Washington, D.C.: The Brookings Institution Press.

Hinckley, Barbara. 1990. *The Symbolic Presidency*. New York and London: Routledge.

Huntington, Samuel P. 1965. "Congressional Responses in the Twentieth Century." In David B. Truman(ed.). *The Congress and America's Future*. N.J.: Prentice Hall.

Janda, Kenneth, Jeffrey M. Berry, and Jerry Goldman. 2002. *The Challenge of Democracy*, 7th edition. Boston and New York: Houton Mifflin Co.

Jones, Charles O. 1994. *The Presidency in a Separated System*. Washington, D.C.: The Brookings Institution.

Kernell, Samuel. 1986. *Going Public: New Strategies of Presidential Leadership*. Washington, D.C.: Congressional Quarterly Press.

Maltese, John Anthony. 1992. *Spin Control*. Chapel Hill: University of North California Press.

Milikis, Sidney, and Michael Nelson(eds.). 1999. *The American Presidency: Origins and Development, 1776~1998*, 3rd edition. Washington, D.C.: A Division of Congressional Quarterly, Inc.

Miroff, Bruce. 1989. "Secrecy and Spectacle." In Paul Brace, Christine B. Harrington, and Gary King(eds.). *The Presidency in American Politics*. New York and London: New York University Press.

Nelson, Michael(ed.). 2000. *The Presidency and the Political System*, 6th ed. Washington, D.C.: A Division of Congressional Quarterly Inc.

Neldon, Polsby W., and Aaron Wildavsky. 2008. *Presidential Election*. Boulder and New York: Lowman and Littlefield Publishers, Inc.

Pfiffner, James P. 2005. *The Modern Presidency.* Belmont, CA: Thomson Wadsworth.

────. 1994. *The Modern Presidency.* New York: St. Martin's Press.

Rakove, Jack N. 1996. *Original Meaning: Politics and Ideas in the Making of the Constitution.* New York: Knopf.

Richard, Neustadt E. 1990. *Presidential Power and the Modern Presidents.* New York: Free Press.

Rieselbach, Leroy N. 1995. "Congressional Change: Historical Perspectives." In James A., and Thurber Roger H. Davidson(eds.). *Remaking Congress: Change and Stability in the 1990s.* Washington, D.C.: Congressional Quarterly Inc.

Rivers, Douglas, and Nancy Rose. 1985. "Passing the President's Program: Public Opinion and Presidential Influence in Congress." *American Journal of Political Science* 29(May): 183-196.

Rozell, Mark J. 2002. *Executive Privilege: Presidential Power, Power, Secrecy, Accountability.* Lawrence: University Press of Kansas.

Scheuerman, William E. 2005. "American Kingship? Monarchical Origins of Modern Presidentialism." *Polity* 37: 24-53.

Sundquist, James L. 1986. *Constitutional Reform and Effective Government.* Washington, D.C.: The Brookings Institution.

Tatalovich, Raymond, and Thomas S. Engeman. 2003. *The Presidency and Political Science: Two Hundred Years of Constitutional Debate.* Baltimore: Johns Hopkins University Press.

제2장

프랑스:

제도적 특징, 변천과 운영의 메커니즘

김태수 (한국외국어대학교)

1. 들어가는 말

통치체제의 양대 모델인 대통령제와 의원내각제는 각각 미국의 대통령제
와 영국의 의원내각제를 일반적인 전형으로 삼고 있다. 프랑스는 제3, 4공
화정(1875~1958) 시대 동안 원형에 가까운 의원내각제를 경험하였으며
이후 1958년부터 현재에 이르기까지(제5공화정) 대통령제를 채택하고 있
다는 점은 주지의 사실이다. 그러나 프랑스의 대통령제는 순수한 형태의
대통령제(혹은 '미국식 대통령제')와는 매우 상이한 제도와 운영을 보여준
다. 이는 관찰자들에 따라서 '혼합형 대통령제' 혹은 '준대통령제'의 사례
로 유형화되며 대통령제에 의원내각제의 요소가 포함된 것으로 설명되고
있다.[1]

---

[1] '준대통령제(準大統領制, régime sémi-présidentiel)'는 뒤베르제(Duverger M.)에 의해
서 개념화되었다. 뒤베르제는 미국의 대통령제를 전형으로 볼 때, 프랑스 제5공화정은 의

정부형태 및 통치체제에 관한 대부분의 연구에서는 정부수반의 권한과
역할, 행정부와 입법부의 관계 및 운영원칙에 대한 설명이 주로 관련 헌법
조문의 해석을 통해 시도된다. 그러나 이와 같이 전적으로 법조문에만 의
존한 접근방식은 통치체제에 대한 연구에서 정치적인 맥락, 정치세력의 역
학관계와 대립 구조 및 정치 행위자들의 전략적 행위를 통해 통치체제가
어떻게 확립되고 운영되고 변화하는지에 대한 설명에 취약함을 보여주고
있다. 특히 현재 프랑스의 통치체제 및 운영에 관한 연구를 법조문에 대한
해석에만 국한시킬 경우, 제5공화국 헌정사에서 실제적으로 상이한 통치
체제가 발생하는 원인과 과정을 설명할 길이 막혀버리기 때문이다. 뎅켕
(Jean-Marie Denquin)은 프랑스 제5공화국 헌정질서 하에서 실제로 세
가지의 상이한 통치체제를 경험하였다고 말한다.2) 즉 제5공화국 헌법은
정치적 역학구도와 주요 정치 행위자들에 따라 그 해석과 적용이 대통령제
혹은 내각책임제와 같은 상반된 통치체제의 출현을 가능하게 하는 비고정
적(非固定的) 특징을 가지고 있는 헌법이라는 점이다.

때문에 우리가 이 글에서 우리가 채택한 프랑스 통치체제를 보는 기본
적인 시각은 이를 고형화(固形化)하는 것이 아니라 통시적(通時的)인 관점

원내각제와 대통령제가 혼합된 것으로 파악하였다. '준대통령제'가 프랑스 제5공화정 통
치체제를 지칭하는 용어로 일반적으로 쓰이고 있으나 이 개념의 적실성에 대한 비판도 존
재한다. 브델(Vedel 1992, 138-139)은 준대통령제라는 개념이 대통령의 막대한 권력을
은폐하고 있다고 지적하였다: "5공화국 체제를 (전적으로 법적으로만 해석하지 않는다면)
준대통령제로 정의하는 것은 어렵다. … 왜냐하면 프랑스 대통령은 미국 대통령의 권한과
영국 수상의 권한을 자신의 손에 모두 쥐고 있기 때문이다." 그러나 브델의 지적은 일면 일
리가 있어 보이지만 그의 비판이 나온 시점이 드골집권 기간이기 때문에 이후 동거체제하
에서 대통령의 실제적 권한이 축소된 상황을 감안하지 못하고 있다. 또한 뒤베르제의 '준대
통령제'라는 개념에는 대통령의 권한이 (미국 대통령의 권한에 비해서) 상대적으로 약하다
는 의미가 아니라 대통령과 총리가 행정부의 권한을 나누어 가지지만 대통령이 의회다수
파의 실제적인 수장인 경우 전형적인 대통령제하의 대통령보다 더욱 강력해질 수 있다는
점도 포함된다.

2) "제5공화국의 헌법에 관한 소고 (Essai sur les constitutions de la Vème République)"
라는 부제가 달린 그의 저서에서 뎅켕이 밝힌 세 개의 체제는 '과도기적 체제(1958~1962)',
'대통령제' 그리고 '동거체제'이다(Denquin 2001).

에서 이것이 어떤 역사적·정치적·문화적 문맥 속에서 만들어졌고 현재에도 만들어지고 있는지를 추적하는 것이다. 또한 통치형태, 정부형태 및 정치제도와 관련된 연구대상도 여타의 정치현상과 마찬가지로 고정되고 전형(全形)화되어 우리 앞에 정물(靜物)처럼 존재하는 것이 아니라 끊임없이 행위자들에 의해 변화되는 것임을 감안한다면 프랑스의 정치레짐의 특징과 변천 그리고 운영의 메커니즘을 모두 아우를 수 있는 개념은 '대통령제'보다는 '대통령제화(présidentialisation)'라는 개념이 더욱 타당할 것이라는 점을 미리 밝혀둔다. 따라서 본 글에서는 기본적으로 '대통령제화'의 관점에서 1958년 이래 현재까지 제도화되고 운영된 프랑스의 통치체제에 대한 서술과 설명을 시도할 것이다.

2. 대통령제로의 이행

앙샹레짐의 붕괴를 통해서 시민민주주의의 새 장을 연 프랑스대혁명(1789년) 이래, 프랑스는 두 차례의 공화정, 두 차례의 제정 및 한차례의 왕정복고를 경험하였다. 이와 같은 막심한 정치적·제도적 혼동과 불안정의 시대를 보낸 이후 프랑스는 1875년 제3공화정의 성립과 더불어 정치체제의 지속적 안정과 민주주의의 '공고화'를 이룩할 수 있었다. 당시 제3공화정(1875~1940)에서 채택된 의원내각제는 이후 프랑스 통치체제의 전통으로 자리 잡았으며 이는 보나파티즘(bonapartisme)으로 대표되는 나폴레옹(I세, III세)의 1인 독재와 오를레아니즘(orléanisme)으로 불리는 왕정복고 시대의 강력한 왕권통치에 대한 강한 부정을 의미하기도 하였다. 이 시기 프랑스에서 정착된 의원내각제는 따라서 행정부와 입법부간의 견제와 균형의 원칙에 입각한 영국의 의원내각제와는 달리 행정부에 대한 입법부의 우월적 지위를 바탕으로 유지되어왔다. 그러나 의회의 정부에 대한 우위의 원칙은 잦은 개각을 초래하면서 국정운영에 있어서 행정부의 만성적인 불안정 상태로 이어졌으며 이러한 내각 불안정은 다수당이 난립된 정당체제에 의해서 조장되었다.3)

1946년, 제2차 세계대전 직후 성립된 제4공화정은 내각 불안정을 해소하기 위해서 행정부의 권한을 강화하여 국정운영의 안정을 꾀하려 하였으나 내각의 불안정은 해소되지 않고 더욱이 알제리 사태를 해결하지 못하는 무능한 통치체제로 판명나기에 이르렀다. 1954년 알제리에서 일어난 독립운동은 무장 독립 세력과 이를 진압하려는 프랑스 군대간의 전쟁으로 비화되었으며 이 알제리 전쟁은 프랑스 국내 정치를 알제리 독립을 지지하는 세력과 반대하는 세력으로 양분하면서 제4공화정의 최대 위기를 가져왔다.

알제리 전쟁의 원만한 해결을 위해 프랑스 집권층은 1946년 이래 정치활동을 중지하고 있던 드골(Charles De Gaulle)을 찾았고 드골은 헌법 개정을 전제조건으로 전권을 위임받아 프랑스 정치의 전면에 복귀하였다. 제4공화국의 마지막 국회는 1958년 6월 3일 '전권에 관한 법률(la loi de "pleins pouvoirs")'을 가결하여 새롭게 설립된 드골정부에게 6개월 동안 '국가의 재확립에 필요한' 전권을 부여함과 동시에 '헌법에 관한 법률(loi constitutionnelle)'을 제정하여 드골정부에게 새 헌법안의 작성을 위임하였다. 마침내 헌법 개정의 권한을 위임받은 드골정부는 1958년 8월 27일 새 헌법안을 국가참사회(Conseil d'Etat)에 공개하였다. 공개 당시 법무부 장관이었던 드브레(Michel Debré)는 새 헌법안의 기본적인 방침은 대통령제의 채택이 아니라 과거 헌정질서에서 빈번하였던 내각의 불안정을 해소하기 위해 '합리화된 의원내각제(parlementarisme rationnalisé)'를 제

---

3) 내각의 불안정은 제3공화정 정당구조의 특징이기도 하였던 불안정한 정당연합의 귀결이었다. 또한 의회의 내각 불신임권의 남발에 대한 견제장치인 행정부의 의회해산권이 제3공화정 당시 실제적으로 작동하지 않았다. 더욱이 상·하 양원의 권한이 헌법적으로 균형을 이루고 있었는데 이는 1930년대의 경우에서와 같이 상원과 하원이 극단적으로 대립할 경우 국정마비를 초래하기도 하였다.

도적으로 확립하는 것이라고 밝혔다. 드브레에 의하면 '합리화된 의원내각제'란 "의회에서 나오는 권력의 혼동"을 막고 국가수반과 의회를 분리하는 한편 "엄격한 권력분립 보다는 권력의 협력"을 조장함으로써 의정과 국정의 조화와 합리적 운영을 목표로 하고 있다는 것이다. 따라서 그는 새 헌법이 의원내각제의 근간을 유지한 채, 국가수반(대통령)의 권한을 강화함으로써 효율적이고 안정적인 국정운영을 위한 제도적 기틀을 마련하였다고 설명하였다. 의원내각제의 합리화라는 목표는 개헌 당시 정치권이 드골 정부에게 개헌안 작성을 위임할 때 '헌법에 관한 법률(loi constitutionnelle)'에서 명백히 표명한 새 헌법의 기본원칙이기도 하였다.

　　제5공화국 헌법의 핵심적인 입안자인 드브레 장관이 직접 새 헌법이 본질적으로 '의원내각제'라고 명백히 밝히고 있지만 헌법 조문에 대한 약간의 정밀한 독해를 통해서, 그리고 무엇보다도 1958년 이후의 프랑스 헌정사를 통해서 확인할 수 있듯이 1958년 헌법은 제3, 4공화정의 의원내각제와는 전혀 다른 새로운 통치체제의 시작을 의미하고 있었으며 이 새로운 통치체제는 학자 및 논평자들에 의해서 '준대통령제(semi-présidentialisme)' 혹은 '이원집정제(dyarchie)'등으로 불리게 되었다. 새로운 통치체제의 헌법적인 윤곽이 이처럼 '합리화된 의원내각제' 혹은 '준대통령제' 등으로 불리게 된 근본 원인은 1958년 헌법이 의원내각제의 골격을 그대로 유지하기를 원했던 당시 대다수 정치권과 강력한 대통령제를 1946년부터 피력하였던[4] 드골 간에 나온 타협의 산물이었기 때문이었다. 따라서 1958년 헌법은 의원내각제와 대통령제의 요소가 혼재해 있게 되었다. 특히 의원내각제의 핵심적 요소라고 말할 수 있는 내각의 의회에 대한 책임(제50조) 및 의회의 내각 불신임권(motion de censure, 제49조)이 분명하게 명시되어

---

4) 드골의 통치체제에 대한 구상은 1946년 6월 16일 바이유(Bayeux)에서 행한 연설에서 처음으로 공개되었으며 그 주된 내용은 입법부·행정부·사법부간의 엄격한 권력분립에 기초한 대통령제였다(De Gaulle 1954).

있다. 그러나 이전 헌법과 달리 1958년 헌법은 국가수반인 대통령의 권한
을 획기적으로 확대·강화시키고 의회의 권한을 상대적으로 약화시켰다. 의
회의 내각 불신임권에 대한 반대급부인 내각의 의회 해산권은 대통령의 고
유권한이 되었으며(제12조) 의회의 내각 불신임권에 대한 제한조항(제49조
2항)이 신설되었다[5]. 또한 각료직과 국회의원직의 겸직불가의 원칙이 새롭
게 수립되었다(제23조). 입법부의 권한을 제한하고 행정부를 강화하려는 드
골헌법 입안자의 의도는 입법의 영역을 헌법이 열거한 분야로 제한(제34
조), 법률의 합헌심사권의 도입, 청문권의 제한, 의회 의사일정(l'ordre du
jour)에 대한 행정부의 통제 및 행정부의 입법적 권한(pouvoir réglemen-
taire)의 확대(제11조, 제37조)로 이어졌다.

또한 대통령의 국민투표 회부권(제3조, 제89조)이 신설되었다. 과거 제
3, 4공화정에서는 입법부의 선거를 통해 대통령이 선출되었다면, 1958년
헌법은 국회의원 및 지자체(코뮌) 장으로 구성된 대규모 선거인단(약 8만 2
천명)이 대통령을 선출하게 함으로써 국가수반과 의회를 연결하고 있던 탯
줄을 잘라버렸다. 이는 4년 후, 대통령 직선제 개헌을 통해서 대통령이 명
실상부한 국민주권의 위임자가 되기 직전의 잠정적이고 과도기적 선출방식
으로 이해 할 수 있다. 이와 같이 애초 '합리화된 의원내각제'로 표명된 제5
공화국 헌법은 초대 대통령에 드골이 취임하고 그의 통치 스타일이 새 헌법
의 뼈대에 내용을 채우는 식으로 전개되면서 실제적으로는 (프랑스식) 대통
령제의 제도적 기반이 되었다고 평가할 수 있다.[6]

---

5) 제49조와 제12조의 조합, 즉 의회의 내각 불신임권 제한조항과 대통령의 의회 해산권의 조
   합은 의회의 내각 불신임권을 실제적으로 무効화시키는 결과를 초래함으로써 내각의 안정
   을 꾀할 수 있었다. 왜냐하면, 행정부와 입법부의 대립상황에서 의회의 내각 불신임권 가
   결은 곧바로 대통령의 의회 해산권 발동으로 이어질 것이며, 이 경우 의회는 국회의원 선거
   를 다시 실시하여야 하는 위험을 무릅써야 하기 때문이다.
6) 뒤하멜은 1958년 헌법의 논리에서 이미 1962년 대통령 직선제가 예고되어 있었다고 지적
   한다(Duhamel 1988, 19).

3. 강화된 대통령의 권한

1962년 국민투표에 의해 확정된 대통령 직선제 개헌은 대통령에게 더욱 강화된 민주적 정당성을 확보해줌으로써 프랑스의 대통령제 확립에 결정적 역할을 하였다. 대통령 직선제는 대통령의 민주적 정당성이 국회의원으로 구성된 국회의 민주적 정당성을 능가한다는 해석을 가능하게 하였다. 즉, 후자는 제한된 선거구에서 선출되고 여러 정치 집단으로 분열되어 있지만 전자는 전체 국민에 의해서 선출되고 국민 전체를 대표하기 때문이라는 것이었다. 이후 대통령은 국가수반의 자격으로 의회의 눈치를 보지 않고 총리를 임명하고 국무회의를 직접 주재하게 되었다. 한편 의회는 조각에 있어서 실질적인 권한을 상실하였을 뿐 아니라 의회의 정부 불신임권은 유명무실한 헌법적 권한이 되었다. 내각과 의회의 실질적인 분리의 단초는 드골 대통령이 뽕피두(Georges Pompidou)를 총리에 임명함으로써 이루어졌다. 당시 뽕피두 총리는 드골의 협력자로써 이전에는 한 번도 의원직을 가진 적이 없던 인물이었다. 더 나아가서 1962년 이후 내각에 대한 의회의 통제력은 급격히 약화되었다. 헌법 제49조는 이 점에 있어서 "총리는 국무회의의 심의를 거쳐서 내각의 정책 프로그램 혹은 일반 정책의 선언에 대한 정부의 책임을 국회 앞에 붙인다"라고 명시하고 있다. 이 조항은 제4공화국에서 특히 까다로웠던 의회의 내각 승인과정을 개혁하기 위한 것이었다. 당시 내각에 대한 의회의 승인은 내각이 내세우는 정책보다는 내각을 구성하고 있는 각료들의 정치적 배분에 의해 좌우되었다. 그러나 제5공화정부터 대통령의 총리임명권이 실제적으로 작용하게 되고 조각에 있어서 의회의 눈치를 보지 않게 됨으로써 (동거체제 제외) 내각의 의회 앞의 책임에 관한 조항은 단순한 참고사항이 되어버렸다. 이렇게 해서 내각은 의회의 동의절차 없이 수립되고 기능하게 되었으며 의회의 승인절차 없이 일반 정책의 발표를 의회에서 할 수 있게 되었다. 결국 '내각은 국회 앞에 책임을

진다'는 헌법조항은 제5공화국의 운영을 통해서 사문화(死文化)되어 버리
고 총리와 내각은 실제적으로 대통령 앞에 국정운영의 책임을 지는 방식으로
헌정체제가 운영되었다. 예를 들면, 1962년 4월 드브레 수상의 해임, 1972년
7월 샤방-델마스(Jacques Chaban-Délmas) 총리해임, 1984년 7월 모로와
(Pierre Mauroy) 총리해임, 1991년 5월 로까르(Michel Rocard) 총리해임,
1992년 4월 크레송(Edith Cresson) 총리해임은 국회의 불신임에 의한 것
이 아니라 대통령의 독자적인 판단에 의한 것이었다.

　　논평가들에 의해 프랑스 제5공화정의 통치체제를 '이원집정제(dyarchie)'
로 해석하는 경향은 제5공화국 출범 전후에 집중되었다. 제3, 4공화정 당시
상징적 존재에 불과했던 대통령의 권한이 새 헌법에서는 획기적으로 확대·
강화되었기 때문에 과거 프랑스 정치에서 실질적인 행정부의 수반이었던
총리의 위상과 역할이 새 공화국에서 어떻게 새로이 정립될 것인지가 초미
의 관심사가 될 수밖에 없었다. 더군다나 '합리화된 의원내각제'라고 제5
공화국의 통치형태를 요약한 드브레 법무장관의 언급은 "누가 실제로 국
정을 운영하는 최고 책임자인가?"라는 궁금증을 더욱 증폭시켰다.

　　제5공화국 헌법조문은 "누가 국정의 진정한 지도자인가?"라는 의문에
아무런 명백한 해답을 주지 않을 뿐 아니라 오히려 혼동만 가중시킨다. 달
리 질문하자면, 국정의 책임자는 총리를 임명하고 '공권력의 정상적 기능
을 보전하고 국가의 연속성을 보장'(제5조)하는 대통령인가? 아니면 '정부
의 활동을 지휘'(제21조)하는 총리인가? 또한 국방에 관하여는 '군 통수권
자'이며 '국가독립과 영토보전의 책임자'(제15조)인 대통령과 '국방의 책임
자'인 총리(제21조) 중 누가 실질적인 책임자인가? 제5공화국 헌법이 공개
되자마자 많은 논평가들은 제5공화정의 특징을 이원집정제로 명하고 대통
령과 총리간의 권한의 경계가 모호함으로써 발생할 수 있는 국정혼란과 정
치적 갈등의 위험을 지적하기도 하였다.

　　결국 대통령과 총리의 권한에 대한 위계 및 적용범위에 대한 더욱 명확

한 준거가 될 수 있는 문건은 헌법이 아니라 1958년 8월 27일 국가참사원에서 당시 헌법안을 소개한 드브레 법무장관이 한 연설에서 찾을 수 있다.

"공화국 대통령의 고유 권한에 속한 것은 우선 본질적인 영역인데 … 즉 국가의 존폐여부에 관한 것, 구체적으로, 외교와 국방 정책, 그리고 대내적으로는 국가 발전의 기본 방침에 관한 것이다. 또한, 경우에 따라서는 사회의 기본 원칙에 관한 사항, 그리고 법률에 관한 영역도 당연히 포함된다. … 이러한 조건을 따르자면, 내각의 역할은 따라서 종속적 지위를 가진다. 그러나 총리는 공화국 대통령의 업무에 대한 조언하는 역할과 함께 모든 여타 정부의 행동에 대해 책임지고 운영하는 역할을 맡는다. 이러한 과업도 막대한 책무라고 말할 수 있는데 왜냐하면 이것이 정부 각 부처의 일상적 책임에 해당되기 때문이다."[7]

이와 같은 대통령직과 총리직의 역할 구분에 대한 원칙의 표명은 1964년 1월 31일 드골의 기자회견에서 더욱 명확해진다. "오직 대통령만이 분명히 국가의 권위를 위임받고 행사한다. 그러나 대통령은 정치적, 경제적, 행정적 모든 업무에 쉴 새 없이 그리고 무제한적으로 몰입될 수는 없는 것이다. 이것은 반대로 총리의 몫이다." 즉, 위의 발언은 국정의 명실상부한 최고 책임자는 대통령이고 총리는 일상적인 행정업무를 관장하는 것으로 요약할 수 있으며 따라서 국가운영의 주요한 사항의 결정은 당연히 대통령의 권한에 속한다고 말할 수 있다. 그러나 이와 같은 대통령과 총리의 역할 분담에 관한 정리는 어디까지나 원칙적인 구분에 지나지 않는다는 점을 밝힐 필요가 있다. 왜냐하면 "실제적으로 모든 사안이, 그 사안의 성격에 관계없이 — 우유 혹은 설탕가격, 알제리 협상 혹은 유럽정책 — 어느 날에는 대통령 고유권한 영역으로 또 어느 날에는 그 영역에서 빠지게 되었다(Viansson-Ponté 1961)"는 관찰에서 알 수 있듯이, 그리고 드골이 자신의 회고록(Mémoires d'espoir) 2권에서 광산노동자 파업문제 해결, 학교개

---

7) *la Revue française de science politique*(mars, 1959)에 실린 연설문.

혁, 지방행정 개혁, 혹은 프랑화 안정화에 매우 적극적으로 간여하였다고 회고하듯이 사안의 성격에 관계없이 대통령이 직접 챙겨야 할 필요가 있다고 스스로 판단하는 사안은 대통령이 적극적으로 개입하는 것이 드골 정부 이래 관행이 되었다는 점이다.

제5공화국이 수립된 지 6개월 후, 정치학자 뒤베르제(Maurice Duverger)는 이미 "드브레 수상은 존재하는가?"라는 글(Duverger 1959)에서 수상의 역할 및 고유권한에 대해서 의문을 제기하였으며 헌법학자 브델(Georges Vedel)은 드골정부의 통치 스타일을 '군주정의 논리'라고 규정하기에 이르렀다(Vedel 1960). 당시 드골정부의 국정운영 방식에 대한 비판은 학자들의 글에만 국한되지 않았다. 드브레 총리의 역할과 직무수행 방식에 대해 국회의사당내에서도 "총리, 의회가 당신을 비판하는 것은 바로 당신의 고유한 권한을 당신이 포기하기 때문입니다"라고 제기된 바 있다(Journal officiel 1960, 664).

제5공화정의 통치형태는 초대 드골 대통령의 집권기부터 미테랑(Francois Miterrand) 대통령의 집권기에 발생한 동거체제(cohabitation) 전까지만 하더라도 의원내각제 보다는 대통령제에 가까운 것이었다. 그러나 완벽한 삼권 분립에 기초하고 있는 미국의 대통령제와는 매우 상이하게 의원내각제의 요소가 포함된 대통령제라고 말할 수 있다. 이 통치체제의 핵심은 대통령이 행정부의 수장이지만 의회 앞에서 책임지지 않는다는 점이며, 또한 정부는 법적으로는 의회 앞에 책임지지만 실제적으로 대통령 앞에 책임진다는 점일 것이다. 결과적으로 제5공화정 하에서 의회 다수당은 대통령의 정책을 지지하는 것이 우선적인 임무가 되었으며 국회의원 총선거는 대통령 선거를 공고화하는 기능을 맡게 되었다. 즉 국회의원 선거는 대통령에게 통치할 수 있는 수단을 제공하는 여당을 구성하는 것이 주요 목표가 되었다. 따라서 이러한 '준대통령제'가 제대로 기능하기 위해서는 대통령이 속한 정당과 의회 다수당이 일치하여야 한다(majorité présidentielle)는 점이며 이는 두 개의 선거, 즉 대통령선거와 국회의원 선거에서 모두 승리하여야 한다는 것을 의미한다. 다시 말하면 제5공화정 하에서 정부가 정상적으로 기능하기 위해서는 두 개의 헌법기관(대통령과 국회)의 허락을 받아야 한다는 것이다.

1962년 대통령 직선제 개헌부터 1986년 최초로 동거체제가 발생하기 전까지 제5공화정은 대통령이 속한 정당이 원내 다수 의석을 확보함으로써 정상적이고 안정적인 헌정질서를 확립해 나갈 수 있었다.[8] 대통령의 국정운영에 필요한 안정적인 원내 다수세력의 확보는 제5공화정의 출범과 함께 국회의원 총선거에서 시행된 '2회투표다수제(scrutin uninominal majoritaire à deux tours)'로 용이해졌다. 결선투표제로 불리기도 하는 이 선거제도는 1차 투표에서 과반수를 얻지 못한 후보자가 나올 경우 최소한 12.5% 이상의 득표율을 획득한 후보들만을 대상으로 2차 투표를 실행하여 당선자를 가리는 제도이다. 이는 2차 투표에서 가까운 성향의 정당 간에 선거연합을 조장하고 더 나아가서 선거에서 승리할 경우 연립정부 구성을 순조롭게 만들었으며 따라서 안정적인 원내 다수세력의 출현이 정착되는데 공헌하였다. 그러나 2회투표다수제를 통한 안정적인 원내 다수세력의 구성이 항상 대통령에 우호적인 세력 연합으로 이루어진다는 보장은 없었다. 최소한 1981년까지만 하더라도 대통령과 원내다수세력의 일치는 제5공화국 헌정질서에서 당연시 되었다. 예를 들면, 미테랑 대통령은 1981년 취임 직후 당시 우파가 장악하고 있던 국회를 해산하고 총선거를 실시하여 자신에게 우호적인 원내 다수세력(사회당+공산당)을 구성하였다. 미테랑의 국회해산에 대해서 당시 정치권이나 언론에서 별다른 비판이 없었으며 프랑스 국민들은 총선거에서 좌파 정당에게 표를 몰아줌으로써 대통령에

---

8) 물론 지스카르 데스탱 대통령 재임 시(1974~1981) 우파정당 연합(RPR, UDF)이 원내 다수를 점하고 있었지만 그 우파연합 안에서 데스탱(Valéry Giscard d'Estaing)이 속한 정당(UDF)는 RPR(드골주의 정당)에 비해서 소수당이었다.

우호적인 정치세력의 국회장악을 도왔다. 그러나 대통령 임기(7년)와 국회의원 임기(5년)의 불일치로 인하여 대통령 재임기간 중에 언젠가는 대통령에 적대적인 의회 다수세력의 출현의 가능성이 존재하고 있으며 이는 제5공화정의 정상적인 운영에 대한 중대한 궤도수정을 예견하는 것이기도 하였다.

4. 동거체제: 의원내각제의 부활

대통령 임기와 국회의원 임기의 불일치는 대통령 임기 5년제 개헌(2005년) 이전 까지 제도적 불균형을 초래하였다. 1986년, 1993년, 1997년 국회의원 총선거에서 여당(majorité présidentielle)의 패배는 동거체제(cohabitation)를 초래하였고 이는 제5공화국 하에서 실질적인 의원내각제의 부활을 의미하였다.

미테랑 대통령 재임기간 중(1981~1995), 1986년 국회의원 총선거에서 처음으로 대통령에 적대적인 정당들(RPR, UDF)이 의회를 장악하게 되었다. 즉 좌파 대통령의 집권기간 중에 우파가 국회의 다수당이 된 것이었다. 당시 미테랑 대통령은 ① 적대적인 의회권력 앞에서 대통령이 내세운 정책의 효과적 실현이 현실적으로 불가능하다고 판단하고 대통령직의 사임, ② 대통령과 의회의 무한대립, ③ 총선거 결과에 승복하고 국회 다수당의 지도자를 총리로 임명함으로써 내각을 상대방에게 넘겨주는 것 이렇게 세 가지 중 하나를 선택해야만 했다. 결국 미테랑 대통령은 실질적인 행정권력을 우파 다수당에게 넘겨줌으로써 전 세계적으로 유래를 찾아보기 힘든 동거체제를 탄생하는 계기를 마련하였으며 이 동거체제는 후임 대통령에 의해서 계승됨으로써 제5공화정 헌정사에 있어서 매우 특이한 관행으로 자리잡게 되었다.

표 2-1   동거체제 기간 (진한부분) 1986~현재

연 도	대통령	총 리
1986~1988	**미테랑 (좌)**	**시락 (우)**
1988~1991	미테랑 (좌)	로카르 (좌)
1991~1992	미테랑 (좌)	크레송 (좌)
1992~1993	미테랑 (좌)	베레고브와 (좌)
1993~1995	**미테랑 (좌)**	**발라뒤르 (우)**
1995~1997	시락 (우)	쥐페 (우)
1997~2002	**시락 (우)**	**조스팽 (좌)**
2002~2005	시락 (우)	라파랭 (우)
2005~2007	시락 (우)	빌팽 (우)
2007~	사르코지 (우)	피용 (우)

　　동거체제하에서 내각을 내어준 대통령은 국정운영 수단의 대부분을 잃
어버린다. 그러나 외교 및 국방에 있어서 대통령 고유의 권한은 그대로 유지
되었다. 이는 헌법에서 명시된 것이 아니라 1차 동거체제 당시(1986~1988)
미테랑 대통령과 시락 총리간의 합의에 의한 결과였다. 외교와 국방에 관
한 한 프랑스 좌·우 정당의 입장이 일치하기 때문에 이점에 있어서 비교적
손쉬운 합의를 이끌어 낼 수 있었다.9) 이후 2차(1993~1995) 및 3차 동거
체제(1997~2002)에서도 이러한 관행은 유지되었다. 그러나 동거체제하

---

9) 국방의 경우, 특히 핵전력의 사용에 관해서 최고 결정권자로서의 대통령의 고유 권한은 세
　번의 동거체제 기간 중 그대로 인정되었다. 그러나 외교 분야의 경우, 대통령의 고유권한은
　총리에 의해 일부 잠식되기도 하였다. 예를 들면, 1차, 2차 동거체제 당시 시락 총리와 발라
　뒤르 총리는 총리실에 외교 담당 부서를 신설하고 외교문제에 있어서 어느 정도 독자적인
　권한을 보유하였으며 이는 국제 정상회담에서 대통령과 동행하는 것으로 나타났다(수행이
　아님). 또한 총리실은 대통령궁을 제치고 일련의 경제협상(1993년 GATT협상), 예민한 국
　제적 사안(테러리즘과 프랑스 인질문제 1986~1988) 및 유럽정책에 있어서 주도권을 행사
　하기도 하였다. 그럼에도 불구하고 외교 분야에 있어서 대통령과 총리의 기본시각은 일치
　하였기 때문에 이와 같은 '역할분담'은 별다른 갈등 없이 이루어졌다(Charlot 1994, 193).

에서 내정의 실제적인 권한이 총리에게 있더라도 대통령은 특정한 권한을
행사할 수 있다. 예를 들면, 국회의 동의를 거친 정부의 오르도낭스10)의
선포를 거부하는 권한을 행사한다(첫째 동거체제 1986~1988에서 미테랑
대통령의 경우). 더욱이 대통령은 언제라도 의회를 해산하고 총선거를 다
시 치루게 할 수 있는 '궁극적인' 권한을 합헌적으로 보유하고 있다. 이런
측면에서 총리는 대통령의 눈치를 어느 정도는 살펴야 한다는 점을 지적할
수 있다. 즉 동거체제로 인하여 대통령은 행정부 수장으로서의 기능 대부
분을 상실하지만 이 경우에도 대통령의 위상이 과거 제3, 4공화정 시기처
럼 단순한 상징적 · 의전적(儀典的) 역할로 축소되는 것은 아니라는 점이
다. 일상적 국정운영의 경우, 국무회의 석상에서 대통령은 고립된 지위에
도 불구하고 내정의 여러 분야에 걸쳐서 자신의 반대의견을 피력하였으며
이는 대통령궁의 대변인을 통해서 언론에 공개되었다. 따라서 대통령은
'언론정치'의 영역에 매우 적극적으로 개입하였다. 이점에 있어서 뒤하멜
(O. Duhamel)과 파로디(J. -L. Parodi)의 제1차 동거체제에 대한 관찰은
매우 시사적이다. "동거체제하에서 대통령(미테랑)은 더 이상 국정을 직접
운영하지는 않았지만 이것을 자신이 국민전체를 대표한다는 점을 부각시
키는 기회로 삼기도 하였다. … (이 기간 중) 그는 무도회, 퍼레이드, 해외
여행으로 점철되는 엘리자베스 2세의 역할로 만족하기 보다는 언론을 통
해서 적극적으로 내정에 개입하였다. 시의적절하지 않음과 희망사항, 정

---

10) 오르도낭스(ordonance)는 정부가 법률의 영역에 속하는 사항에 대해서 의회의 허가를 얻
　　어 행하는 일종의 행정입법(헌법 제38조)을 일컫는다. 오르도낭스가 법률과 달리 헌법에 그
　　공표 기간이 명시되어 있지 않았다는 점(제13조)을 이용해서 미테랑 대통령은 일부 오르도
　　낭스를 공포하지 않음으로써 실제적인 거부권을 행사한 바 있다. 일례로 1986년 7월 14일
　　의 민영화에 관한 오르도낭스, 10월 2일의 선거법 개정에 관한 오르도낭스 및 10월 17일 노
　　동시간 유연화에 관한 오르도낭스를 공포하지 않았다. 그러나 대통령의 이러한 무작위(無
　　作爲)적 태도는 상징적 수준에 불과하였다. 미테랑에 의해 공포되지 않은 상기 오르도낭스
　　는 국회에 의해 법률로써 가결됨으로써 대통령은 이를 공포할 수밖에 없었다(Charlot
　　1994, 194).

당함과 부당함, 용납할 수 있는 것과 용납할 수 없는 것을 표명하였다. 만약 해외에서 이와 비슷한 예를 찾자면, 이탈리아의 페르티니 대통령이나 스페인의 후안 카를로스 국왕과 비교할 수 있다"(Duhamel and Parodi 1988, 544). 그러나 동거체제가 국정운영에 있어서 원칙적으로 의원내각제의 부활을 의미한다는 점은 다음과 같은 이유에서 찾을 수 있다. 첫째, 총선에서 대통령이 소속된 정당의 패배는 대통령의 통치 정당성을 희석시키는 반면 의회를 장악한 정당의 통치 정당성을 강화한다. 둘째, 강화된 정당성에 의해 내각을 장악한 원내 다수당은 대통령 앞에서 책임지는 것이 아니라 의회 앞에서 책임진다. 즉 사문화된 헌법 제50조(내각의 의회 앞에서의 책임)가 동거체제하에서 그 효력을 발생한다. 셋째, 의회는 이렇게 해서 행정부의 민주적 정당성의 유일한 원천이 된다.

동거체제로 인한 의원내각제의 부활은 제5공화정에서 대통령과 의회의 권력이 상호 견제하는 결과를 초래함으로써 대통령 1인에게 과도하게 부여된 권한(보는 이에 따라)을 일시적으로 제한하는 효과를 가져다주었다고 한다.[11] 또한 관용과 타협의 정치문화를 발전시키고 외교·국방분야 같은 국가의 중대한 사안에 관하여 여·야를 막론하고 한목소리를 낼 수 있다는 점을 국민들에게 확인해주는 긍정적인 측면을 제공하였다. 그러나 동거체제는 실제적으로 이원집정제의 모습을 나타내기도 하면서 정책 결정의 최고 수준에서 항상 불협화음이 일어날 가능성을 내포하고 있을 뿐 아니라 여·야의 타협관행은 오히려 선거를 통한 정권교체의 의미를 희석함으로써 정부의 정치적 책임소재가 불분명해지는 문제점을 드러낸다. 동거체제를 제

---

11) 그러나 동거체제로 인해 입법부의 권한이 강화되기 보다는 총리가 주도하는 행정부의 권한이 강화되었다는 것이 더욱 정확한 표현일 것이다. 그 이유는 정부의 오르도낭스(위임입법) 남발 및 헌법 제49조 3항(정부가 제안한 법률안에 정부 신임을 붙임으로써 의회의 정부 불신임안이 가결되지 않으면 법률안이 의회의 토의절차 없이 자동적으로 가결되는 조항)의 빈번한 적용으로 말미암아 법률안에 대한 의회의 심의기능은 현격히 약화되었기 때문이다.

5공화국 헌정체제의 일시적·예외적·비정상적 국면으로 보는 것이 1980
년대의 지배적인 인식이었다면 이 '예외적 국면'이 1986년부터 2002년 사
이, 즉 17년 동안 세 차례에 걸쳐서 무려 9년의 기간에 해당된다는 점은 많
은 정치인과 관련학자들로 하여금 동거체제의 가능성을 줄이는 방법을 고
민하게 만들었다.

5. 대통령 임기단축과 제5공화국의 '대통령제화'

헌법 조문 상으로는 모호한 '혼합형 정치체제'라고 칭할 수 있는 프랑스 제
5공화국 통치체제를 실제적으로 대통령제로 만드는데 있어서 역대 대통령
들의 헌법에 대한 해석이 매우 중대한 영향을 끼쳤다는 점은 많은 논평에
서 지적하고 있다. 특히 제5공화국 초대 대통령인 드골이 보여준 카리스마
적 통치 스타일이 헌정체제의 '대통령제화(présidentialisation)'에 막대
한 영향을 끼쳤다. 대통령의 권한과 역할에 대한 그의 시각 및 그가 보여준
국정운영 방식은 보나파티즘을 연상시킬 정도로 드골 대통령의 집권기는
매우 강력한 대통령의 권한이 행사되는 시기였다.[12] 또한 이후 드골을 계
승한 역대 대통령들도 개인마다 성향의 차이는 있었지만 제5공화국 헌법
에 대한 대통령제 편향의 해석은 한결같이 이어져 왔다. 특히 과거 대통령
제에 가장 비판적이었던 정치인 중 하나였던 미테랑도 대통령직에 당선되

---

12) 대통령직에 관한 드골의 생각은 다음에 인용된 그의 발언에서 거침없이 표현되고 있다:
   "대통령은 분명 국가의 권위를 보유하고 위임받은 유일한 존재이다. … 국가의 분할할 수
   없는 권위는 그 모든 것이 국민에 의해 선출된 대통령에 위임되며 이것 이외의 여타 권위,
   즉, 내각, 민간, 군사, 사법적 권위는 국민에 의해 위임받고 유지되는 것이 아니다. … 최
   고의 국정 영역을 조정하는 권한은 대통령에 속해있으며 여타 영역의 관리는 타 부서에게
   위임되는 것이다(1964년 1월 31일 기자회견)." "전체 국민을 대표하는 유일한 존재인 국
   가수반은 프랑스의 영원하고 최고의 이익을 수호하고 제도의 안정과 공무의 지속성을 보
   장한다(1965년 9월 9일 기자회견)." (Jen-Marie Crouzatier 2003, 22에서 재인용)

자 "나는 프랑스 국민이 나를 임명한 기간 동안 내치나 외정에 대한 나의
책임을 수행하는데 있어서 단 한 치의 양보도 없을 것이다"라고 천명하기
에 이르렀다.[13] 시락 대통령은 1996년에 대통령 고유의 최고 권한이 무엇
인지를 몸소 실천하기도 하였다. 그는 징병제 폐지를 내각이나 국회와 미
리 상의하지 않은 채 일방적으로 결정하고 발표하였다.[14]

　　그러나 이와 같은 프랑스 통치체제의 대통령제화는 동거체제의 빈번한
발생으로 인하여 제동이 걸렸으며 동거체제의 빈도를 줄이기 위해 제도의
대폭적인 수정보다는 대통령 임기의 조정을 통한 방식이 모색되었다. 대통
령의 7년 임기는 1873년 이래 계속되어 125년의 역사를 가지고 있었다. 제
3, 4공화정 시기, 즉 압도적인 의회권력이 행사되던 시기에 오로지 상징적
인 존재로 위상이 정해진 대통령에게 7년이라는 긴 임기를 부여한 것은 짧
은 내각의 수명을 보완하고 헌정의 연속성을 보전하는 상징성을 띠고 있었
다. 또한 7년 임기는 국민의 손으로 직접 선출되지 못하고 의회에서 선출
됨으로써 허약한 민주적 정당성을 지닌 대통령의 위상에 적절히 부합되는
것이기도 하였다. 제3, 4공화정 시대 의원내각제에 완벽히 부합되는 것으
로 보였던 대통령의 7년 임기는 제5공화정 이후 일부 정치권 및 논평가들
에 의해 시대착오적인 것으로 지적되기 시작하였다. 대통령 임기단축에 관
한 논의는 1973년 퐁피두 대통령이 임기단축에 관한 헌법 개정을 준비하
면서부터 제5공화국 헌법에 관한 논의에서 중요한 사항으로 떠오르게 되
었다. 이후 미테랑은 1988년 대통령 선거에서 임기단축을 공약으로 내걸
었으나 당선 이후에도 이 공약은 실현되지 않았다.

　　마침내 2000년 6월 7일, 시락 대통령은 "7년제는 오늘날 더 이상 대통
령 기능의 중요성을 고려해 볼 때 적절하지 않으며 국민들의 요구에도 부

---

13) 1982년 9월 27일 회견(Jen-Marie Crouzatier 2003, 22)
14) 물론 당시 내각과 의회를 장악한 시락 대통령은 자신의 결정을 내각과 의회가 따를 것임을
　　믿고 있었다.

합되지 않고 있다"라고 밝히면서 대통령의 임기를 5년으로 단축하는 헌법
개정안을 국회에 제출하였다. 이 개정안은 제6조 대통령 임기에 관한 조항
만 수정하고 다른 헌법조문은 한글자도 건드리지 않은 '원포인트 개헌'안
으로써 2000년 9월 24일 국민투표를 통해 확정되었다. '민주적 토론의 활
성화', '국민들의 대통령에 대한 통제강화' 및 '대통령의 민주적 정당성 강
화'가 5년제 대통령 임기의 명분으로 내세워졌다. 물론 대통령 선거의 햇수
를 줄임(7년→5년)으로써 대통령 선출에 국민들의 참여빈도가 늘어나므로
앞에서 열거한 명분이 전혀 허위라고는 말할 수 없다. 그러나 5년제 임기단
축의 근본적 이유는 무엇보다도 대통령의 임기와 국회의원의 임기를 일치
시키고, 아울러서 양대 선거일정을 가능한 한 접근시킴으로써, 동거체제
가 발생할 수 있는 개연성을 줄여서 대통령의 권한을 강화하는데 있었다.

　　이후 실행된 2002년 대통령 선거/국회의원 선거와 2007년 대통령 선
거/국회의원 선거는 개정된 헌법의 의도대로 대통령과 그가 속한 정당이
의회를 장악하는 결과를 낳았으며 이로써 제5공화정 헌정체제가 다시 '정
상화'되고 있다는 점이 현재까지의 관측이다.15) 그러나 대통령 임기단축
만으로 동거체제의 재출현이 지속적으로 막아줄 지는 불확실하다. 국회해
산 혹은 대통령 사임 같은 변수가 항상 존재하는 한, 양대 선거 일자의 변
화 가능성은 존재한다. 더군다나 대통령선거 직후에 국회의원 선거가 실시
된다 하더라도 후자에서 항상 대통령에 유리한 결과가 나온다는 보장도 없
다. 프랑스 정치권 대부분이 동거체제에 대해서 매우 불편한 감정을 숨기
지 않고 있지만 국회의원 선거철이 다가오면 대통령은 유권자들에게 자신
이 속한 정당에 투표함으로써 대통령의 정책이 제대로 실현되도록 호소하
는 반면, 그 반대편에서는 한결같이 대통령의 '권력독점'을 막기 위해 자신

---

15) 2002년 양대선거는 시락 대통령 — 라파랭(Jean-Pierre Raffarin) 내각, 그리고 2007년
　　선거는 사르코지 대통령(Nicolas Sarkozy) — 피용(François Fillon) 내각을 낳았으며
　　두 경우 모두 우파 대통령-우파 내각에 해당된다.

에게 표를 달라고 호소하는 것이 정치의 논리이며 이것이 제도개혁 입안자들의 의도대로 헌정질서가 '정상화'되지 않을 수도 있는 이유이기도 하다.

6. 나오는 말

프랑스 대통령제는 1958년 헌법에 의해서 그 제도적 단초가 마련되고 1962년 대통령 직선제 개헌을 통해 완성되었다. 흔히 '준(準) 대통령제'로 불리기도 하는 프랑스의 대통령제는 내각책임제의 요소가 혼합된 독특한 정치체제이다. 프랑스 대혁명 이후 '1인 독재'에 대한 부정적 경험(제1제정, 제2제정, 왕정복고)을 통해 프랑스는 권력이 국가수반 및 행정부에 집중되는 것을 제도적으로 차단하기 위하여 1875년부터 1958년까지(제3, 4공화국) 의원내각제를 실시하였다. 대통령 및 행정부의 권한강화로 특징되는 제5공화국 체제는 일면 과거와의 단절을 보여주지만, 다른 한편으로는 80여 년간의 내각책임제의 유산을 상당부분 승계하고 있으며 이것이 현재 프랑스 정치에 있어서 제도적인 면에서 대통령제와 의원내각제가 혼재하는 이유이기도 하다.

　프랑스 통치체제가 제도적인 측면에서는 이처럼 대통령제와 의원내각제가 혼합된 '혼합형 체제'라고 정의된다면 제도의 운영 면에서는 대통령제의 특징을 나타내고 있으며 이는 드골 대통령 이후 역대 대통령의 국정운영에서 지속적으로 표명되었다. 그러나 1986년 이후 발생한 세 번의 동거체제(cohabitation)는 제5공화국 체제하에서 헌법 개정 없이 내각책임제가 실제적으로 부활할 수 있다는 점을 보여준다. 2000년 대통령 임기단축에 관한 헌법 개정은 대통령의 임기와 국회의원의 임기를 일치시킴으로써 동거체제가 발생할 개연성을 줄여놓았다. 이를 통해서 프랑스 정치체제는 앞으로 더욱 대통령제화(大統領制化, presidentialisation)될 수 있는 길을 넓히게 되었다.

그러나 이러한 대통령의 권한 강화 현상이 프랑스 통치체제의 장기적인 경향 혹은 자연적인 진화과정이라고 단정적으로 결론을 내리기에는 아직은 이르다. 프랑스 정치권에는 좌·우를 막론하고 대통령의 권한 강화현상을 비판하고 오히려 의회의 권한을 더욱 강화하여야 한다는 목소리도 엄연히 존재한다.16) 또한 프랑스 국민의 여론도 대통령에게서 강력한 권한을 가지고 직접 국정을 책임지고 운영하는 역할보다는(44%) 정쟁으로부터 어느 정도 초월한 위치에서 헌정을 수호하는 중재자의 역할을 기대하는 쪽에 더욱 기울어져 있다(55%) (Perrineau 2007, 12). 즉, 대다수 프랑스 국민들은 "대통령은 헌법을 수호하고 중재를 통해서 공권력의 정상적인 기능과 국가의 연속성을 보장한다. 대통령은 국가의 독립, 영토의 결속, 유럽공동체 및 대외조약의 존중을 보장한다"는 헌법 제5조항에 충실한 대통령상에 더욱 애착을 갖고 있다고 말할 수 있다.

---

16) 대표적인 정치권 인사로는 바이루(François Bayrou, UDF 당의장), 랑(Jacques Lang, 사회당), 몽트부르그(Arnaud Montebourg, 사회당)이 있다. 몽트부르그는 프랑소아(Bastien François, 파리1대학 정치학교수)와 함께 의회의 권한강화를 위한 '제6공화국' 설립을 주장하였다(Bastien, Arnaud 2005).

참고문헌

Bastien, François, and Montebourg Arnaud. 2005. *La Constitution de la 6ème République: Réconcilier les Français avec la démocratie.* Paris: Odile Jacob.

Chagnollaud, D. (eds.) 1993. *La vie politique en France.* Paris: Seuil.

Charlot, Jean. 1994. *La politique en France.* Paris: Inédit.

Cohen, Samy. 1988. "L'Immédiate primauté présidentielle." Duhamel O., and Parodi J.-L. (eds.). *La Constitution de la Cinquième République.* Paris: Presses de la FNSP, pp.91-100.

Crouzatier, Jean-Marie. 2003. "La Constitution de 1958." *Institutions et vie politique.* Paris: La Documentation française, pp. 15-23.

De Gaulle, C. 1954. *Mémoire de guerre tome 1: l'Appel.* Paris: Plon.

Denquin, Jean-Marie. 2001. *La monarchie aléatoire.* Paris: PUF.

Duhamel, O., and J.-L. Parodi. 1988. "A L'épreuve de la cohabitation." Duhamel O., and Parodi J.-L. (eds.). *La Constitution de la Cinquième République.* Paris: Presses de la FNSP, pp.541-550.

Duhamel, O. 1988. "Les logiques cachées de la Constitution de la Cinquième République." Duhamel O., Parodi, J.-L. (eds.). *La Constitution de la Cinquième République.* Paris: Presses de la FNSP, pp. 11-23.

Duverger, M. 1998. 문광삼·김수현역. 『프랑스 헌법과 정치사상』. 부산: 혜성, 2003. [원제: Les constitutions de la France, 14e éd. Paris: PUF(Que sais-je?)].

―――, M. 1959. "M. Debre existe-t-il?" *La Nef,* juillet.

Journal officiel. Assemblee nationale, Debats. 5 mai 1960.

Le Monde. 2005. 9. 8일자 헌법 개정에 관한 특집기사.

L'Express. "Vers la VIe Republique?." 15 sept. 2005.

Nouvel Observateur, no. 2134, "Le débat Lang-Montebourg: Changeons la République." 29 sept. 2005.

Perrineau, P., and S. Strudel. 2007. *Le Baromètre Politique Français (2006~2007): Les Français et les Institutions.* Paris: CEVIPOF.

Vedel, Georges. 1992. "La Cinquième République." Duhamel O., and Mény E. (eds.). *Dictionnaire constitutionnel.* Paris: PUF.

Viansson-Ponté, P. 1961. "La tête et les jambes." *Le Monde,* 7 novembre.

대만:

민주적 제도로서의 총통제 구조와 운영의 비조응성*

김형철 (비교민주주의연구센터)

1. 들어가는 말

이 장은 1996년에 첫 직선 총통을 선출한 대만을 대상으로 민주화 이후 민주주의 공고화의 지체 원인을 통치구조와 운영의 비조응성을 중심으로 분석하는데 목적이 있다. 대만은 헌법에 명시되어 있듯이 준대통령제(semi-presidentialism)의 통치구조를 채택하고 있다. 즉, 대만은 국가원수인 총통과 행정부의 수반인 행정원장이 존재하며, 입법원은 행정원장에 대한 불신임안을 제출할 수 있다는 점에서 준대통령제의 특성을 갖고 있다.[1] 그러

---

* 이 장은 비교민주주의연구(2008) 4집 1호에 게재된 것을 수정한 것이다.
1) 대만에서는 대통령을 총통으로, 행정부의 수반인 총리를 행정원장으로, 의회를 입법원으로 일컫는다. 따라서 이 장에서는 대만에서 사용하는 명칭을 따르고자 한다.

나 실질적 운영방식에 있어서는 대통령제적 특성을 갖고 있다고 할 수 있
다. 그 이유는 대만의 경우, 행정원장은 입법원의 신임에 의존하지 않고 총
통에 의해 지명되며, 행정원장의 권한은 총통의 권한에 비해 매우 작기 때
문이다. 즉, 총통은 국가권력기구의 장에 대한 임면권, 긴급권 발동, 그리
고 입법원의 해산 등과 같은 강력하고 실질적인 권력을 갖고 있다. 이와 같
은 대만 통치구조와 운영방식의 비조응성은 대만의 통치형태를 분류함에
있어 학자들 사이의 의견 일치를 가로막고 있다.2)

대만 통치구조와 운영방식의 비조응성은 단순히 통치구조 분류의 어려
움만이 아니라 대만 민주주의에 있어 부정적 결과를 가져오고 있다는 점에
서 중요하다. 대만의 민주주의로의 이행은 1987년 이후 10년간의 자유화 단
계를 걸쳐 국민직접선거에 의해 총통을 선출한 1996년에야 비로소 민주화
단계로 접어들었다. 그 이후 대만의 민주화는 2000년에 총통선거에서 정당
간 정권교체가 이루어지는 등 안정적인 이행과정을 거쳤으며, 최소정의적
관점에서의 절차적 민주주의가 정착되었다. 여기서 '민주주의 정착'이란 정
치적 영역에서 최소한의 민주적 규칙과 절차가 지속성을 갖는 단계이며, 점
진적인 규칙과 절차의 개혁을 통해 민주주의가 발전하는 단계로서 정의할
수 있다(김형철 2005b, 65). 이러한 정의에 따르면, 대만은 한국과 함께 민
주화 이후 민주주의가 정착된 국가들 중의 하나로서 평가할 수 있다.

그러나 대만은 민주주의 정착단계에서 공고화의 단계로의 이행이 지체
되고 있다는 점에서 풀어야 할 정치적 과제를 안고 있다. 대만이 풀어야 할
정치적 과제 중 하나는 대만 통치구조와 운영방식의 비조응성으로부터 기
인하는 민주주의 공고화의 지체 현상을 극복하는 것이다. 대만 통치구조와
운영방식의 비조응성은 권력기구간 수평적 책임성의 측면에서 행정원이
책임져야 할 대상과 행정원을 통제할 수 있는 대상이 총통과 입법원 중 누

---

2) 대만을 대통령제로 분류하는 학자들(신명순 2006; 이준한 2007)도 있고 또한 준대통령제
   로 분류하는 학자들(Lin Jih-wen 2002; Wu Yu-Shan 2000)도 존재한다.

구인지 모호하며, 행정-입법 사이의 빈번한 교착상태를 발생시키고 있다 (Wu Yu-Shan 2002, 30; Lin Jih-wen 2002, 73-74). 대표적인 사례로 서 2000년 민주적 선거를 통해 정권을 획득한 민주진보당(民主進步黨: 이 하 민진당)의 천수이벤(陳水扁)정부가 여소야대의 상황 하에서 취임 후 18 개월 동안 정쟁과 정책마비 상태를 경험한 바 있다(Rigger 2003, 41). 또 한 2006년에는 천수이벤 총통 일가의 편법적인 주식거래가 사실로 확인되 면서 입법원에서의 총통에 대한 탄핵 공방은 정치적 위기를 고조시켰으며, 시민사회에서 부패에 대한 책임을 묻는 천수이벤 총통의 퇴진 요구가 지속 됨으로써 대만의 민주주의는 위기에 직면하게 되었다.

그렇다면 대만 민주주의 공고화를 지체시키는 주요한 원인 중 하나로 서 대만의 통치구조와 운영방식의 비조응성을 가져오는 원인은 무엇이며, 그 결과는 민주주의 공고화에 어떠한 영향을 미치고 있는가? 이 장은 이를 밝히기 위해 민주적 총통제라는 통치구조를 설계하는 민주화 과정의 특징 과 더불어 총통선거와 입법원 선거 결과에 따른 정당정치에 초점을 맞춰 대만 통치구조와 운영방식의 비조응성이 민주주의 공고화에 미치는 영향 을 분석하고자 한다. 이를 위해 민주화 이행과정에서 준대통령제에 기초한 통치구조를 설계하게 된 구조적 상황, 민주적 총통제 하에서 총통의 권한 의 정도 그리고 분점정부의 형성과 행정-입법 사이의 교착상태 해결방식을 중심으로 대만 정치의 불안성과 민주주의 공고화의 지체현상을 분석하고 자 한다. 민주화 이행과정과 같은 구조적 상황을 살펴보는 이유는 권력배 분의 방식을 구조화한 통치구조와 운영방식이 정치제도들 사이의 조응성 뿐만 아니라 정치사회적 변화를 가져온 중대한 사건과 같은 역사구조적인 요인과의 복합적 상호작용의 결과이기 때문이다.

대만의 통치구조와 운영방식에 대해 관심을 갖는 이유는 첫째, 대만이 분단, 고도성장, 권위주의로부터의 민주화 이행, 유교문화, 그리고 민주주 의 공고화의 지체 등 한국과 여러 가지 면에서 유사점을 갖고 있다. 둘째,

민주화 이후의 민주주의 위기 또는 민주주의 공고화의 지체 현상을 극복하기 위한 제도적 개혁으로서 헌법개정에 대한 논의가 한국에서와 같이 대만에서도 진행되고 있기 때문이다. 마지막으로 통치구조의 변화에 대한 논의가 이루어지고 있는 한국의 현실에서 준대통령제적 통치구조를 갖는 대만의 실제 운영사례를 분석함으로써 과연 준대통령제의 채택이 한국의 민주주의와 정치안정을 위해 타당한 통치구조인지, 그리고 한국 통치구조의 변화 방향과 내용은 어떠해야 하는지에 대한 답을 찾고자 하는 기대에서 출발한다.

　　이 장의 구성은 다음과 같다. 먼저 제2절에서는 준대통령제와 민주주의 공고화 사이의 관계에 대한 이론적 검토와 더불어 분석틀을 제시하고자 한다. 제3절에서는 민주화 이행과정에 초점을 맞춰 대만의 통치구조가 어떠한 배경 하에서 채택되었는지 그리고 민주화 이후 대만 총통제의 내용이 무엇인지를 살펴보고자 한다. 제4절에서는 대만의 통치구조와 운영방식의 비조응성을 총통의 권한과 책임소재의 모호성, 분점정부의 형성과 교착상태의 해결방식을 중심으로 설명하고 대만 민주주의의 한계를 지적하고자 한다. 마지막 결론에서는 대만의 통치구조와 운영방식의 비조응성에 의한 한계를 간략히 정리하고 민주주의 공고화를 위해서 법적·제도적 노력뿐만 아니라 정치문화적 노력이 필요함을 지적하고자 한다.

2. 이론적 논의: 준대통령제와 민주주의

권력배분의 원칙을 특징으로 하는 통치구조란 단순히 권력이 구조적으로 누구에게 어떻게 배분되어 있는가를 의미하는 것이 아니라 권력이 실질적으로 행사되는 방식을 공식화·체계화한 상위정치제도이다. 상위정치제도로서 통치구조의 선택이 민주주의를 수행함에 있어 중요한 이유는 다음과 같다. 첫째, 통치구조는 민주주의를 수행함에 있어 요구되는 조건으로서 하위정치제도 — 선거제도, 정당체계, 이익대표체계 — 등의 선택과 결정에 영향을 주기 때문이다. 둘째, 통치구조는 하위정치제도와의 배열을 통해 민주주의의 운영방식을 결정하기 때문이다. 즉, 통치구조와 하위정치제도가 어떠한 조합을 이루느냐에 따라 합의에 기초한 민주주의를 운영하는지 아니면 다수결주의에 기초한 민주주의를 운영하는지를 결정하기 때문이다(Lijphart 1994, 205-211). 마지막으로 통치구조는 하위정치제도와의 배열에 따라 민주주의 공고화 또는 민주주의 생존 여부에 영향을 주기 때문이다(Bernhard and Reenock 2001).

통치구조와 민주주의 사이의 관계에 대한 관심은 '제3의 민주화 물결' 이후 학문적 영역뿐만 아니라 현실정치 영역에 있어서 증폭되었다.3) 많은 학자들에 의해 민주화 이행을 경험한 국가들에 있어 민주주의 공고화의 성공과 실패를 결정하는 주요 요인 중 하나로서 통치구조의 영향을 평가하는 작업이 1990년대 이후 지속적으로 이루어지고 있다.

이들 연구의 대부분은 통치구조 중 대통령제의 본원적인 특성인 이원적 정통성, 고정된 임기 그리고 승자독식에 의한 국정마비상태와 권력의 집중화가 신생민주주의 국가의 민주주의 불안정성을 높인다고 주장한다(Cheibub and Limongi 2002; Lijphart 1994; Linz 1994; Metcalf 2000; Shugart 1995). 즉, 이들은 대통령제가 깊은 사회적 분열 그리고 높은 분절도를 갖는 다당제와 결합될 때, 민주주의는 의회와 행정부 사이의 빈번한 교착상태, 무능하고 부패한 대통령을 교체할 수 없는 경직성, 그리고 승자에게로

---

3) 메인워링과 슈가트는 대통령제에 대한 논의가 활발하게 진행된 이유를 정치적 관점과 학문적 관점이라는 두 가지 측면에서 설명하고 있다. 우선 정치적 관점으로 1980년대 중반이후 주요 주제가 되었다고 지적한다. 그 이유로는 많은 국가들에서 민주주의로의 이행이 성공하였으며, 새로운 민주주의의 공고화를 위한 제도들의 설계를 위한 노력이 진행되었기 때문이라고 지적한다. 둘째로 지적인 측면에서는 정치제도의 배열이 정치를 형태지우는 강력한 영향을 갖고 있으며 정부형태의 선택이 중요하다는 확신에 의해 활발해졌다고 지적한다(Mainwaring and Shugart 1997, 2).

의 권력집중 등에 의한 통치능력의 위기와 갈등해결을 위한 초법적 방법의 동원에 의해 위협받거나 불안정하게 된다고 평가한다.

그러나 대통령제와 민주주의 사이의 부정적 관계는 대통령제의 본원적인 특성 때문이 아니라 대통령이 갖는 강력한 권한에 의해서 발생된다는 주장도 존재한다(Mainwaring and Shugart 1997; Shugart and Carey 1992; Siaroff 2003). 이러한 주장은 입법과정 및 내각을 개각함에 있어 대통령의 입법적 그리고 비입법적 권한이 강할수록 민주주의 체제는 정치적 위기에 더욱 취약하기 때문에 대통령에게 집중된 권한을 총리에게 분산시킨 준대통령제가 민주주의에 긍정적 영향을 줄 수 있다는 것이다(Blondel 1992; Duverger 1980; Mainwaring and Shugart 1997; Sartori 1994a; 1994b; Shugart and Carey 1992; Siaroff 2003).

준대통령제는 첫째, 대통령이 국민이 참여하는 보통선거에 의해 선출되며, 둘째 대통령은 상당한 권한을 갖고 있으며, 셋째 대통령과 대등한 집행 및 통치권한을 갖는 총리 및 각료들이 의회의 신임에 의존하는 통치구조이다(Duverger 1980, 177). 즉, 준대통령제는 국민에 의해 직·간접적으로 선출된 대통령과 의회의 신임에 기초한 총리가 실질적인 권력을 대등하게 분산시키는 통치구조이다.

준대통령제는 무엇보다도 대통령제에서 제기되는 문제점인 권력의 집중을 막고 분산한다는데 장점이 있으며, 대통령의 직접선출이라는 민주성과 고정된 임기에 의한 통치의 안정성이라는 장점을 갖는다(Lijphart 1992, 36-40; 강원택 2006, 169). 즉, 국민의 직접선거에 의해 선출된 대통령과 의회의 신임을 받는 총리 간 견제와 균형의 민주적인 정치를 수행함으로써 어느 한쪽에게 권력이 집중되는 현상을 방지 할 수 있다.

또 다른 중요한 장점은 준대통령제의 경우, 대통령제와 달리 정치제도의 유연한 운영을 가능케 한다는 점을 지적할 수 있다(Sartori 1994a, 125). 준대통령제는 의회에서의 다수당이 대통령의 소속당인지 아닌지에 따라 대통령제와 의회중심제를 유연하게 적용해가며 운영할 수 있다. 이러한 유연성은 특히 대통령제에서 빈번히 발생되는 행정-입법 사이의 교착상태를 해결할 수 있기 때문에 중요한 장점 중 하나이다. 즉, 대통령과 의회의 다수당이 다를 경우 대통령제에서 발생되는 이원적 정통성 간의 갈등은 동거정부(cohabitation government)를 통해 해소할 수 있다(강원택 2006, 194). 이와 같은 장점을 갖는 준대통령제는 대통령제나 의회중심제를 운영하면서 나타나는 한계나 문제점을 극복하기 위한 과도기적 대안으로 제시되고 있다(이준한 2007, 53).

그러나 신생민주주의 국가들에 있어서는 이러한 장점이 제대로 발휘되지 못하고 있는 것이 현실이다.[4] 그 이유는 먼저 헌법에서 대통령의 권한을 총리에 비하여 더 크게 규정해 놓았을 경우에 권력의 분산보다는 집중현상이 일반화되고, 행정-입법 사이의 교착상태가 대통령제에서와 같이 해소되지 못하는 경향을 보이고 있기 때문이다. 또한 정책에 대한 책임소재가 불명확하여 헌법에 명시된 권한을 자신에게 유리하게 해석할 때 갈등이 깊어지고 대통령과 총리의 마찰 가능성이 발생할 수 있기 때문이다(Linz 1994, 146-147; 강원택 2006, 203; 이준한 2007, 54-55).

이와 같은 준대통령제의 단점은 아시아 국가 중 모범적인 민주화 이행 국가이면서 준대통령제를 채택한 대만에서 민주주의 공고화가 지체되는 주요한 요인 중 하나로 지적될 수 있다. 민주주의 공고화란 일반적으로 민주적 헌법의 제도화, 민주적 가치의 실현[5], 그리고 민주적 규범과 절차가 내면화되는 과정을 의미한다(김형철 2005a, 64; 임혁백 2001, 221-222).

대만은 1997년 직선에 의한 총통을 선출한 이후 자유롭고 정기적인 선

---

4) 준대통령제를 채택한 신생민주주의 국가들로는 폴란드, 러시아, 우크라이나, 파키스탄, 대만 등이 있으며, 이들 국가들에서는 권력의 집중화와 초법적인 권력행사 등에 의해 민주정치의 불안정성이 문제점으로 나타나고 있다.

5) 민주적 기본가치란 정치적 대표성, 경쟁성, 참여성, 민주적 책임성 그리고 시민적 자유 등을 의미한다(김형철 2005b, 93-97).

도표 3-1 준대통령제의 통치구조와 운영방식

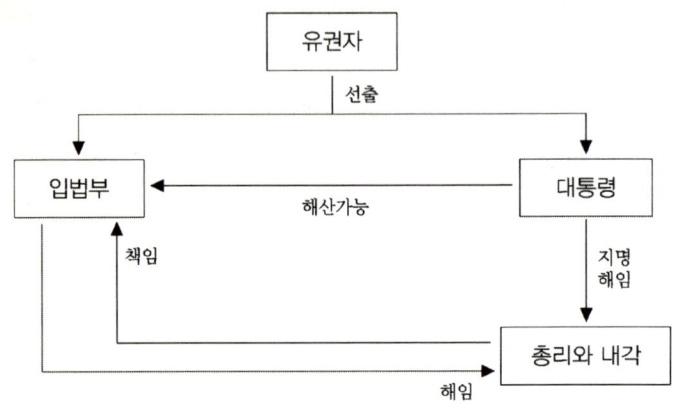

거경쟁을 통해 정부를 구성하고 있으며, 2000년과 2008년 총통선거에서
는 여야간의 정권교체가 평화롭게 이루어졌다. 또한 2000년에는 대만의
최고의결기관으로서 헌법개정권, 총통선출과 탄핵권, 영토변경권 등의 의
결권을 갖는 국민대회가 해체를 결의하고(신상진 2002, 13), 2005년에 비
로소 헌법개정을 통해 국민대회가 폐지됨으로써 권위주의의 잔재가 청산
되었다. 이러한 일련의 현상들은 권위주의로의 역류 가능성이 매우 낮아졌
음을 의미한다.

　그러나 대만의 민주주의는 여전히 민주화시기에 여야의 타협에 의해 설
계된 헌법의 제도화가 지체되고 있으며, 민주적 책임성과 응답성의 부재,
그리고 권력남용과 부패라는 비민주적 관행이 유지되고 있다. 특히 대만의
총통제는 권력분산을 특징으로 하는 준대통령제를 채택하고 있음에도 불구
하고 총통으로의 권력집중, 행정과 입법 사이의 권력균형과 견제라는 수평
적 책임성의 부재, 영합게임(zero-sum game)적 정치행태의 지속, 그리고
분점정부에 의한 교착상태 등 린쯔가 지적한 대통령제의 위험성을 그대로

안고 있다.

3. 대만의 민주화와 준대통령제의 선택

1) 대만 민주화의 성격과 민주헌법

1949년 중국내전에서 패배한 장제스(蔣介石)의 국민당 정부는 대만의 급속한 경제성장을 이루어냈다. 그러나 대만의 급속한 경제성장은 정치적·시민적 자유와 권리의 억압 속에서 이루어졌으며, 경제성장과 자유에 대한 억압은 '동전의 양면'처럼 불가분의 관계를 맺고 있었다. 이러한 국민당 정부의 억압 통치에 항거하는 민주화 운동은 국민당 정부가 자유화 조치의 실시와 계엄령 해제를 선포할 때까지 지속되었다.

대만에 있어서 민주화 이행을 가져온 사건은 1979년 메이리따오(美麗島)에 의해 주도된 카오슝(高雄) 사건이다. 이 사건은 민주화 운동세력들을 강력하고 응집력 있는 정치세력으로 성장시켰으며, 민주화 세력이 국민들의 민주화 요구에 힘 얻어 1980년 입법원 증원선거와 1981년 감찰위원 및 지방선거에서 대거 당선되는 계기를 마련하였다(신상진 2002, 7). 이후 국민당 정권과 민주화 세력의 교착상태가 지속되는 과정이 이어졌으나, 1985년 지방선거에서 승리한 국민당 정부는 권위주의적 통제를 완화하는 자유화 조치6)를 실시하게 되었다.

국민당 정부의 자유화 조치는 1986년 9월 대만에서의 최초의 자생야당인 민진당의 창당을 가져왔으며, 민진당은 불법단체라는 성격을 가졌음에도 불구하고 11월에 실시된 입법위원 선거에서 12명의 당선자와 국민대회

---

6) 자유화 조치는 계엄령과 임시조치법이라는 억압적 기제를 유지한 가운데 제한적인 개방을 허용하는 것을 의미한다(안승국 2001, 289).

대표선거에서 10명의 당선자를 내는 주목할 만한 성과를 거두게 되었다
(안승국 2007, 41). 그리고 1987년 7월 장징궈(蔣經國) 총통에 의한 계엄
령 해제는 비록 국가안전법이라는 새로운 기제로 대체되었지만 대만 민주
화를 촉진하는 계기가 되었다(안승국 2001, 292).

　　1988년 장징궈 총통의 사망과 리덩후이(李登輝) 총통의 등장은 대만 민
주화의 본격적인 행보를 가져오는 계기가 되었다. 대만은 리덩후이 총통의
공포에 의해 1989년 복수정당제 인정, 1990년 국시회의(國是會議)[7], 1991
년 제1차 헌법개정과 1992년 제2차 헌법개정이 국민대회에서 이루어지면
서 민주화의 길목으로 접어들게 되었다. 1991년과 1992년의 헌법개정은
총통과 입법의원을 포함한 국민대회대표의 직접선출과 총통의 권력을 제
한하는 준대통령제로의 헌법개정과 관련된 것이었다. 이후 4년이 지난
1996년에 국민직접선거에 의한 총통 선출이 이루어지고, 2000년 총통선
거에서 민진당의 천수이벤 후보가 승리함으로써 51년 만에 여야간 정권교
체가 이루어지게 되었다.

　　대만의 민주화는 다른 민주화 국가들과 민주화 이행 과정에 있어 커다
란 차이를 보이고 있다. 즉, 일반적으로 대부분의 민주화 이행국가들은 짧
은 자유화의 단계를 거쳐 민주화의 단계로 진입하였다. 그러나 대만 민주화
이행은 1986년 장징궈 총통에 의해 실시된 자유화 조치 이후 10년간의 자유
화 단계를 거치고서야 민주화 단계로 진입하였다.[8]

　　대만의 10년간의 자유화 단계는 제한된 정치적 자유의 보장 속에서 민

---

7) 국시회의의 중요성은 법적인 권한을 보유하지는 않았지만 기존 정치세력간의 개혁의 필요
　 성에 대한 공개적 인정과 국민당과 민진당 사이의 긴장을 완화시키고 협상을 통한 통로를
　 구축하였다는 점에서 찾을 수 있다(안승국 2001, 293; 김범석 2002, 253).
8) 대만의 민주화 이행시점에 대해서는 연구자들에 따라 다양하게 제시되고 있다. 이 연구에
　 서는 민주화 단계를 권위주의의 해체와 민주헌법에 따른 민주정부의 형성이 이루어진 시
　 기를 민주화 단계로 정의하고자 한다. 프리덤하우스(Freedom House, 2008)의 자유지수
　 에 따르면, 대만은 1996년 이전까지는 부분적 자유 국가로 분류되고 있으며, 1996년에 비
　 로서 자유로운 국가로 분류되고 있다.

주헌법의 설계를 둘러싼 권위주의 세력과 민주세력 사이의 전략적 타협을 위한 그리고 민주주의로의 이행에서 지불해야 할 사회적 비용을 최소화하기 위한 불가피한 시간이라고 평가된다(Tien and Cheng 1997, 1). 그리고 1996년 최초의 국민직선에 의한 총통선거가 이루어지면서 대만은 권위주의 정권의 퇴출, 새로운 헌법에 기초한 민주정부의 수립이라는 민주화의 단계로 진입하게 되었다. 대만의 민주화 이행은, 위로부터의 자유화 조치가 이루어지고 권위주의 정권 하에서 헌법개정이 진행되었지만, 국민당으로 대표되는 권위주의 세력과 민진당으로 대표되는 민주세력들과의 전략적인 '협약에 의한 민주화' 유형으로 분류될 수 있다. 대만의 민주화는 권위주의 세력과 민주세력 사이에 상호이익의 사전적 보장을 전제한 협약에 의해 이루어졌다.

대만에서 이루어진 권위주의 세력과 민주세력 사이에 협약에 의한 민주화의 주요 내용은 헌법개정 논의에서 잘 드러나고 있다. 1997년 민주헌법이 완성되기 전까지 헌법개정 논의는 총 4차례 실시되었으며, 핵심적 쟁점은 1948년 이후 총통에게 집중된 강력한 권력의 제한과 국민대표 및 공직자에 대한 직접선출에 관한 것이었다(표 3-1 참조).

대만의 민주헌법개정 논의는 제1차와 제2차의 경우 국민대회에서 이루어졌다. 제1차 헌법개정 논의의 주요한 핵심쟁점은 입법원과 국민대회의 모든 의석에 대해 선거를 통한 선출과 총통의 공식적 권력을 제한하는 준대통령제로의 전환에 있었다. 그리고 1992년 제2차 헌법개정 과정은 총통의 임기 및 선출방식에 대한 논의가 핵심을 이루었다. 그 결과 총통 임기를 6년에서 4년으로 단축하고 연임을 1차에 한하여 허용하는 동시에 국민이 직접선출하는 헌법안이 통과되었다(신상진 2002, 11). 두 차례에 걸친 헌법개정은 권위주의 세력과 민주세력 사이의 협약보다는 권위주의 세력에 의해 부과된 민주헌법의 설계과정으로 평가할 수 있다. 그 이유는 1991년 제1차 헌법개정 당시 국민대회는 국민당에 의해 지배되었으며, 제2차 헌법

표 3-1 대만 헌법 및 정치의 주요변화 내용

연 도	주요 정치적 사건과 헌법 개정의 주요 내용
1986	장징궈의 자유화 조치와 민진당의 창당
1987	계엄령 폐지
1991	1차 헌법개정: 입법원, 국민대회, 그리고 감찰원의 직접선거를 통한 선출; 총통의 공식적 권력을 제한하는 준대통령제로의 전환
1992	2차 헌법개정: 총통의 국민직접선출; 직접선거에 의한 지방단체장 선출; 국민대회의 권력 확대; 감찰원의 약화
1994	3차 헌법개정: 총통의 지위와 임기의 규정; 단체장들의 직접 선출; 권력이 강화된 기본 권력기구로서의 국민대회의 변형
1996	첫 번째 총통 직접선거 실시
1997	4차 헌법개정: 행정-입법 관계의 재조직화; 지방정부의 합리화; 프랑스 형태의 준대통령제 채택
2000	두 번째 총통 직접선거 실시: 국민당에서 민진당으로의 정권교체
2004	세 번째 총통 직접선거 실시: 천수이볜 재선 성공
2005	5차 헌법개정: 입법원 의원의 임기 변화 및 선거제도 변화 국민대회의 폐지

출처: Noble 1999, 91 수정

개정도 국민당이 압도적 의석을 차지한 상태 속에서 민주세력의 영향력이 크지 않았기 때문이다.9) 그러나 1992년 제2차 헌법개정 당시 국민당에서는 총통선출방식을 둘러싼 개혁파와 보수파 사이에 대립이 표출되었다. 국민당 내의 보수파는 총통직선제를 반대한 반면 리덩후이를 대표로 하는 개혁파는 직선제를 찬성하였다. 이들의 갈등은 차기총통이 중화민국의 자유지구에서 선출될 것이라는 최소한의 동의를 얻어냈지만 총통선출방식에

___

9) 1991년 12월 21일, 44년만에 국민직선에 의해 실시된 국민대회대표선거 결과는 국민당이 325석 중 248석을 차지하였으며, 민진당은 66석만을 획득하였다. 나머지 11석은 군소정당과 무소속이 차지하였다(안승국 2001, 295).

대한 결정은 이루어지지 않았다(안승국 2001, 294).

그러나 권위주의 세력과 민주세력 사이의 협약에 의한 민주헌법 개정 노력은 1994년 제3차 헌법개정과 1997년 제4차 헌법개정에서 보여진다. 제3차 헌법개정에서는 총통직의 지위와 임기의 강화와 직접 선출에 대한 논의가 진행되었으며, 그 결과 총통의 직접선출에 대한 합의가 이루어져 1996년 총통을 직접선거에 의해 선출함을 합의하게 되었다. 따라서 1996년 3월에 직선에 의한 총통선거가 이루어지고 국민당의 리덩후이가 당선되었다.

1997년 제4차 헌법개정은 국민당과 민진당을 중심으로 한 국가발전회의(國家發展會議)에서 진행되었으며, 대만의 통치구조를 준대통령제로 헌법에 명시함으로써 민주헌법이 완성되었다. 대만이 준대통령제를 헌법에 명시하기까지는 많은 진통이 존재하였다. 먼저 권위주의 세력과 민주세력 사이뿐만 아니라 각 세력 내에서도 통치구조에 대한 의견의 차이가 존재하였다. 대표적으로 권위주의 세력은 강력한 대통령제를 주장하였으며, 민주세력은 의회중심제를 주장하였다(Noble 1999, 98-99). 당시 국민당은 기존 헌법의 부분적 수정과 더불어 강력한 총통제를 주장한 반면 반대당인 민진당은 총통의 권한을 견제하고 권력의 균형을 위한 개헌을 주장하였다. 그러나 민진당 내부는 대통령제를 주장하는 세력과 의회중심제를 주장하는 세력으로 분열되어 있었다. 민진당내 온건세력은 권력의 견제와 균형에 기초한 미국식의 대통령제를 선호하였으나, 민진당의 급진파는 미국식 대통령제가 가져올 독재에 대한 위험 때문에 엄격한 의회중심제를 주장하였다(Cheng and Liao 1998, 56). 이와 같은 통치구조를 둘러싼 민진당 내의 의견분열은 1997년까지 지속되었다.

그러나 1997년 민진당은 두 입장을 조율하는 방안으로서 준대통령제의 선택을 공식화 하였으며, 그리고 국민당에서 주장하는 총통의 권한보다 더 많은 제한을 갖는 준대통령제를 국민당이 받아들임으로써 국가수반과 행정수반이 공존하는 준대통령제로의 헌법개정이 이루어지게 되었다.

2) 민주화 이후의 대만 총통제

대만의 준대통령제적 전통은 1946년 헌법에서 찾을 수 있다. 1946년 대만
의 헌법은 대통령제보다 내각을 중심으로 한 통치구조에 더 가까웠다. 즉,
헌법은 최고 행정 권력이 대통령보다 행정원에 존재하고 있으며, 행정원의
장은 총통에 의해 지명되지만 입법원의 인준을 받아야 하며, 총통보다는 입
법원에 책임을 져야 함을 기초로 하고 있다(Noble 1999, 96). 그러나 1948
년 동원감란시기(動員戡亂時期)와 관련된 계엄령의 선포와 더불어 총통은
무제한적인 권력을 행사하게 되었다. 이와 같은 총통의 초헌법적 권력 행
사는 1991년 제1차 헌법개정과정까지 지속되었다. 1991년 제1차 헌법개정
에서 시작된 총통의 권력 제한과 관련된 통치구조 논의는 1997년 제4차 헌
법개정이 이루어지면서 매듭을 짓게 되었다.

　　그렇다면 대만 총통제는 민주화 이전과 이후에 있어 어떠한 변화가 있
는가? 이에 대해 헌법에 명시된 통치구조와 총통-행정원-입법원의 권한을
중심으로 살펴보고자 한다.10)

　　우선 민주화 이후의 변화 내용 중 중요한 것은 총통선출방식과 총통의
임기 및 연임조항에 관한 것이다. 총통선출방식은 국민대회대표들이 선출
하는 간선제에서 1위 대표제에 의해 국민들이 직접 선출하는 직선제를 채택
하였으며, 연임 제한이 없는 6년 임기에서 1차에 한하여 연임이 가능한 4년
임기로 변화하였다. 이러한 선출방식과 연임제한은 권력의 집중과 지속에
의한 독재의 가능성을 줄이려는 노력이라고 할 수 있다. 이러한 선출방식에
의해 실시된 총통선거는 1996년 이후 네 차례에 걸쳐 실시되었으며, 2000
년과 2008년 두 차례 총통선거에서는 여야간의 정권교체가 이루어졌다. 그

---

10) 대만 총통제의 가장 큰 특징은 다른 민주국가와 달리 5권 분립의 원칙하에 행정원, 입법원,
　　사법원, 감찰원, 그리고 고시원이 존재한다는 점이다. 그러나 이 연구에서는 총통-행정원-
　　입법원 사이의 관계를 틀 짓는 제도적 특성에 초점을 맞추고자 한다.

러나 1위 대표제에 의한 선출방식은 다음 장에서 논의하겠지만 총통의 정치적 대표성과 통치력의 위기를 가져오는 요인으로 지적될 수 있다.

다음으로 총통의 권한을 살펴보면, 첫째, 민주화 이후 헌법에 명시된 총통의 권한은 총통이 정부의 주요 인사에 대한 임면권을 갖고 있다는 것이다.[11] 그 중 대표적인 것은 행정원의 수반인 행정원장에 대해 입법원의 신임여부와 관계없이 임면할 수 있다는 점이다. 이는 나중에 살펴보겠지만 여야간에 내각 구성과 관련된 갈등을 야기시키고 있으며, 민주주의 공고화에 있어 제도적 문제점으로 지적된다. 즉 총통은 각 원 사이의 갈등, 특히 입법원과 행정원 사이의 갈등을 해결할 수 있는 권한을 갖지만 총통이 행정원의 구성 권한을 가짐으로써 오히려 분점정부 하에서 행정-입법 사이의 교착상태를 심화시키는 경향을 보이고 있다. 둘째, 총통은 국가위기 시에 이를 해결하기 위한 조치로서 긴급권을 선포할 수 있다. 이렇게 선포된 긴급권은 10일 내에 입법원의 비준을 받아야 하며, 만약 입법원에서 비준이 거부되었을 때는 즉각적으로 긴급권 발동이 중지된다. 마지막으로 총통은 입법원을 해산할 수 있는 권한을 갖고 있다. 만약 입법원에서 행정원장에 대한 불신임투표가 가결되었을 때 10일 내에 입법원장과 협의한 후 입법원의 해산을 선포해야 한다. 그러나 계엄령 또는 긴급선포권이 발동되는 상황에서는 입법원을 해산할 수 없도록 하고 있다.

국가운영을 책임지는 행정원은 행정원장을 비롯한 각료들로 구성된다. 행정원장은 의회의 신임여부와 관계없이 총통에 의해 임면되며, 부행정원장을 비롯한 각료들은 행정원장의 추천에 의해 총통이 임명한다. 행정원장은 총통이나 부총통 궐위시 3개월간 총통의 업무를 수행하며, 총통에 의해 발의된 법안과 긴급선포권에 대해 공동으로 책임을 진다. 특히 행정원은

---

11) 1986년에 개정된 헌법에 의하면, 총통은 입법원의 동의를 거치지 않고 행정원장을 임명할 수 있도록 되어 있다. 이 조항은 이후 내각 구성과 관련된 정치적 마비상태를 가져오는 원인이 되고 있다.

입법원의 인준 없이 총통에 의해 임명되지만 입법원에 대해서 책임을 지도록 되어 있다. 이와 같이 입법원에 대한 신임여부와 관계없는 내각구성과 국정운영에 대한 입법원에 대한 책임이라는 이중적 구조는 행정원에 대한 통제의 모호성을 낳게 하는 원인으로 작동되며, 권력기구 사이의 수직적 책임성의 결여라는 결과를 도출하고 있다.

마지막으로 대만의 최고입법기관인 입법원은 입법기구로서 국민들의 이해와 요구를 대표하는 입법권력, 발동된 긴급선포권에 대한 비준 권한, 행정부에 대한 청문과 정부정책에 대한 심사, 정부예산안의 심사와 회계감사 보고, 승인의 권리, 헌법 수정, 자치정부와 관련된 논쟁 해결, 그리고 총통과 부총통에 대한 탄핵소추의 권한[12]을 갖는다. 입법의원은 2005년 선거제도가 개정되기 전까지 3년마다 중대선거구제와 비례대표제가 혼합된 선거제도에 의해 구성되었다.[13] 그러나 2005년에 새롭게 개정된 선거제도는 입법의원의 임기를 4년으로 늘리고, 입법의원의 수를 225명에서 113명으로 축소하는 내용과 더불어 1인 2표의 혼합식 다수대표제의 방식을 채택하였다. 개정된 선거제도는 73석을 1위대표제에 의해 선출하며, 내성인 할당의석 6석과 나머지 34석을 정당투표에 의해 선출한다.[14] 2005년 선거제도 개혁의 또 다른 특징은 총통선거와 동시선거를 실시하기로 한 점이다. 이는 2000년 이후 행정-입법 사이의 분점정부를 극복하기 위한 방안으로 제시되었다고 할 수 있다. 이와 같은 새로운 선거제도는 2008년 1월(입법

---

12) 탄핵에 대한 조항은 입법원 재적 1/3이상이 탄핵소추를 입법원에 제출할 수 있으며, 입법원 재적인원 2/3의 찬성에 의해 탄핵소추가 이루어진다. 이를 헌법재판소에서 판결하여 가결되면 총통과 부총통은 사퇴해야 한다(Cheng and Liao 1998, 55).

13) 입법의원 225명 중 168명은 2~17명까지 선출하는 중대선거구제에 기초한 단기비이양식 (single nontransferable voting) 방식에 의해 선출되며, 나머지 57석은 비례대표제를 통해 선출하였다. 비례대표 57석 중 8석은 원주민 할당의석, 8석은 해외거주자 할당의석, 그리고 나머지 41석은 비례대표의석이다. 비례대표의 의석할당은 5%의 봉쇄조항(threshold)을 통과한 정당들을 중심으로 투표율에 따라 이루어진다.

14) 비례대표의 경우는 전국을 단위로 5%이상의 득표를 한 정당들 사이에 의석이 할당되며, 비례대표 의석의 50%는 여성에게 할당된다.

의원 선거)와 3월 총통선거에 적용되어 실시되었다.

4. 총통제 구조와 운영방식의 평가: 민주주의 공고화의 지체

1) 총통의 강력한 권한과 책임소재의 모호성

일반적으로 준대통령제는 권력분산에 기초하여 의회가 갖는 내각에 대한 불신임 권한과 대통령이 갖는 의회해산 권한을 통해 권력기구간의 견제와 균형 그리고 수평적 책임성을 실현하는 통치구조로 알려져 왔다. 그러나 대만의 준대통령제는 대통령이 내각을 불신임하거나 의회를 해산할 수 있는 강력한 권한을 갖고 있다는 점이 단점으로 지적된다(이준한 2007, 55-56). 따라서 헌법에 대통령의 권한을 제한할 수 있는 규정이 존재하지 않는다면 의회해산권을 행사할 수 없는 대통령제보다 더 강한 권한을 갖는 준대통령제를 실시할 가능성이 높다고 할 수 있다. 대표적으로 프랑스는 이러한 권한의 남용을 방지하기 위해서 한 해에 단 한 차례만 의회해산을 총리의 연대서명 없이 결정할 수 있도록 되어있으며, 그 외에는 총리의 서명 하에서만 가능하도록 헌법에 명시되어 있다(Suleiman 1994).

또한 준대통령제 하에서 대통령의 권한 강화는 총리의 임명권을 대통령이 갖는다는 점을 들 수 있다. 따라서 대통령은 총리와 각료들을 자신의 뜻에 따라 임면할 수 있는 인사권을 가짐으로써 총리에 비해 우월한 지위에 있으며, 대통령의 의회해산권은 의회가 총리 임명 및 해임에 대한 불만을 표시할 수 없도록 강제하는 효과를 가짐으로서 대통령이 의회보다도 우월하다고 할 수 있다(강원택 2006, 186-187). 그러나 프랑스 등 대다수의 준대통령제 국가들은 하원의 내각불신임 권한과 정국불안정을 피하기 위해 의회 내 과반수를 확보한 정당 또는 정당연합에서 총리를 임명하고 있

다. 즉, 대통령이 비록 총리 및 각료에 대한 임명권을 갖고 있지만 의회다
수가 다른 정당 또는 정당연합일 경우 이들에게 총리와 각료 구성 권한을
줄 수 있는 정치문화가 존재해야 할 것이다. 이럴 때만이 준대통령제의 장
점으로 지적되는 대통령제와 내각제 사이의 제도적 변화의 유연성을 보일
수 있을 것이다(강원택 2006, 209-210).

그러나 대만의 총통제는 총통의 권한 중 총통의 의회해산권이 제한적이
나, 행정원장 및 각료의 임명 권한에 있어서는 강한 것으로 나타난다. 대표
적인 예가 2000년 대만 최초로 정권교체가 이루어진 총통선거 이후 천수이
벤 정부에서 나타났다. 당시 천수이벤은 입법원에서 다수의석을 차지하고

표 3-2   행정원 변화와 수명

총 통	정 당	행정원장	임 기	수명 (개월)
리덩후이	국민당	빈센트 시에 (蕭萬長)	1997.10.1~ 2000.5.20	31개월
천수이벤	국민당	탕페이 (唐飛)	2000.5.20~ 2000.10.6	4개월 15일
	민진당	장춘샹 (張俊雄)	2000.10.6~ 2002.2.1	15개월
	민진당	유시군 (游錫堃)	2002.2.1~ 2005.2.1	36개월
	민진당	셰창팅 (謝長廷)	2005.2.1~ 2006.1.25	11개월 25일
	민진당	수첸창 (蘇貞昌)	2006.1.25~ 2007.5.21	16개월
	민진당	장춘샹 (張俊雄)	2007.5.21~ 2008.5.19	12개월
마잉주	국민당	리우차오시완 (劉兆玄)	2008.5.20~	-

출처: http://en.wikipedia.org/wiki/List of premiers of China(검색일 2008.05.23)

있는 국민당을 중심으로 행정원장과 각료를 구성하기보다는 민진당을 중심으로 행정원을 구성하고자 하였다. 그러나 천수이벤은 입법원에 대한 해산권 행사의 제한성 때문에 과거 국민당 정부의 국방장관이었던 탕페이(唐飛)를 행정원장으로 지명하였으며, 곧이어 탕페이를 해임하고 의회 내 소수인 민진당의 장춘샹(張俊雄)을 행정원장으로 지명하는 모험을 시도하였다. 15개월 간 행정원을 이끈 장춘샹은 2002년 2월 1일 해임되었다.

이후에도 천수이벤은 자신의 임기기간 동안에 입법원 선거결과와 무관하게 행정원 임명 권한을 앞세워 행정원장을 비롯한 행정원 각료들에 대한 해임과 임명권을 4차례에 걸쳐 발동하였다. 그 결과 그의 임기 8년 동안 총 6차례에 걸쳐 행정원이 개각되었으며, 행정원의 평균수명은 약 17개월로서 리덩후이 정부(31개월)와 비교하면 행정원의 수명이 매우 짧은 것으로 분석된다.

이러한 총통의 의지에 따른 행정원장과 각료의 임명은 준대통령제의 장점으로 지적되는 유연성을 약화시킴으로써 대통령제에서 빈번히 발생되는 행정-입법 사이의 교착상태를 낳게 되는 원인으로 작용하게 된다. 총통의 내각구성 권한과 관련해서 행정원장 및 각료에 대한 자의적 임명은 준대통령제의 장점을 살리기보다는 오히려 대통령제보다 더 심각한 국정마비를 가져올 수 있음을 보여준다.

또 총통의 자의적인 행정원 구성권한의 행사는 행정원에 대한 통제의 모호성을 가져왔다. 준대통령제는 권력의 공유에 의한 통치를 수행할 수 있는 구조라는 특징을 갖고 있다(Sartori 1994b, 232-233). 그러나 이러한 권력의 공유된 구조는 행정부에 대한 효과적인 통제의 어려움을 야기한다(강원택 2006, 203). 즉, 행정부에 대한 통제의 주체가 대통령인지 아니면 의회인지 불명확하다. 이는 정책결정과정과 정책에 대한 책임을 누가 져야 하는지에 대해 모호성을 가져오며, 오히려 권력분산의 이점을 살리지 못하고 중앙에 의한 통제와 권위를 희석시키는 문제점을 안고 있다. 그 원인에 대해 설리만(Suleiman 1994)은 대통령과 총리가 경쟁하게 됨에 따라 각부 장관과 각료들이 정부수반인 수상의 결정을 우회하여 대통령에게 직접 호소한다는 점을 지적한다. 즉, 정책의 책임 소재가 분산되어 있는 상황에서 대통령과 총리의 권한 배분이 명확할 때 준대통령제는 제대로 작동될 것이다.

그러나 준대통령제를 채택하고 있는 대만은 행정원에 대한 통제의 권한이 총통과 입법원 사이에서 어디에 있는지 명확하지 않다(Noble 1999, 92). 여대야소의 상황에서 행정원에 대한 통제의 권한은 비교적 명확하지만 여소야대의 상황에서는 불명확하다. 즉, 행정원은 입법원에서의 정당 간 힘의 관계를 고려하지 않은 채 총통에 의해 구성되면서 동시에 의회에 책임을 져야할 의무가 있기 때문에 행정원에 대한 통제의 권한이 모호하게 주어져 있다. 이러한 통제 권한의 불명확성은 헌법적 혼란과 정치적 교착 상태를 가중시키고 있으며, 권력기구간의 수평적 책임성의 결여를 초래하고 있는 것이다.

2) 분점정부 형성과 해결기제의 결여

일반적으로 준대통령제는 내각을 구성함에 있어 의회의 신임여부와 관계 없이 대통령이 총리를 임명하고 총리가 추천한 각료를 지명할 수 있다. 그러나 대통령은 공식적으로 의회의 동의 없이 대통령이 독자적으로 총리를 지명하고, 총리가 추천한 각료를 지명하게 되어 있지만, 야당이 의회를 주도하고 있는 상황에서는 대통령의 자의적으로 총리와 각료를 지명할 수 없다(강원택 2006, 169). 즉, 준대통령제에서 총리와 각료의 임명은 실제적으로 의회에 의존하고 있다. 이와 같은 준대통령제의 특성은 대통령의 정당이 의회에서 다수형성에 실패하였을 때 국가원수와 행정수반이 다른 정당으로 구성되는 프랑스식의 동거정부(cohabitation government)를 만들어 낸다. 이러한 동거정부에서는 대통령의 위상이 크게 약화되며, 의회 중심제적 성격이 강화된다. 이러한 경향은 행정-입법 사이의 교착상태를 해결하는 기제로서 작동된다.

그러나 대만의 총통제는 앞서 살펴본 총통의 권한 강화와 책임소재의 모호성과 더불어 분점정부의 형성과 이를 해결하는 기제의 결여에 의해 대만정치의 안정성과 민주주의 공고화에 있어 부정적인 영향을 주고 있다. 1996년 이후 네 차례의 총통선거에 의해 구성된 대만정부 중 1996년 리덩후이 정부와 2008년 마잉주 정부를 제외한 나머지 두 차례는 분점정부로 구성되었다. 이를 행정-입법 관계를 중심으로 정리하면 표 3-3과 같다.

대만에 있어 여소야대의 상황은 2000년 총통선거에서 민진당의 천수이벤 후보가 승리함으로써 대만 최초로 정권교체가 이루어지면서 나타났다. 당시 총통선거는 5명의 후보가 출마하였으나, 국민당의 롄잔(連戰), 민진당의 천수이벤, 그리고 지방정부의 기능 축소에 대한 국민당의 정책에 반발하여 무소속으로 출마한 쑹추위(宋楚瑜)에 의한 3파전 양상을 보였다. 그리고 국민당의 지지표가 국민당의 롄잔과 쑹추위로 분산되면서 민진당 후보인 천수이벤이 승리하여 대만 역사상 최초로 여야간 정권교체가 이루어지게 되었다.[15]

총통에 당선된 천수이벤은 여소야대의 상황에서 입법원을 무시하고 자신의 소속한 정당에서 행정원장을 지명하고자 하였다. 당시 225석 중 113석을 차지하고 있던 의회 내 다수당인 국민당의 롄잔이 아닌 전 국민당 정부시절 국방장관을 지낸 탕페이를 지명하였다. 그러나 이 시기에 형성된 총통과 행정원 사이의 관계는 실질적인 의미에서 동거정부로 평가 할 수 없다. 그 이유는 탕페이의 행정원장 지명은 입법원의 다수 의석을 획득한 국

---

[15] 2000년 총통선거에서 쑹추위의 득표율은 36.8%였으며, 롄잔의 득표율은 23.1%로 이들의 득표율의 합은 민진당의 천수이벤의 득표율 39.3%보다 20.6% 앞섰다. 이러한 득표율의 차로 보아 국민당의 선거실패 원인 중 하나로서 국민당의 분열을 들 수 있을 것이다.

표 3-3 대만 총통제의 변화

총통	입법원 다수	정부형태	행정원	총통-의회 세력관계
리덩후이 (1996~2000)	범람연맹 (泛藍聯盟)16)	단점정부	국민당	균형
천수이벤 (2000~2006)	범람연맹 (泛藍聯盟)	분점정부	국민당	총통우월
천수이벤 (2000~2004)	범람연맹 (泛藍聯盟)	분점정부	민진당	총통우월
천수이벤 (2004~2008)	범람연맹 (泛藍聯盟)	분점정부	민진당	총통우월
마잉주 (2008~)	범람연맹 (泛藍聯盟)	단점정부	국민당	균형

출처: 吳玉山(Wu, Yu-Shan). 2005. 台灣半總統制的演變. 國立中山大學 社會科學院 수정

민당의 의견과 영향력을 반영한 것이 아니라 국민당 출신의 전 총통인 리덩후이의 영향력이 강하게 작용하였기 때문이다(Wu Yu-Shan 2001, 46).17)

그러나 민진당 총통과 국민당 행정원장이라는 동거정부 형태는 오래가지 못했다. 천수이벤은 2000년 10월에 탕페이 행정원장을 해임하고 민진당의 장춘샹을 행정원장으로 하는 내각을 구성하였다(Wu Yu-Shan 2001, 45-46). 이러한 천수이벤의 선택은 여소야대의 분점정부상태에서 소수정부의 형성을 가져왔다.

민진당과 국민당은 이러한 상황을 해결하려는 방안에 있어 서로 차이를 갖고 있었다. 우선 국민당은 의회에서 다수의 지지를 얻을 수 있는 연합

---

16) 범람연맹은 국민당, 인민제일당 그리고 신당 연합을 의미하며, 범녹연맹은 민진당을 중심으로 대만연대연합과의 연합을 의미한다(Wu Yu-Shan 2002).

17) 전 총통이었던 리덩후이는 2001년에 대만의 독립을 주장하는 대만연대연합이라는 정당을 창당하였으며, 이후 대만연대연합은 민진당과 함께 범녹연맹을 구성한다.

표 3-4 2000년과 2004년 총통선거 결과

	정당	총통후보	득표율	정당 의석수	총 투표율(%)
2000년	민진당	천수이벤(陳水扁)	39.3	66	82.69
	국민당	렌잔(連戰)	23.1	114	
	신당	리아오(李敖)	0.13	9	
	무소속	쑹추위(宋楚瑜)	36.8	–	
	무소속	쉬신량(許信良)	0.63	–	
2004년	민진당 (범녹연맹)	천수이벤(陳水扁)	50.11	100	80.28
	국민당 (범람연맹)	렌잔(連戰)	49.89	115	

출처: http://en.wikipedia.org/wiki/Republic_of_China_legislative_election(2007/10/22)

정부를 통해 해결하려 했으나, 민진당은 오히려 국민당이 행정원에 대한 불신임안을 제출하길 바랬다(Wu Yu-Shan 2002, 30). 민진당의 경우 입법원에서 불신임안을 제출하길 바란 이유는 총통의 입법원에 대한 해산 권한을 행사하기 위해서는 입법원에서의 불신임안이 먼저 제출되어야 하기 때문이다. 이러한 점에서 총통의 입법원 해산과 관련된 권한이 제한되어 있음을 알 수 있다. 그러나 국민당 등의 범람연맹은 민진당의 기대와 달리 장춘샹 행정원에 대한 불신임안을 제출하지 않게 됨으로써, 천수이벤은 입법원의 지배력을 야당에게 넘겨준 상황에서 소수정부를 통해 국정을 운영하게 되었다. 이에 대해서 국민당은 총통 탄핵이라는 극단적인 방법으로 대응함으로써 18개월간 행정-입법 사이의 교착상태가 발생되었다(Rigger 2003, 41). 그리고 총통에 대한 탄핵과 관련된 정치적 긴장은 2001년 선거 이후에 더욱 고조되었다.

2001년에 실시된 입법원 선거는 민진당에게는 여소야대의 상황을 극복

표 3-5 2001년, 2004년 입법원 선거결과

	정당연합	득표율(%)	의석수	투표율(%)
2001	범녹연맹	45.1	100	66.2
	범람연맹	54.5	115	
	기타/무소속	0.4	0	
2004	범녹연맹	46.2	101	59
	범람연맹	49.8	114	
	기타/무소속	3.9	10	

출처: http://en.wikipedia.org/wiki/Republic_of_China_legislative_election(2007/10/22)

할 수 있는 중요한 일정이었다. 그러나 이 선거에서 민진당은 다시 국민당, 인민제일당, 그리고 신당이 연합한 범람연맹에게 과반수 의석을 넘겨주는 패배를 경험하게 되었다. 천수이벤은 2002년 2월 1일에 민진당의 유시군 (游錫堃)을 행정원장으로 하는 행정원 개각을 수행하였다. 유시군을 중심으로 하는 행정원은 2004년 12월에 실시된 입법원 선거를 치루고서 2005년 2월 1일에 세창팅(謝長延)을 행정원장으로 하는 행정원으로 개편되었다.

두 번의 선거는 모두 야당연합인 범람연맹이 225석 중 과반의석(115석과 114석)을 획득하였음에도 불구하고, 천수이벤은 민진당 행정원을 구성함으로써 총통재임 내내 분점정부에 의한 행정-입법 사이의 정치적 긴장이 지속되는 상황을 경험하여야 했다. 이와 같은 정치적 긴장하에서 2004년 총통선거 과정에서 발생한 천수이벤 후보의 피격사건 조작의혹과 2006년 천수이벤 일가의 편법적인 주식거래에 따른 부패문제는 입법원에서의 두 번의 탄핵 소추 공방을 일으키기도 했다. 이 시기 동안 행정-입법 사이의 교착상태에 따른 정국 불안정이 심화되었다.

준대통령제는 이원적 정통성에 의해 발생되는 행정-입법 사이의 교착상태를 해결할 수 유연성을 갖고 있다(Blondel 1992; Lijphart 1992; Sartori

1994a; 강원택 2006). 즉, 행정-입법 사이의 교착상태를 만들어내는 분점 정부가 형성될 때 준대통령제는 "한편으로 대통령의 권한을 약화시켜 대통 령이 다른 정당 소속인 수상과 권한을 나누어 갖게 만들며, 다른 한편으로 수 상의 권한을 강화시키고 내각은 연립내각을 만들게 한다"(Sartori 1994b, 243). 이는 분점정부에 의한 갈등을 대통령의 헌법적 권한을 통해 해결하 기 보다는 의회 내 다수의석을 차지한 정당 또는 정당연합에게 실질적인 행 정권을 준 동거정부를 통해 갈등을 해소한다는 것이다(강원택 2005, 341- 345). 그리고 준대통령제는 대통령제에서 의회중심제로 그리고 의회중심제 에서 대통령제로의 제도적 유연성을 가짐으로써 안정성을 확보할 수 있다.

그러나 대만의 총통제는 분점정부에 따른 행정-입법 사이의 교착상태 를 유연하게 해결하지 못하고 있는 대통령제의 특성이 더 강한 통치구조라 고 할 수 있다. 이와 같은 현상은 앞서 살펴보았듯이, 행정원장을 지명할 권한이 있는 총통이 동거정부를 회피하고 있다는 점이다. 즉, 대만은 총통 이 입법원에 의존하지 않고 입법원 내 소수정당인 자신의 소속정당에서 행 정원장을 지명함으로써 대통령제에서 자주 발견되는 소수정부를 구성하 고 있다. 이러한 소수정부의 구성은 행정과 입법 사이의 갈등의 심화와 정 치불안정을 높이고 있다.

총통이 분점정부 하에서 동거정부를 선택하지 않는 것은 두 가지 측면 에서 설명될 수 있다. 하나는 총통 개인의 성격이나 능력을 포함한 정치문 화적 측면이며, 다른 하나는 정당정치와 관련된 것이다(Linz 1994; 강원 택 2006; 이준한 2007). 먼저 정치문화적 측면은 대통령이 얼마나 다른 정 당의 총리와 내각을 받아들일 수 있는가와 더불어 정치적 관용이나 타협의 정치문화를 갖고 있는가가 중요하다(이준한 2007, 64). 그러나 대만은 정 치적 관용과 타협보다는 갈등적이고 대결적인 정치문화를 갖고 있다. 이러 한 갈등적 정치문화는 권력의 분산보다는 총통과 행정원장의 권한을 둘러 싼 대결이 격화되어 정치의 불안정성을 높일 수 있는 가능성이 존재한다.

다른 하나의 이유는 규율이 약한 또는 느슨한 정당에 의한 정당정치가 이루어진다는 점과 관련이 있다. 일반적으로 준대통령제는 강한 정당을 중심으로 정치가 이루어질 때 그 장점을 살릴 수 있다. 즉, 대통령이 자기 정당에 대한 상당한 영향력을 갖고 있어야 하며, 구조적으로 안정된 정당체계가 존재하여 내각을 받쳐주는 의회를 구성할 수 있어야 한다(강원택 2006, 195). 그리고 정당체계의 분절화는 낮은 수준의 양극화가 전제되어야 한다(Sartori 1995b, 244-245). 그러나 대만의 정당은 비록 정당간 연합을 통해 정당체계의 경쟁구도가 양극화의 현상을 보이고 있지만, 정당규율의 측면에서는 아직도 느슨하다는 점을 지적할 수 있다. 즉, 천수이벤이 총통이 된 이후, 그를 반대하는 민진당내의 사람들은 정당의 혼란과 규율이 없다는 점에 대해 우려하면서도 총통을 당의장과 겸직하게 하는 당개혁에 대해서는 권력의 집중화라고 비판하고 있다(Rigger 2003, 44).

2008년 1월의 입법원 선거와 3월 총통선거는 국민당의 승리로 나타났다. 이번 선거의 의미는 두 번째 여야간 정권교체가 이루어졌다는 점이다. 2007년에 개정된 새로운 선거제도에 의해 선거가 실시되었다. 새로운 선거제도의 주요 내용은 중대선거구 비례대표제에서 소선거구 비례대표제, 즉 혼합명부식 다수대표제로의 변화이며, 다른 하나는 입법원의 임기를 3년에서 4년으로 늘리고 동시선거를 실시한다는 것이다. 이와 같은 변화된 선거제도를 통해 실시된 선거결과는 국민당을 주축으로 하는 범람연맹의 승리로 나타났다.

2008년 1월에 실시된 입법원 선거에서는 범람연맹이 총의석 113석 중 81석을 차지하였으며, 곧이어 실시된 3월의 총통선거에서는 범람연맹의 마잉주 국민당 후보(58.4%)가 민진당의 세창팅 후보(41.6%)를 16.8% 차로 승리함으로써 행정원과 입법원을 장악하는 단점정부를 구성하게 되었다. 이로서 2000년 이후 지속되었던 소수정부와 행정-입법 간 교착상태는 선거를 통해 자연스럽게 극복되었다.

제3장 대만 | 101

표 3-6 2008년 입법원 선거와 총통 선거결과

2008년	정당연합	득표율 (%)	총의석수	투표율 (%)
입법원 선거	범녹연맹	39.1(지역구) 40.7(비례대표)	27	58.5 (지역구)
	범람연맹	56.2(지역구) 55.9(비례대표)	81	58.28 (비례대표)
	기타/무소속	4.0(지역구) 0(비례대표)	5	
총통 선거	셰창팅(범녹연맹)	41.55	–	76.3
	마잉주(범람연맹)	58.45	–	

출처: http://en.wikipedia.org/wiki/Republic_of_China_legislative_election%2C_2008 (검색일 2008.05.23).

5. 나오는 말

대만은 1946년에 중국과 독립적인 헌법제정이 이루어진 이후 현재까지 총통제라는 통치형태를 유지하고 있다. 대만의 총통제는 1948년 동원감란시기와 관련된 계엄령의 선포에 의해 강력한 무소불위의 권력을 행사하게 되었다. 그러나 1987년 장징궈 총통과 국민당에 의해 이루어진 계엄령 해제와 다당제의 허용은 대만 최초의 야당인 민진당의 창당을 가져왔으며, 민주화의 길을 걷게 하였다. 그 결과 대만의 총통제는 단일정당에 기초한 강력한 총통제에서 총통의 권한이 제한되고 권력이 분산된 민주적 총통제로의 변화를 가져왔다.

민주화 이후 대만의 총통제는 민주화 과정에서 강력한 대통령제를 원하는 국민당과 의회중심제를 원하는 민진당 사이의 정치적 협약의 결과로서 준대통령제 통치구조를 갖게 되었다. 그러나 대만의 준대통령제 통치구

조는 다른 준대통령제와 운영방식 면에서 커다란 차이를 보이고 있다.

　이러한 차이를 간략하게 요약한다면, 첫째, 총통의 권한 중 행정원의 구
성 권한이 강하게 작용함으로써 행정원에 대한 책임소재의 모호성이 강하
게 나타나고 있다. 특히 2000년부터 2008년까지 여소야대의 국면이 지속
되면서 빈번한 행정원의 개각과 더불어 행정원에 대한 통제 권한이 총통과
입법원 사이에 어디에 있는지 불명확해지면서 헌법적 혼란과 정치적 교착
상태가 지속되었다. 둘째, 대만의 총통제는 분점정부에 따른 행정-입법 사
이의 교착상태를 해결할 수 있는 기제를 결여하고 있다. 준대통령제의 장
점 중 하나는 분점정부가 발생했을 때 행정-입법 사이의 교착상태를 해결
할 수 있는 제도적 기제를 갖고 있다는 것이다. 준대통령제는 대통령제와
의회중심제를 정치적 비용 없이 유연하게 채택함으로써 교착상태를 해결
한다. 그 대표적인 정부형태가 동거정부이다. 그러나 대만의 총통제는 분
점정부 상황을 극복하기 위한 해결기제를 작동하지 않고 소수정부를 채택
함으로써 행정-입법 사이의 갈등을 심화시키는 결과를 초래하였다.

　반면에 대만의 총통제는 준대통령제의 단점으로 지적되는 대통령과 총
리 사이의 교착상태, 즉 총통과 행정원장 사이에 갈등을 야기시키지 않는
결과를 가져왔다. 이와 같은 대만 총통제의 운영방식의 특징은 준대통령제
에서 보다는 대통령제에서 쉽게 찾아볼 수 있는 것이라고 할 수 있다. 대만
총통제는 준대통령제 통치구조와 대통령제 운영방식이 결합된 혼합정체
라고 할 수 있다. 이러한 통치구조와 운영방식의 비조응성은 정치안정성과
더불어 민주주의 공고화로의 진입에 있어 장애요인으로 작용하고 있다
(Noble 1999, 90; Tien and Cheng 1997, 2).

　2007년에는 이러한 분점정부의 문제를 해결하기 위한 제도적 방안으
로서 혼합명부식 다수제와 동시선거를 골자로 하는 선거제도의 개혁이 이
루어졌으며, 정당체계도 다당제에서 정당연합을 통한 양당제로의 변화가
이루어졌다. 그 결과 2008년에 실시된 입법원과 총통 선거에서 국민당을

주축으로 범람연맹이 승리하여 단점정부를 구성하게 되었다. 그러나 여전히 대만정치는 불안정성을 가지고 있으며, 민주주의 공고화 단계로의 진입에 있어서는 낙관적인 평가를 내리가 어렵다. 그 이유는 여전히 권위주의적 유산인 금권정치 및 부패정치가 드러나고 있으며, 정당들 사이에 타협과 설득을 통한 협력의 정치문화보다는 갈등과 대립의 정치문화를 보이고 있기 때문이다. 따라서 대만의 정치안정과 민주주의 공고화로의 진입을 위해서는 총통-행정원-입법원 사이의 권한과 기능을 명확하게 하는 법적·제도적 노력과 더불어 과거 권위주의적 유산인 비민주적 관행과 행태를 청산하고 민주적 가치를 내면화하는 정치문화적 노력이 병행되어야 할 것이다.

참고문헌

강원택. 2005. 『한국의 정치개혁과 민주주의』. 서울: 인간사랑.

───. 2006. 『대통령제, 내각제와 이원정부제: 통치형태의 특성과 운영의 원리』. 서울: 인간사랑.

김계동 외 역. 2007. 『현대비교정치론』. 서울: 명인문화사: Hague, R., and M. Harrop. *Comparative Government and Politics*, 6th edition. U.K.: Palgrave Macmillan.

김범석. 2002. "갈라지는 민주화의 길: 대만과 한국 비교연구." 『국제정치논총』 제42집 2호, 237-262.

김형철. 2005a. "민주주의 개념과 측정지표: 경험적 비교연구의 맥락." 비교민주주의 연구센터 편. 『비교민주주의: 분석모형과 측정지표』. 서울: 한국외국어대학교출판부.

───. 2005b. "민주주의의 정착을 위한 구조적 결정요인의 탐색: 8개 국가에 대한 경험적 비교연구." 『비교민주주의연구』 제1집 1호, 57-95.

신명순. 2006. 『비교정치』. 서울: 박영사.

신상진. 2002. "대만의 민주화: 과정과 시사점." 『한국동북아논총』 제23집, 155-171.

안승국. 2001. "대만의 민주화과정 분석: 정치행위자의 전략과 선택을 중심으로." 『한국정치학회보』 35:2, 283-299.

───. 2007. "대만의 체제변동과 선거민주의." 『비교민주주의연구』 제3집 2호, 33-48.

이준한. 2007. 『개헌과 민주주의』. 서울: 한울.

임혁백. 2001. 『세계화시대의 민주주의』. 서울: 나남.

Bernhard, Michael, Timothy Nordstorm, and Christopher Reenock. 2001. "Economic Performance, institutional Intermediation, and Democratic Survival." *The Journal of Politics* Vol. 63, No. 3, 775-803.

Blondel, Jean. 1992. "Dual Leadership in the Contemporary World." Arend Lijphart (eds.). *Parliamentary Versus Presidential Government*. Oxford, NY: Oxford University Press.: 조해경 옮김. 1999. 『내각제 대 대통령제』. 서울: 이진출판사.

Cheibub, Jose A., and Fernando Limongi. 2002. "Democratic Institutions and Regime Survival: Parliamentary and Presidential Democracies Reconsidered." *Annual Review Political Science* Vol. 5, 151-179.

Cheng, Tun-jen, and Liao, Yi-shing. 1998. "Taiwan in 1997: An Embattled Government in Search of New Opportunities." *Asian Survey* Vol. 38, No. 1,

53-63.

Duverger, Maurice. 1980. "A New Political System Model: Semi-Presidential Government." Arend Lijphart (eds.). *Parliamentary Versus Presidential Government*. Oxford, NY: Oxford University Press.: 조해경 옮김. 1999. 『내각제 대 대통령제』. 서울: 이진출판사.

Lijphart, Arend. 1992. "Introduction." Arend Lijphart (eds.). *Parliamentary Versus Presidential Government*. Oxford, NY: Oxford University Press.: 조해경 옮김. 1999. 『내각제 대 대통령제』. 서울: 이진출판사.

———. 1994. "Presidentialism and Majoritarian Democracy: Theoretical Observations." Juan J. Linz and Arturo Valenzuela (eds.). *The Failure of Presidential Democracy: The Case of Latin America*. Baltimore, MD: Johns Hopkins University Press: 신명순·조정관 (공역). 1995. 『내각제와 대통령제』. 서울: 나남출판.

Lin, Jih-wen. 2002. "Democratic Stability Under Taiwan's Semi-Presidentialist Constitution: Implications for Cross-Strait Relations." *Issues & Studies* Vol. 38, No. 1, 47-79.

Linz, Juan J. 1994. "Presidential of Parliamentary Democracy: Does It Make a Difference?" Juan J. Linz and Arturo Valenzuela (eds.). *The Failure of Presidential Democracy: The Case of Latin America*. Baltimore, MD: Johns Hopkins University Press: 신명순·조정관 (공역). 1995. 『내각제와 대통령제』. 서울: 나남출판.

Mainwaring, Scott, and Matthew S. Shugart. 1997. *Presidentialism and Democracy in Latin America*. Cambridge, UK: Cambridge University Press.

Metcalf, Lee Kendall. 2000. "Measuring Presidential Power." *Comparative Political Studies* Vol. 33, No. 5, 660-685.

Noble, Gregory W. 1999. "Opportunity Lost: Partisan Incentives and the 1997 Constitutional Revisions in Taiwan." *The China Journal* Vol. 41, 89-114.

Rigger, Shelley. 2003. "Taiwan in 2002: Another Year of Political Droughts and Typhoons." *Asian Survey* Vol. 43, No. 1, 41-48.

Satori, Giovanni. 1994a. *Comparative Constitutional Engineering*. London, UK: Macmillan Press Ltd.

———. 1994b. "Neither Presidentialism nor Parliamentarism." Juan J. Linz and Arturo Valenzuela (eds.). *The Failure of Presidential Democracy:*

The Case of Latin America. Baltimore, MD: Johns Hopkins University
    Press: 신명순·조정관 (공역). 1995. 『내각제와 대통령제』. 서울: 나남출판.

Shugart, Matthew S. 1995. "The Electoral Cycle and Institutional Sources of
    Divided Presidential Government." *American Political Science Review*
    Vol. 89, No. 2, 327-343.

Shugart, Matthew S., and John M. Carey. 1992. *Presidents and Assemblies:*
    Constitutional Design and Electoral Dynamic. Cambridge, UK: Cambridge
    University Press.

Siaroff, A. 2003. "Comparative Presidencies: The Inadequacy of the Presidential,
    Semi-Presidential and Parliamentary Distinction." *European Journal of*
    Political Research Vol. 42, No. 3, 287-312.

Suleiman, E. 1994. "Presidentialism and Political Stability in France." J. Linz
    and A. Valenzuela (eds.). *The Failure of Presidential Democracy: The*
    Case of Latin America. Baltimore, MD: Johns Hopkins University
    Press: 신명순·조정관 (공역). 1995. 『내각제와 대통령제』. 서울: 나남출판.

Tien, Hung-mao, and Cheng, Tun-jen. 1997. "Crafting Democratic Institutions
    in Taiwan." *The China Journa* Vol. 37, 1-27.

Wu, Yu-Shan. 2001. "Taiwan in 2000: Managing the Aftershocks from Power
    Transfer." *Asian Survey* Vol. 41, No. 1, 40-48.

―――. 2002. "Taiwan in 2001: Stalemated on All Fronts." *Asian Survey*
    Vol. 41, No. 1, 29-38.

吳玉山. 2005. 台灣半總統制的演變. 國立中山大學 社會科學院.

http://en.wikipedia.org/wiki/Republic_of_China_legislative_election.

http://www.gio.gov.tw.

http://www.freedomhouse.org.

제2부

운영메커니즘 - 변형된 대통령제

제4장

보스니아-헤르체고비나:

민족 갈등과 '집단-순환 대통령제'

김신규 (한국외국어대학교)

1. 들어가는 말

지난 1995년 보스니아 내전이 종결된 이후 보스니아-헤르체고비나는 1국가 2체제로 재편되었다. 국가를 구성하는 두 구성체인 보스니아-헤르체고비나 연방(FBiH)과 스르프스카 공화국(RS)은[1] 국가수준 정부와 더불어 구성체 정부를 구성하고 있을 뿐만 아니라, 각자의 의회, 헌법, 사법부를 유지하고 있어 전체적인 국가의 통합을 저해하고 있다. 한편 '데이튼 평화협정(Dayton Peace Agreement)'의 준수와 감시 그리고 보스니아 평화정착을 목적으로 설립된 '평화정착위원회(PIC)'에서는 최고대표(OHR: Office

---

[1] 본문에서는 보스니아-헤르체고비나를 BiH(Bosna i Hercegovina)로 표기하고 두 구성체인 보스니아-헤르체고비나 연방을 FBiH(Federacija Bosne i Hercegovine)로 스르프스카 공화국을 RS(Republika Srpska)로 표기한다. 또한 FBiH와 RS을 개별 '구성체(Entity)'라고 표기하여 국가수준이 아닌 국가 하위 단위로 지칭한다.

of High Representative)를 파견해 국가수준뿐만 아니라 두 구성체 수준
의 정치에 개입함으로써 보스니아의 내정을 유지하고 민족간 갈등을 규제
하고 있다. 그러나 이 역시 보스니아-헤르체고비나의 자체적인 정치발전
과 민주주의 정착에 있어 장애요인으로 인식되고 있다.

보스니아-헤르체고비나가 이렇게 국가수준과 두 구성체로 분리된 것은
일차적으로는 보스니아계 무슬림, 크로아티아인, 세르비아인 등으로 구성
된 다민족 국가라는 사실에 기인한다. 동시에 1992년 유고슬라비아에서
독립을 선언하면서 시작된 보스니아 내전을 종식시키기 위한 NATO와 유
럽연합 그리고 미국의 영향력 때문이었다. 최근 최고대표 및 외부의 개입
이 줄어들고 있고 각 개별 구성체 수준의 군대와 경찰이 국가수준으로 통
합되고 있다는 측면에서 보스니아-헤르체고비나의 미래가 낙관적으로 관
측되기도 하지만, 여전히 민족간 갈등의 요소가 편재한다는 측면은 보스니
아-헤르체고비나의 미래를 비관적으로 보이게 한다.

보스니아-헤르체고비나는 국가를 구성하는 주요 민족인 보스니아계, 크
로아티아계 그리고 세르비아계를 반영하듯, 각 민족별로 한명씩의 대통령이
선출돼 순환하는 집단 대통령제 방식을 채택하고 있다. 각 구성체 수준에도
대통령이 존재하며, 각기 두 명의 부통령을 두어 대통령과는 다른 민족계 중
에서 선출한다. 이처럼 보스니아-헤르체고비나에서 채택하고 있는 '집단-순
환 대통령제'의 기본 목적은 민족 간 균형을 유지하는 데 있다. 이는 과거
'유고슬라비아 사회주의 연방공화국' 시기에도 적용되었던 방식인데, 당시
에는 여섯 개의 구성 공화국과 두 개의 자치주에서 각기 한명씩의 대통령을
선출해 이들이 순환하여 대통령직을 맡았다. 보스니아-헤르체고비나에서는
국가수준의 헌법과 두 구성체 수준의 헌법에 따라 대통령뿐만 아니라 내각
이나 의회 그리고 사법부에서도 민족 간 구성 비율이 철저히 지켜지고 있다.

하나의 국가에서 작위적인 방법을 통해 세 주류 민족을 만족시킴으로
써 국가를 유지하려는 이러한 시도는 한편에서는 내전을 막는 주요한 요인

이지만, 다른 한편에서는 국가수준의 권력이 각 구성체 수준으로 분산됨으로써 국가 전체의 통합과 통일을 저해하는 요인이 되기도 한다.

이런 논의를 바탕으로 제2절에서는 사전 배경으로 보스니아-헤르체고비나의 민족분규와 집단-순환 대통령제의 기원에 대해 간략히 살펴본 이후, 제3절에서는 1국가 2체제라는 독특한 성격을 통해, 민족간 균형과 평등을 유지하기 위한 노력을 살펴본다. 제4절에서는 국가수준의 대통령과 각 구성체 수준의 대통령의 권한을 비교해, 국가를 유지하려는 목적으로 시행되고 있는 보스니아-헤르체고비나의 권력분산이 오히려 국가의 통합을 저해하고 또 민족갈등의 요인으로 지속되고 있음을 살펴본다.

2. 민족분규와 '집단-순환 대통령제'의 기원

보스니아-헤르체고비나는 로마제국 시기 로마의 지배를 받았고 로마 멸망 이후에는 비잔틴 제국과 로마 후계 왕국간의 각축장이 되었다. 7세기에 슬라브인들이 이 지역에 정착했고 9세기 세르비아 왕국과 크로아티아가 보스니아 지역을 분할 점령했으며, 11~12세기에는 헝가리가 보스니아를 지배했다. 1200년 보스니아는 독립 보스니아 왕국이 되었지만, 이후 1463년 오스만 터키에 의해 함락당했다.

오스만 터키가 이 지역을 통치하던 시기에 많은 보스니아인들이 기독교에서 이슬람교로 개종했다. 그러나 이후 보스니아가 합스부르크의 지배를 받게 되면서 보스니아에 살고 있던 세르비아계와 세르비아가 남슬라브(Yugo-slavia) 왕국을 건설하려고 시도했고 이 과정에서 보스니아계 무슬림 및 크로아티아계와 충돌을 빚기도 했다.

1914년 세르비아인 프린치프(Gavrilo Princip)가 사라예보에서 페르디난트(Franz Ferdinand) 대공을 암살하면서 제1차 세계대전이 시작되었다.

이후 보스니아는 유고슬라비아라는 남슬라브 국가에 편입되었고 제2차 세계
대전 중에는 나치의 위성국이었던 크로아티아에 편입되기도 했다.

냉전 시기 티토(Josip Broz Tito) 주도의 '유고슬라비아 연방공화국'이
성립되면서 보스니아는 유고슬라비아 연방 내에서 중세 독립왕국 시기의
영역을 그대로 유지한 채 개별 공화국으로 편입되었다. 당시 유고슬라비아
는 세르비아, 크로아티아, 슬로베니아, 마케도니아, 몬테네그로, 보스니아-
헤르체고비나 등 모두 6개의 공화국 연방체제였고 여기에 보이보디나와
코소보 자치주가 있었다.

1986년 밀로세비치(Slobodan Milošević)가 정권을 잡으면서 유고슬
라비아의 해체가 시작되었다. 밀로세비치는 세르비아 민족주의를 기반으
로 국내 민족 분규를 자극했다. 이에 슬로베니아와 크로아티아는 1991년
독립을 선언했으며, 보스니아는 1992년 2월 국민투표를 실시하여 국가 독
립을 결의했고 1992년 4월 5일 의회에서 독립을 선언했다. 그러나 이런 시
도는 유고슬라비아의 유지를 원했던 보스니아-헤르체고비나 내의 세르비
아계 국민들의 반대에 직면했으며, 세르비아 역시 보스니아의 독립을 인정
하지 않았다.

보스니아 독립 선언을 계기로 독립에 찬성하는 보스니아계 무슬림들과
이에 반대하여 보스니아로부터 독립하려던 크로아티아계 그리고 세르비아
계의 갈등이 시작되었고 세르비아와 크로아티아가 여기에 개입하면서 보스
니아 내전으로 이어졌다. 1994년 3월 보스니아계 무슬림(보스니아인)과 크
로아티아계가 보스니아-헤르체고비나 연방(FBiH)의 형성에 동의함으로써
보스니아 내전이 끝나는 듯 했지만, 세르비아계와의 전쟁이 1995년까지
이어졌고 1995년 11월 21일 '데이튼 협정'을 통해 마침내 전쟁이 끝났다.

1995년 12월 14일 파리에서 공식 조인된 데이튼 협정의 주요 내용은
다음과 같다. ① 각 진영이 종전 선에 따라 군대를 철수하고 중장비 무기는
반납한다 ② NATO군 6만 명이 주둔하여 종전을 감시하고 영공을 통제한

다. 이중 미군이 1/3을 차지한다 ③ 전범재판소에서 전범으로 지정하는 인물을 향후 공직에 임명 혹은 선출하지 않는다 ④ 피난민들은 다시 자신의 집으로 돌아가고 보상을 받을 권리가 있다 ⑤ 보스니아-헤르체고비나는 현재의 국경을 유지하고 헌법에 따라 집단 대통령제, 의회, 법원, 중앙은행 등을 두는 중앙정부를 구성한다 ⑥ 보스니아-헤르체고비나는 두 하위 구성체로 나뉜다. 영토의 51%를 차지하는 FBiH와 영토의 49%를 차지하는 RS는 각기 대통령과 의회를 둔다 ⑦ 국제기구에서 감시하는 선거를 치른다(Dayton Peace Agreement).

데이튼 협정의 내용은 곧 보스니아-헤르체고비나 헌법에 포함되었고 헌법에 따라 보스니아-헤르체고비나는 FBiH과 RS이라는 두 하위 구성체로 이루어진 1국가 2체제가 되었다.

3. 1국가 2체제의 특성과 정치구조

1) 1국가 2체제와 최고대표(OHR)

1995년 데이튼 협정을 통해 보스니아-헤르체고비나(BiH)는 보스니아계 무슬림과 크로아티아계가 다수를 차지하는 FBiH과 세르비아계가 다수를 차지하는 RS라는 두 구성체로 분리되었다. 현재 BiH 전체 인구는 440만 명으로, 보스니아계 무슬림이 약 44%, 세르비아계가 31%, 크로아티아계가 17%를 차지하고 있다. FBiH에는 무슬림인 보스니아계가 50%를 그리고 크로아티아계가 약 22%, 세르비아계가 20%를 차지하고 있으며, RS에는 세르비아계가 약 52% 그리고 보스니아계가 32%, 크로아티아계가 9%를 차지하고 있다.

가장 최근에 치러진 선거는 2006년 10월 국가 대통령 선거, 각 구성체

의회 선거 및 주 의회 선거였다. 전통적인 민주정당들이 세력을 잃고 민족
주의 계열의 정당들이 다시 부상하면서 6개의 민주정당과 민족주의 정당
들이 연립정부를 구성했으며, 구성체 정부 수준에서도 각기 민족주의 성향
의 세력이 승리했다.

　1국가 2체제라고 칭하는 것은 공식적으로는 단일한 BiH 국가가 존재
하지만, 동시에 국가의 하위에 두 개의 구성체가 존재하며, 두 구성체 역시
공식적으로 하나의 독립 국가로 존재하기 때문이다. 국가 수준에서의 정부
가 구성되어 있는 동시에 각 구성체에도 정부가 구성되고 입법부와 사법부
역시 마찬가지이다.

　이렇게 하나의 국가에 두 개의 구성체 국가가 존재하는 것은 보스니아
계, 세르비아계, 크로아티아계가 하나의 국가 안에서 공존하기 불가능하
다는 판단 때문이었다. 국가 수준에서 대통령과 의회, 사법부가 구성되어
있으면서 동시에 두 구성체에 각기 대통령과 의회, 사법부가 따로 존재한
다는 것은 BiH의 취약한 국가 통합성을 보여주는 것이지만, 이는 결국 갈
등관계에 있는 세 민족이 하나의 국가에서 공존하고 또 그 국가를 유지하
기 위해서는 어쩔 수 없는 선택이었다.

　한편 국제기구 최고대표가 적극적으로 국가수준 및 각 구성체 수준의
정책결정에 개입하고 있다는 사실도 BiH가 독립 국가이지만 실제로는 여전

표 4-1　보스니아-헤르체고비나와 각 구성체의 인구비율 (단위 %)

민족 별 국가 및 구성체	세르비아계	보스니아계 (무슬림)	크로아티아계	기 타
BiH 전체	31.3	43.7	17.3	7.7
FBiH	19.7	50.3	21.8	8.1
RS	51.6	32.3	9.3	6.7

출처: Bosnia Report (Jan. 1996). http://www.bosnia.org.uk/default.cfm

히 국제기구의 '보호령'에 머물러 있음을 보여주는 것이라고 할 수 있다. 보스니아의 평화정착과 데이튼 협정 준수를 감시할 목적으로 임명된 최고대표에게는 데이튼 협정의 '부칙 10조 5항'에 따라 데이튼 협정 전체를 유권해석할 수 있는 최종 권위가 부여되어 평화정착을 위한 국제사회의 강제력을 행사할 수 있다(Dayton Agreement Annex 10-5 "Final Authority to Interpret").

1997년 5월 평화정착위원회의 포르투갈 회담에서는 최고대표에게 데이튼 협정의 실행을 방해하거나 거부하는 보스니아 언론을 통제할 수 있는 권한을 부여했고, 같은 해 12월 본에서 개최된 회담에서는 최고대표에게 선출직 대표를 해임할 수 있는 권한과 법적 책임을 물을 수 있는 권한, 즉 '본-파워(Bonn-authority 혹은 Bonn power)'를 부여했다. 결국 '본-파워'를 통해 최고대표는 일련의 개혁을 실행할 수 있는 권한을 부여받았고 보스니아-헤르체고비나 정치 지도자들이 시행하지 못하는 과감한 정책을 도입할 수 있게 되었다.

최고대표는 '본-파워'를 통해 당시까지 구성체 수준 정치인들의 반대로 시행되지 못했던 구성체간 교역의 자유와 인적 이동의 자유, 단일 통화 도입, 국기에 관한 법률 등을 통과시키기도 했다. 또한 최고대표는 민족주의 성향의 대통령을 해임하는 등의 과감한 정치적, 헌법적 결단을 단행하기도 했다. 최고대표는 독립적인 국가수준의 경찰력 구성, 독립성이 보장되는 중앙은행의 창설, 언론의 독립 등을 독려하고 있으며, 중요한 부서에 대한 과감한 개혁과 규제를 통해 두 구성체로 분리되어 국가의 통일성을 저해하는 각종 사안을 해결하고 있다. 2001년 중반까지 최고대표는 150개 이상의 법안을 통과시켰고 75명의 고위 공직자를 면직시켰으며, 2004년 6월에는 카라지치(Radovan Karadžić)의 전범 재판소 회부 문제를 둘러싸고 RS 의회 의장을 포함해 59명의 공직자를 파면하기도 했다.

2006~7년까지 최고대표를 맡았던 슈바르츠-쉴링(Christian Schwarz-

Schiling)은 '본-파워'를 최소한으로 유지하면서 2007년 초에 최고대표 폐
지를 예고했지만, 보스니아-헤르체고비나 국내정치 불안정이 계속되자 최
고대표제 폐지를 연기시켰다. 한편 2007년 6월에 최고대표로 임명된 라이
착(Miroslav Rajčak)은 최고대표로 임명된 이후 사법부 개혁 등에 '본-파
워'를 적극적으로 행사하고 있다(HR's Decisions).

2) BiH의 정치구조

BiH의 1국가 2체제를 간략히 요약하면 아래의 도표 4-1: 보스니아-헤르
체고비나의 정치구조와 같다. 보스니아-헤르체고비나는 국가수준과 두 구
성체 수준으로 구분되는데, 우선 국가수준에서 대통령은 보스니아계, 크
로아티아계, 세르비아계가 각각 1명씩 선출되는 집단 대통령제 방식이다.
헌법에 따르면 FBiH에서는 보스니아계와 크로아티아계 대통령이 각각 1
명씩 선출되며, RS에서는 세르비아계 대통령 1명이 직선을 통해 선출된다
(BiH 헌법 제5조 1-3항).

국가수준의 각료회의(내각)는 의장과 9명의 각료 등 모두 10명으로 구
성되는데, BiH 헌법에 따르면 FBiH 출신이 각료의 2/3를 초과해서는 안된
다. 또한 헌법에 따라 각료회의 의장은 부의장을 지명하는데, 부의장은 의
장과 같은 민족출신이어서도 안된다(BiH 헌법 제5조 4항). 2000년 2월까
지 국가수준에서의 각료는 외무, 대외무역, 공무 및 통신 분야로 한정되었
고 의장은 개별 민족별로 3명이 순환해 담당했다. 2002년 총선 이후에 각
료의 임기가 4년으로 그리고 의장과 9명의 각료로 고정되어 현재까지 유지
되고 있다. 현재의 각료회의는 외무, 대외무역 및 통상, 통신 및 교통, 재무,
인권, 법무, 안보, 국방, 사회부 등 모두 9명의 각료로 구성되어 있다.

하원과 상원 역시 민족별로 구성된다. 하원의 경우 전체 42명으로 구
성되는데, FBiH에서는 28명이 그리고 RS에서는 14명이 선거를 통해 선출

도표 4-1   보스니아-헤르체고비나의 정치 구조

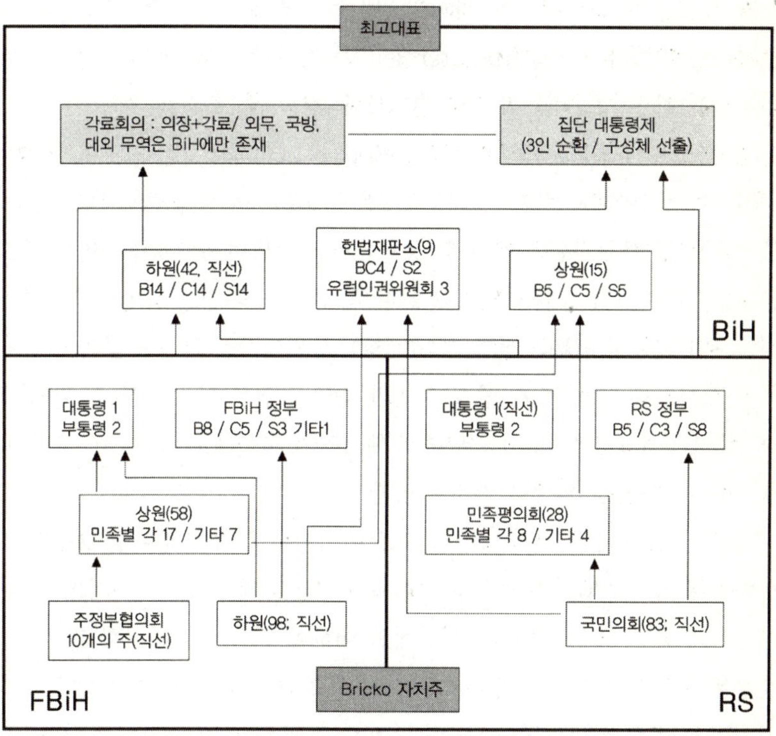

B: 보스니아계, C: 크로아티아계, S: 세르비아계

되며(BiH 헌법 제4조 2항), FBiH에서도 보스니아계가 14명 그리고 크로
아티아계가 14명이 되어야 한다. 이때 28명의 의원 중 21명은 5개의 선거
구에서 선출되며, 나머지 7명은 정당 명부를 통해 선출된다. 하원에서 의
장과 부의장 2명은 세르비아계 1명, 보스니아계 1명 그리고 크로아티아계
1명으로 구성되며, 3명의 의장과 부의장이 의장직을 순환하며 맡는다. 법
안 통과의 경우 각 민족계 의원이 적어도 1/3 이상 투표해야 하며, 과반수
투표가 어느 민족계 의원 1/3 이상의 찬성을 얻지 못했을 경우에는 해당 법

안이 부결되거나 혹은 의장과 부의장 직권으로 다시 상정하여 표결하는 절
차를 거친다. 헌법에 따르면 의회의 결정이 보스니아계, 크로아티아계, 세
르비아계의 '핵심 이해(vital interests)'를 저촉할 경우, 반드시 각 민족별
의원들의 과반수·동의를 얻어야 한다(BiH 헌법 제4조 3항).[2]

15명으로 구성되는 상원의 2/3는 FBiH에서(이 중 5명은 크로아티아계,
5명은 보스니아계가 된다) 그리고 1/3은 RS(5명) 출신이어야 한다. FBiH
출신 10명의 상원의원은 FBiH의 상원에서 선출되며, RS 출신 5명의 의원
은 RS 민족평의회(상원)에서 선출된다. 법안 통과의 경우 각 민족별 3명의
정족수가 필요하다(BiH 헌법 제4조 1항). 상원에서는 하원을 통과한 법안
을 승인하는데, 이때 가장 중요한 법안 승인 요건은 민족의 '핵심 이해'이
다. 상원은 해당 법안이 어느 민족의 핵심적인 이해에 반하는 것이라면 이
를 거부할 수 있는 권한을 가지고 있다.

BiH 헌법에서는 "보스니아계, 크로아티아계 의원의 과반수 그리고 세
르비아계 의원의 과반수 동의로 의회에서 의결된 사항이 보스니아계, 크로
아티아계 혹은 세르비아계의 핵심적인 이해에 반한다고 판단할 경우, 이
결정은 상원에서 다시 심의하는데, 이때 보스니아계와 크로아티아계 그리
고 세르비아계 상원 의원의 과반수를 얻어 통과된다"고 명기하고 있다. 또
한 만약 보스니아계, 크로아티아계 혹은 세르비아계 의원이 상기한 법안에
반대하면 상원의회 의장은 보스니아계, 크로아티아계 그리고 세르비아계
대표 각 1명씩 참여하는 회의를 거치며 이 회의에서도 문제가 해결되지 않
을 경우에는 헌법재판소로 이 사안을 송부한다.

개별 구성체 수준에서도 각기 민족비율에 따라 의회의 구성 비율이 결

---

2) 헌법에서 규정하고 있는 민족의 '핵심 이해'는 다음과 같다. ① 개별 구성체 국민의 이해가
   입법, 행정, 사법부에서 충분히 대표될 것 ② 개별 구성체 국민의 정체성 ③ 헌법 개정 ④
   행정 조직 ⑤ 정책결정에서 개별 구성체 국민의 평등성 ⑥ 교육, 종교, 언어, 문화 증진, 전
   통과 문화유산 ⑦ 영토 내 각종 행정기구 ⑧ 대중 정보체제 ⑨ 상원의원 2/3 이상이 규정하
   는 기타 중요한 문제들 이다.

정되어 있다. FBiH의 상원은 58명으로 구성되며 각 민족별로 17명의 의원이 선출되고 나머지 7명은 기타 다른 민족 출신 중에서 선출된다. 이들 상원의원은 10개의 주 의회(Cantonal Assembly)에서 각각 인구비례에 따라 선출되는데, 각 주에서 적어도 1명의 보스니아계, 1명의 크로아티아계 그리고 1명의 세르비아계가 포함되어야 한다.

 FBiH 하원의 경우는 98명이 직선으로 선출되는데, 이때 73명은 12개의 선거구에서 선출되고 25명은 정당 명부를 통해 선출된다. 특히 선거구에서는 민족별로 최소 4명이 선출되어야 하는데, 만약 선거구에서 어느 민족별 의원이 4명이 되지 않을 경우 정당명부로 선출하는 방식에서 최소 4명이 되도록 우선권을 부여한다. FBiH에는 모두 10개의 자치 주(Canton)가 주 정부와 주 의회를 구성하고 있는데, 주 의회 선거에서는 정당명부식 비례대표제를 통해 각각 21인에서 35인까지의 주 의회 의원을 선출한다(FBiH 헌법 제4조).

 17명으로 구성되는 FBiH의 내각 역시 총리를 제외하고 민족비율에 따라 보스니아계가 8명, 크로아티아계가 5명 그리고 세르비아계가 3명의 각료를 차지한다.

 RS 상원에 해당되는 '민족평의회'는 세르비아계, 보스니아계, 크로아티아계 의원 각각 8명 그리고 기타 다른 민족 출신 4명을 포함해 모두 28명으로 구성된다(OECD/ODIHR Report 2006, 2-4). 하원에 해당하는 국민의회는 직선으로 선출된 83명의 의원들로 구성되는데, 이중 62명은 6개의 선거구에서 그리고 나머지 21명은 정당 명부를 통해 선출된다. FBiH의 경우와 마찬가지로 선거구에서 세르비아계, 보스니아계, 크로아티아계 의원이 4명 미만일 경우 정당 명부를 통한 선출에서 우선권을 주어 최소 4명이 되도록 한다. 내각은 세르비아계 8명, 보스니아계 5명, 크로아티아계 3명으로 구성된다(RS 헌법 제2조).[3]

 이렇게 국가수준과 각 구성체 수준의 대통령, 의회가 모두 민족에 따라

일정비율로 구성되는 것은 보스니아-헤르체고비나의 다민족 구성과 그 구성이 강한 폭발력을 지니고 있기 때문이다. 1995년 데이튼 협정 체결이 가능했던 것도 어느 측면에서는 민족별로 구성되는 국가수준의 제도를 제시하고 두 구성체의 완전한 자치를 보장했기 때문인데, 이렇게 국가수준에서 각 민족별로 일정한 비율을 정한 것은 어느 한 민족의 독주를 방지하려는 의도를 지니고 있다. 이러한 민족별 구성 비율은 국가의 유지와 개별 민족의 불만을 누그러뜨리는 효과가 있지만, 실질적인 국정운영에는 비효율적이며, 똑같은 제도가 각 구성체별로 존재하기 때문에 권한의 범위가 명확하지 않다는 문제점이 있다.

BiH 헌법 4조 1항에 따르면 BiH 정부는 다만 외교정책, 대외무역, 관세, 금융 및 국가수준에서의 국제조약에 그 역할이 한정되어 있다. 데이튼 협정과 BiH 헌법 3조 1항에 따르면 "헌법에서 명확하게 규정하지 않는 모든 정부의 기능과 권한은 개별 구성체 정부가 갖는다"라고 규정하면서 상기한 국가수준의 정부가 가지고 있는 권한을 제외한 모든 권한을 개별 구성체 정부에 부여하고 있다.[4] 실제로 2005년 이전까지 개별 구성체 정부는 개별적인 군통수권은 물론 구성체 영토 내에서 배타적인 권한을 가지고

---

3) 2000년부터는 주 의회 선거를 포함한 모든 의회선거에서 개방식 명부제를 도입해 정당에서 제시한 명부상의 순위가 변경될 수 있도록 하는 선호투표를 도입했다. 또한 3% 제한선 규정(threshold)을 도입하여 무분별한 정당의 난립을 막고 있으며, 의석 할당은 순수한 상-라게식을 적용해 의석을 배분한다.

4) 데이튼 협정 부칙 4조 3항에서는 BiH 정부의 권한을 다음과 같이 규정하고 있다. ⓐ 대외정책 ⓑ 대외무역 ⓒ 관세정책 ⓓ BiH의 국제기구 및 국제조약 이행을 위한 재정 ⓔ 이민, 망명 등의 문제 ⓕ 국제조약 및 구성체 간 형법 적용 문제 ⓖ 단일한 국제 통신 설비 ⓗ 구성체 간 교통 정책 ⓘ 항공교통 정책 등 이다.
한편 구성체 수준에서의 권한은 ⓐ BiH의 자치와 영토적 통합을 저해하지 않는 범위 내에서 구성체 자체적으로 인접국가와의 관계 구축 ⓑ BiH 정부가 국제조약 및 의무를 수행할 수 있도록 필요한 사항을 제공 ⓒ 사법적 권한이 미치는 국민들을 위한 안전한 환경 제공 ⓓ 의회의 동의를 거쳐 다른 국가와 국제기구와의 협정 체결 권리 등이다. 한편 데이튼 협정 부칙과 BiH 헌법에서는 BiH 정부의 권한으로 명확히 제시되지 않은 모든 권한을 두 구성체 정부의 기능과 권한으로 인정했다.

있었다. 결국 BiH는 하나의 국가이지만 실제로는 '가장 완벽하게 분리된' 국가였다(Hayden 1998, 290).

개혁을 위한 프로그램이 번번이 의회에서 가로막히는 상황에서 개헌의 필요성이 대두되었지만, 결국 민족별로 나뉜 의회 표결에서 부결되곤 했다. 국가수준의 권한이 구성체 수준으로 분산되고 최고대표 등 외부에 의해 감시, 통제되고 있는 상황에서 국가의 통합을 기대하기란 요원했다. 더군다나 경찰과 군대가 각 구성체 수준에서 운영되고 있는 상황은 국가수준의 안보정책과 질서유지 기능을 막고 있기 때문에 더욱 더 심각한 현실로 인식되었다.

2005년 각 구성체 수준의 군대가 국가수준으로 통합되면서 일정부분 국가의 위상이 강화되고 있지만, 국가수준으로의 경찰력 통합 및 개혁 문제는 다시금 국가의 분열이 시작되는 계기가 되고 있다.[5] 경찰개혁은 경찰에 대한 통제권을 국가수준으로 한정시킴으로써, 각 구성체 수준에서 만연하던 정치권과 경찰력의 부패 고리를 끊어버리려는 목적을 지니고 있지만, 민족주의 세력에 의한 반대가 이어지고 있어 그 시행 여부가 여전히 불투명한 상황이다.

4. 보스니아- 헤르체고비나 대통령제의 이슈와 평가

1) 국가 수준(BiH) 대통령

상기한 바와 같이 보스니아-헤르체고비나는 보스니아계, 크로아티아계,

---

5) 국가수준의 군대 창설은 '본-파워'에 의한 것인데, 국가수준의 군 창설, 구성체 간의 자유로운 이동, 국가수준 경찰력에 의한 국경수비, 단일한 부가가치세 징수 등이 '본-파워'에 의해 시행된 대표적인 사례이다. http://www.realinstitutocano.org/analisis/1114.asp "Bosnia: The Future on Hold?"

세르비아계 각 1명씩으로 구성되는 '집단-순환 대통령제'를 채택하고 있다. 데이튼 협정 부칙 제4조 및 BiH 헌법에서는 "보스니아-헤르체고비나의 대통령은 3명으로 구성되며, 각 민족계가 1명씩의 대통령을 직선으로 선출한다"고 명시하고 있다(Dayton Agreement 부칙 제4조 5항: BiH 헌법 제5조). 이 조항에 따르면 보스니아계 1명과 크로아티아계 1명은 FBiH에서 직선으로 선출되며, 세르비아계는 RS에서 직선으로 선출된다. 모든 국민은 대통령 선거에서 1표를 행사하지만, 만일 그가 RS 국민이라면 세르비아계 후보에게만 표를 던져야 하며, FBiH 국민이라면 보스니아계와 크로아티아계 후보에게만 표를 던져야 한다. 즉, 이 규정은 RS에서 대통령 후보로 출마하는 사람은 세르비아계에 한정되며, FBiH에서 대통령 후보로 출마하는 사람도 보스니아계나 크로아티아계에 한정된다는 의미이다. 결국 RS나 FBiH의 다른 소수민족 유권자들은 자신들의 대표를 대통령으로 선출할 수도 또 출마할 수 있는 기회도 없는 셈이다(Delamer and Rabkin 2006, 17).

BiH 대통령의 임기는 4년이며, 선출된 3명의 대통령이 8개월마다 순환하여 대통령직을 수행한다. 선거에서 최다 득표한 대통령 후보가 첫 번째 임기를 수행하며 이후 나머지 2명이 순환한다. 대통령은 3명이 모두 참석하는 회의에서 대통령령을 채택한다. 대통령령의 채택은 일반적으로 만장일치제이지만, 2명이 찬성할 경우에도 이를 채택할 수 있다. 그러나 대통령이 채택한 결정사항이 어느 민족의 '핵심 이해'를 심각히 저해할 경우 다른 대통령은 이를 거부할 수 있으며, 이 경우에는 이를 각 구성체 의회로 송부해 의견을 구하여 채택을 결정한다.

BiH 대통령의 권한은 다음과 같다. ① 외교정책 수행 ② 국제기구에 대표임명과 외교관(대사) 지명권. 단 이 경우 FBiH출신이 2/3를 초과해서는 안된다 ③ 국제기구와 유럽기구에서 국가를 대표한다 ④ 의회의 동의를 얻어 국가의 국제조약을 체결하거나 폐기한다 ⑤ 의회의 결정사항을 집행한다 ⑥ 각료회의의 제청에 따라 의회에 예산안을 제출한다 ⑦ 의회의 요구가 있을 경우 1년에 1회 이상 의회에 출석해 보고한다 ⑧ 국제기구 및 비정부 기구와의 필요한 사항을 협의한다 ⑨ 의회의 동의나 각 구성체의 동의 하에 대통령 직무 수행에 필요한 기능을 수행한다(BiH 헌법 제5조).

한편 대통령은 각료회의 의장 후보를 지명하고 이렇게 후보로 지명된 자는 하원의 동의를 얻어 각료회의 의장이 된다. 의장은 외무장관, 통상장관 및 기타 장관을 지명하고 지명된 후보들은 하원의 승인에 따라 임명된다.

또한 대통령은 군통수권자이며, 대통령의 승인 없이는 군대의 이동이나 진주 등이 금지된다. 헌법에서는 어떤 경우라도 정부와 대통령의 승인 없이는 각 구성체의 개별 군대가 다른 구성체로 이동하거나 진주해서는 안 된다고 규정하고 있다. 지난 2005년 8월부터 각 구성체 군대가 국가 수준으로 통합되었기 때문에 각 구성체 수준의 국방장관직이 폐지되었고 국가 수준에서만 유지되고 있다.

지난 1998년 대통령 선거에서는 보스니아계의 이제트베고비치(Alija Izetbegović)와 세르비아계의 라디시치(Živko Radišić) 그리고 크로아티아계의 옐라비치(Ante Jelavić)가 대통령으로 선출되었다. 세르비아계의 라디시치가 세르비아계 52%를 득표해 첫 번째 대통령직을 맡았고 크로아티아계 유권자 52%의 지지를 얻은 옐라비치와 보스니아계의 87%를 얻은 이제트베고비치가 그 뒤를 이어 대통령직을 수행했다. 헌법에 따르면 최다 득표자가 첫 번째 대통령직을 맡는 것으로 규정되어 있지만, 당시 이제트베고비치가 이미 1996년 3월부터 대통령직을 수행해왔었기 때문에 첫 번째 임기를 맡지 않았고 라디시치와 옐라비치에 이어 세 번째 임기에 대통령직을 맡았다.

2002년 10월 대통령 선거에서는 크로아티아계의 쵸비치(Dragan Čović), 세르비아계의 샤로비치(Mirko Šarović) 그리고 보스니아계에서 티히치(Sulejman Tihić)가 대통령으로 선출되었다. 샤로비치는 세르비아계 유권

표 4-2　2002년 10월 BiH 대통령선거

후보자(정당)	보스니아계	세르비아계	크로아티아계
티히치(Sulejman Tihić): 민주행동당	37.3%		
실라이지치 (Haris Silajdžić): 보스니아-헤르체고비나당	34.8%		
베흐멘(Alija Behmen): 보스니아-헤르체고비나 사민당	17.5%		
샤로비치(Mirko Šarović): 세르비아 민주당		35.5%	
라드마노비치(Nebojsa Radmanović): 독립사회당		19.9%	
타디치(Ognjen Tadić) : RS 세르비아 급진당		8.7%	
쵸비치(Dragan Čović): 연립			61.5%
리야노비치(Mladen Ivanković-Lijanović): 경제블록			17.4%
아니치(Mijo Anić): 신크로아티아 이니셔티브			8.8%

출처: BiH Centralna Izborna Komisija, Sredisnje Izborno Povjerenstvo: www.izbori.ba

자의 35.5%를 득표해 첫 8개월간의 임기를 맡았고, 쵸비치는 크로아티아
계의 61.5%의 지지를 그리고 티히치는 보스니아계의 37.3%를 얻었다. 그
러나 샤로비치는 2003년 이라크 무기판매 혐의로 대통령직에서 물러났고
의회에서는 샤로비치를 대신해 파라바츠(Borislav Paravac)를 세르비아
계 대통령으로 지명했다. 한편 크로아티아계 대통령이었던 쵸비치 역시 부

표 4-3 2006년 10월 BiH 대통령선거

후보자	정 당	보스니아계	세르비아계	크로아티아계
실라이지치 (Haris Silajdžić)	SBiH	62%		
티히치 (Sulejman Tihić)	SDA	28%		
아야노비치 (Mirnes Ajanović)	Patriotski blok BOSS- SDU BiH	8%		
라드마노비치 (Nebojša Radmanović)	SNSD		55%	
보시치 (Mladen Bosić)	SDS		25%	
바키치 (Ranko Bakić)			3%	
콤시치 (Željko Komšić)	SDP			41%
요비치 (Ivo Miro Jović)	HDZ BiH			25%
류비치 (Božo Ljubić)	(HDZ 1990)			18%

출처: BiH Centralna Izborna Komisija, Sredisnje Izborno Povjerenstvo:
www.izbori.ba

패 혐의로 기소되어 대통령직에서 물러났다. 의회에서는 크로아티아계 대통령으로 요비치(Ivo Miro Jović)를 지명했다.

2006년 10월에 실시된 대통령 선거에서는 보스니아계 62%의 지지를 얻은 실라이지치(Haris Silajdžić), 세르비아계에서 55% 지지를 받은 라

드마노비치(Nebojša Radmanović) 그리고 크로아티아계의 41%를 획득
한 콤시치(Željko Komsić)가 각각 대통령으로 선출되었다. 이들 세 명의
대통령은 국가분리 및 민족차별에 대해서 첨예한 갈등과 대립을 거듭하고
있어 마치 보스니아 내전이 시작된 1992년 이전의 보스니아 상황이 재판
되는 것이 아니냐는 우려를 낳고 있다.6)

2) FBiH와 RS의 대통령

FBiH 대통령은 대통령 1명과 부통령 2명으로 구성되는데, 이때 대통령과
부통령 2명은 각기 다른 민족 출신이어야 한다. FBiH 상원에서 각 민족계
가 최소 1/3이상 참여하여 민족별 대통령 후보 3명을 추천하고, 이렇게 추
천된 3명의 후보는 상원과 하원에서 투표를 통해 최다 득표한 후보가 대통
령으로 그리고 나머지 후보가 부통령으로 선출된다. FBiH 대통령의 임기
는 4년이며, 총리 추천권, 대사 추천권, 군 장성 추천권, FBiH 헌법재판소
판사 추천권, FBiH를 대표해 국제조약 체결 및 개정권, 전범을 제외한 사
면권을 가지고 있다. FBiH 대통령은 양원의 2/3이상의 발의 및 헌법재판
소의 결정으로 해임될 수 있다(FBiH 헌법 제4조).

　　RS의 대통령은 FBiH와는 달리 직선으로 선출되는데, 이때 각 민족별
투표를 실시하여 세르비아계, 보스니아계, 크로아티아계 중에서 민족별
최다 득표자 3명을 선출하고 이 중에서 최다 득표자가 대통령직을 그리고
나머지 2명이 부통령으로 선출된다. RS 대통령은 RS를 대표하며, 국민의
회에 BiH 대통령 후보 추천권, 국민의회 의원 중 20명 이상의 발의에 따라
BiH 대통령 중 RS 출신 대통령의 사임 요구권, BiH 정부에 RS에 대한 중
요한 문제를 보고하도록 요구할 권리, 국민의회에 헌법재판소 판사 후보

---

6) "Do you remember Bosnia/Herzegovina? Fragile Stability Threatened by Islamisation."
　　http://thebosun.worldpress.com/2006/10/15.

추천, 국민의회에서 채택한 법률을 7일 이내에 공포 혹은 거부권, RS 출신 인사를 BiH 외교관 혹은 국제기구 대표로 추천할 수 있는 권리, 감사기구 설립권, 대통령 자문기구 설립권, 사면권, 포상권, BiH 대통령과 RS 국민 의회 의장의 의견에 따라 국민의회 해산권, 국민의회 의장의 요구에 따라 국민의회 개회, 법, 규제, 조약 발의권, BiH 헌법 개정 발의권 등의 권한을 가지고 있다(RS 헌법 제2조).

3) BiH 대통령제의 특징과 이슈

앞서 살펴본 대로 집단-순환 대통령제의 목적은 각 민족에게 동일한 기회를 제공함으로써 민족의 불만을 누그러뜨리기 위한 것이며, 어느 한 민족 출신 대통령에 의한 결정이 다른 민족에게 불리하게 작용되는 것을 사전에 방지하려는 의도 때문이다. 그러나 협의체로 운영되는 집단 대통령제는 민족별로 상이한 정책의 시행에 걸림돌이 되고 있으며, 정책의 연속성과 효율성을 저해하는 요소로 인식되고 있다. 이는 국가수준의 내각과 의회에서도 마찬가지인데, 개별 구성체로 분산된 권한을 국가수준으로 통합시키려는 최고대표나 통합론자들에게는 개혁의 대상이 되고 있다(Florian 2006).

이미 2002년 이전부터 개헌에 대한 논의가 진행되었으나 본격적인 의미에서 개헌논의가 시작된 것은 2002년 '사라예보 협정'부터였다. 이 협정에 따라 FBiH와 RS 두 구성체는 협의를 통해 개헌의 주요 의제를 설정했는데, 여기에는 각 민족의 '핵심 이해'에 대한 명확한 규정, 주요 정치적 기능의 분배, 두 구성체 정부의 역할 축소 및 국가수준 정부의 역할 확대, 모든 공적 영역에서 비례성에 입각한 대표성 확보 등이 그것이었다(Bojkov 2003, 59-60).

한편 2005년부터 시작된 개헌논의는 국가수준 대통령제, 각료회의(내각), 의회의 개혁에 초점이 맞추어져 있었다. FBiH와 RS의 주요 정당들이 협의한 개헌의 내용에는 집단-순환 대통령제를 폐지하고 대통령과 2명의 부통령을 선출하는 방식이 포함되어 있었다. 이는 지난 1995년 전쟁 종결을 위해 채택한 집단-순환 대통령제의 비효율성과 정책의 단절성을 수정하려는 것이었다. 또한 개헌논의에서는 대통령의 권한을 축소해 현행 직선제를 의회 간선제로 변경시키려했다. 민족별로 구성된 현재의 3명의 대통령제에서 내각과 의회의 정책에 대해 민족별 대통령이 계속해서 거부권을 행사하는 한 보스니아-헤르체고비나의 개혁과 민족 통합이 어렵다는 판단 때문이었다(Jelisić 2007, 168).

의회 역시 개혁의 대상이었는데, 국가수준에서 상원과 하원으로 구분된 현재의 상황에서 민족별 동수로 구성된 상원이 하원의 결정사항에 대한 거부권을 가지고 있기 때문에 정책 입안과 수행에 장애가 되고 있다는 판단이었다. 상원의 거부권을 축소시킬 경우 하원의 권한이 강해지고 내각의 정책 시행이 한결 효율적이 될 것이라는 측면이 개헌 찬성론자들의 주장이었다. 상원에서 특히 거부권을 행사하고 있는 내용에는 각 민족별로 민감한 정책이 포함되어 있는데, 상원에서 이 거부권을 과도하게 행사하고 있기 때문에 국가 전체적인 발전에 장해가 되고 있다. 따라서 개헌 논의의 핵심에는 개별 민족의 '핵심 이해'에 대한 정의를 구체적으로 제시하고 이의 범위를 축소시키려는 의도가 포함되어 있었다(Jelisić 2007, 168-9).

개헌론자들의 목적은 이렇게 국가수준의 대통령과 의회 그리고 내각을 개혁한 이후 이를 각 구성체 수준과 각 지역수준으로까지 확대시켜 분산된 국가의 권한을 통합시키려는 것이었다. 현행 헌법에 따르면 국가수준의 의회에서 제안된 모든 법령은 각 민족별 표결을 통과해야 하기 때문에 개별 구성체의 권한을 약화시키고 국가의 권한을 강화시키기 위한 기본적인 법안 통과도 사실상 불가능하다. 실제로 그동안 FBiH와 RS의 주요 민족주의 정당들은 민족별 표결을 통해 개별 구성체의 권한을 약화시키고 국가의 권한을 강화시키려는 개혁조치를 반대하거나 거부하여 이를 막아왔다.

결국 2006년 국가의 권한을 강화시키려는 개헌 표결이 의회에서 부결되었다. 특히 FBiH의 보스니아-헤르체고비나당(SBiH)과 크로아티아민주공동체(HZD)가 개헌에 반대했는데, 이들은 개헌이 결국 상대방 구성체의 위상을 강화시키는 것이며, 각 민족별 표결이 폐지될 경우 발생할 혼란을 우려했다.[7] 보스니아-헤르체고비나당과 크로아티아민주공동체의 민족주의적인 주장은 2006년 10월에 있었던 선거에서 양당의 성공으로 이어졌고 양 구성체의 긴장 고조에 일조했다.

RS의 총리 도딕(Milorad Dodik) 역시 경찰개혁에 강하게 반대함으로써 구성체 수준의 권한을 국가로 이양하지 않을 뜻을 분명히 했는데, 세르비아와의 긴밀한 관계를 통해 보스니아-헤르체고비나당의 민족주의적 성향을 비난하고 RS의 권한 약화에 강력히 저항했다. 도딕은 몬테네그로가 세르비아에서 분리 독립을 선언한 것처럼 RS도 보스니아-헤르체고비나에서 분리 독립할 권리가 있다고 주장하는 한편, 세르비아에서 코소보가 분리할 경우 RS 역시 똑같은 과정을 반복하겠다며 국가수준 정부를 위협하고 있다. 세르비아의 강경 민족주의자인 총리 코슈투니차(Vojislav Koštunica) 역시 세르비아에서 코소보가 독립을 선언할 경우, RS의 독립도 정당하다며 이를 부추기고 있다.

지난 2005년 실시된 여론조사에는 개별 구성체 정치인들이나 민족별로 구분된 정치인들의 민족주의적 혹은 분리주의적 성향이 반영되어 나타나 있다. BiH 단일 국가를 선호하는 여론은 보스니아계가 55.6%로 가장 높았지만, 세르비아계가 19.7%, 크로아티아계가 15.3%에 머물러 단일 국가를 선호하기 보다는 연방제나 혹은 국가연합 형태, 심지어는 국가분리를 선호하는 경향이 강한 것으로 나타났다. 현재의 두 구성체로 분리된 국가보다는 연방국가나 국가연합이 낫다고 응답한 크로아티아인들은 22%

---

7) 당시 최고대표 슈바르츠-쉴링은 '본-파워'를 최소화하겠다는 의지 표현으로 이 문제에 개입하지 않았다.

표 4-4   국가 형태에 대한 개별 민족의 여론 조사 (단위%)

단일국가의 형태	보스니아인	세르비아인	크로아티아인
BiH 단일국가 (opština 유지)	55.6	19.7	15.3
BiH 단일국가 (지역과 opština 유지)	11.7	4.9	7.6
BiH 단일국가 (주 자치)	4.1	4.4	13.6
BiH 국가 (연방 혹은 국가연합)	2.8	5.0	22.0

출처: Tuathail, O'Loughlin and Djipa 2006

에 달했다(Tuathail, O'Loughlin and Djipa 2006, 68).

5. 나오는 말

지난 2006년 10월 선거 이후 보스니아-헤르체고비나에서 다시 민족분규
와 국가분리의 전조가 나타나고 있다. 보스니아-헤르체고비나당의 실라이
지치(Haris Silajdžić)는 RS 도딕 총리의 분리주의 성향에 반발한 보스니
아 민족주의를 선거에 이용하여 대통령에 당선됐고 RS를 '대량학살과 인
종청소의 기반 위에 세워진 공화국'이라고 언급하며 RS의 해체를 공언하
기도 했다(Jelisić 2007, 171).

　　이에 대해 RS의 도딕 총리는 국민투표를 통한 국가분리 위협으로 맞서
고 있으며, 개별 구성체의 권한을 국가수준으로 이양하여 국가수준의 권한
을 강화시키려고 했던 개혁주의자들과 국제기구의 노력을 거부하고 있다.
이는 결과적으로 보스니아-헤르체고비나의 유럽연합 가입에 큰 장애가 될

전망이다. 더군다나 2007년으로 예정되어 있던 최고대표 폐쇄 일정이 1년 간 연기되고 그동안 '본-파워' 행사를 자제해온 쉴링 후임으로 임명된 라이착 대표가 적극적으로 '본-파워'를 행사하고 있는 등, 보스니아-헤르체고비나의 내정은 또 다시 혼란 속으로 빠져들고 있다.

특히 세르비아에서 코소보가 분리 독립을 선언할 경우 RS가 BiH에서 분리 독립을 요구할 것이라는 예상은 결국 현실로 드러날 가능성이 높아 보인다.[8] 더군다나 RS의 세르비아계가 BiH에서 하나의 구성체에 머물기보다는 독립을 하거나 아니면 이웃한 세르비아와의 연방(혹은 국가연합)을 선호하고 있는 것도 BiH에게는 심각한 문제가 아닐 수 없다.

또한 2006년 BiH 대통령으로 선출된 크로아티아계의 콤시치는 크로아티아계 정당인 사회민주당(SDP) 소속이지만 이 정당이 크로아티아계뿐만 아니라 보스니아계와 세르비아계의 지지를 포괄하는 정당이기 때문에, 크로아티아계에서 콤시치가 크로아티아인들의 이해를 대변하는 사람이 아니라고 반발하고 있어 FBiH 내에서도 정치적 혼란이 가중되고 있다.

결국 데이튼 협정이 체결된 이후 10여년이 지난 현 시점에서 보스니아-헤르체고비나에서는 상당부분 민주화가 진행되고 있지만, 민족으로 구분된 균열로 국가의 통합과 유지가 여전히 불투명한 상황이다. 보스니아-헤르체고비나의 집단-순환 대통령제는 이런 충돌을 막기 위한 임시방편의 하나였다. 그러나 현재는 국가의 통합과 발전을 위해 개혁되어야 할 대상으로 인식되면서, 보스니아-헤르체고비나는 국가의 유지와 통합 그리고 민족분규와 국가분리라는 딜레마에 처해있다.

세 민족 간 완벽히 분리된 정치구조는 민족 간 충돌을 방지하려는 목적에서 고안된 것이었지만, 현 시점에서 이렇게 분리된 정치구조는 세 민족의 실제적, 정서적 분리를 더욱 고착화시키고 있는 것으로 파악되며, 이런

---

8) 지난 2008년 2월 17일 코소보는 세르비아로부터 분리 독립을 선언했다.

상황을 이용해 강경 민족주의 세력과 인종주의 세력이 자신들의 입지를 보
다 더 확고히 굳힐 것으로 전망된다.

참고문헌

Babuna, Aydin. 2006. "National Identity, Islam and Politics in post-communist Bosnia-Herzegovina." *East European Quarterly* Vol. 39, No. 1, 405–447.

Bebler, Anton. 2004. "South-East European Federalism and Contemporary Bosnia and Herzegovina." *Acta Slavica Iaponica*, 1–23.

Bieber, Florian. 2006. "Bosnia and Herzegovina: Slow progress towards a functional state." *Southeast European and Black Sea Studies*. Vol. 6, No. 1, 43–64.

BiH Centralna Izborna Komisija, Sredisnje Izborno Povjerenstvo: www.izbori.ba

Bojkov, Victor D. 2003. "Democracy in Bosnia and Herzegovina: post~1995 political system and it's functioning." *Southeast European Politics* Vol. IV, No. 1, 41–67.

"Bosnia: The Future on Hold." http://www.realinstitutocano.org/analisis/1114.asp

Bosnia Report. 1996: www.bosnia.org.uk/default.cfm.

CIA World Fact Book. 2007: www.cia.gov/library/publications/the-world-factbook/geos/bk.html.

Country Report 2002~2007: www.eiu.org.

Constitution of Bosnia and Herzegovina: www.ccbh.ba/eng/p_stream.php?kat=518.

Constitution of Federation of Bosnia and Herzegovina: www.ohr.int/ohr-dept/legal/oth-legist/doc/fbih-constitution.doc.

Constitution of Republika Srpska: www.ustavnisud.org/html/pravno%20utemeljenje/constitution.pdf.

Dayton Peace Agreement. www.ohr.int/decisions/archive.asp.

Delamer, Ikka, and Miriam Rabkin. 2006. "Democracy in Bosnia and Herzegivina." in Transition to *Democracy Bosnia and Herzegovina*. Union Street: Queen's Univ. 8–28.

Donais, Timothy. 2002. "The politics of privatization in post-Dayton Bosnia." *Southeast European Politics*, 3–19.

"Do you remember Bosnia/Herzegovina? Fragile Stability Threatened by Islamisation." http://thebosun.worldpress.com/2006/10/15.

European Stability Institute. 2004. "Waiting for a miracle: The politics of constitutional change in Bosnia and Herzegovina." www.esiweb.org

Hayden, Robert M. 1998. "Bosnia: The Contradictions of Democracy." *East European Constitutional Review* Vol. 7, No. 2. http://www3.law.nyu.edu/eecr/vol7num2/special/bosnia.html.

HR's Decisions: www.ohr.int/decisions/archive.asp.

Jelisic, Jasna. 2007. "Bosnia-Herzegovina." *Nations in Transit.*

Judah, Tim. 2007. "Bosnia: The Future on Hold?" ARI 39/2007.

OECD/ODIHR Needs Assessment Mission Report. 2006. OSCE. *Bosnia and Herzegovina: General Elections.* 1-13.

Tsukimura, Taro. 2005. "Has democratization consolidated democracies in the former Yugoslavia? A political overview between 1990 and 2003." 249-271. Slavic Research Center, Univ. of Hokkaido: http://src-home.slav.hokudai.ac.jp/sympo/o3september/pdf/T_Tsukimura.pdf.

Tuathail, Gearoid O., John O'Loughlin, and Dino Djipa. 2006. "Bosnia-Herzegovina Ten Tears after Dayton: Constitutional Change and Public Opinion." *Eurasian Geography and Economics* Vol. 47, No. 61-75.

www.state.gov/r/pa/ei/bgn/2868.htm (U.S. Department of State).

제 5 장

브라질:

'강화된' '연합형' 대통령제*

강경희 (제주대학교)

1. 들어가는 말

1990년대 이후 라틴아메리카에서는 민주적 선거로 선출된 대통령들이 경제개혁과 헌법개정을 무리하게 추진하다 축출되는 사례가 빈번히 나타났다. 베네수엘라의 페레즈(Carlos Andrés Pérez) 대통령, 브라질의 콜로르 (Fernando Collor de Melo) 대통령, 에콰도르의 부카람(Abdalá Bucaram) 대통령은 의회의 반발로 탄핵되었고, 아르헨티나의 메넴(Carlos Menem) 대통령은 2003년 대선에서 3선을 시도하다 국민의 반발로 사퇴했고, 페루의 후지모리(Alberto Fujimori) 대통령은 3선에 성공했으나 권력남용과 부정부패 혐의로 추방되어 일본으로 망명했다.

---

* 이 장은 경희대학교 인류사회재건연구원이 2007년 12월 31일 발행한 *OUGHTOPIA*, 제 22권 2호에 게재한 논문을 수정·보완한 것임.

이러한 현상에 대해 내각제 지지자들은 라틴아메리카에서 '대통령제의
위기'가 도래한 이유는 대통령들이 민주적 원칙을 위배하며 독단적으로 정
책을 추진한 때문이라고 지적하며, 이 위기의 유일한 해결책은 내각제로의
전환이라고 주장한다(Peeler 2004, 95). 내각제 하에서는 모든 정책이 의
회 다수파와의 협의를 거쳐 결정되어야 하므로 대통령의 권력남용을 제어
할 수 있다는 것이다. 예컨대, 린쯔(Juan Linz)는 대통령제가 승자 독식의
체계를 갖는다는 점, 행정부와 입법부의 정당성 경쟁에서 해소책이 없다는
점, 대통령 고정임기로 인해 행정부 교체가 어렵다는 점 등을 들어 내각제
보다 열등한 제도라고 주장한다. 그리고 메인워링(Scott Mainwaring)에
의하면, 다당제는 이데올로기의 양극화를 조장하여 정당연합을 어렵게 하
고 행정부-입법부 관계의 경직을 초래해 대통령제의 효율적 기능을 저해하
는 요인이다.[1]

반면, 대통령제 지지자들은 내각제 지지자들이 제도적 측면만을 고려
한 나머지 정치문화, 사회구조, 종교적·지역적 특성 등 다른 변수들을 경
시한다고 비판한다. 또한 대통령제 지지자들은 1960년대와 1970년대 라
틴아메리카의 군부통치가 대통령제로 인해 야기되었다는 내각제 지지자
들의 주장에 반대한다. 그리고 그 근거로 내각제 지지자들이 1930년대 독
일, 이탈리아, 스페인, 포르투갈 등 유럽의 내각제 국가들에서 독재정권이
출현한 이유를 설명하지 못한다는 점을 든다. 다시 말하면, 제도 분석을 통
해서는 내각제가 대통령제보다 우월하다거나, 대통령제가 내각제보다 우
월하다는 점을 검증할 수 없다는 것이다(Serna 1998, 91-93).

이 글은 브라질의 대통령제를 분석해 봄으로써 최근 라틴아메리카에서
발생하는 대통령제 위기의 성격을 살펴보고자 한다. 특히, 1985년 민주화

---

1) 이외에도 이 주제에 관심 있는 학자들로는 놀렌(Dieter Nohlen, 독일 교수), 라무니에르
(Bolivar Lamounier, 브라질 교수), 발렌수엘라(Arturo Valenzuela, 칠레-미국인 교수)
등이 있다. 정치인 중에는 칠레의 민주주의를 위한 정당(PPD: Partido por la Democracia)
의 라고스(Ricardo Lagos)가 내각제를 고려한 바 있다(Stepan 1989, 96).

이후 브라질의 대통령제-내각제 논쟁을 둘러싼 정치적 역학관계와 대통령의 헌법·비헌법적 권한들을 고찰함으로써 브라질 대통령제의 특징과 취약점을 이해하는 것이 이 글의 목적이다. 브라질은 1961~1963년 내각제를 채택한 경험이 있었으며, 1985년 이후 민주화 과정에서는 라틴아메리카에서 유일하게 내각제로의 이행을 공식 고려하고 논의했던 국가이다(Peeler 2004, 96). 1985년 군사정권이 퇴각한 후 1993년까지 브라질의 학계, 언론계, 정치계에서는 대통령제-내각제의 헌법 논쟁과 정부형태 논쟁을 비롯한 민주적 제도 구축과 관련된 논쟁들이 첨예하게 진행되었다. 따라서 브라질은 라틴아메리카의 정당·의회·선거 제도 및 행정부-입법부 관계를 연구하는 신제도주의자들에게 매우 흥미 있는 사례를 제공한다(Power 1997, 2).

2. 라틴아메리카 대통령제의 특징과 유형

1) 라틴아메리카 대통령제의 특징

라틴아메리카 국가들은 1826년 볼리바르(Simón Bolívar)가 "미주대륙 신생국들은 … 대통령이라는 직함을 가진 왕이 필요하다"라고 선언한 이래 대부분 미국식 대통령제를 정부형태로 채택했다(Malamud 2001, 1).[2] 초기 라틴아메리카 대통령제는 미국식 대통령제의 특징인 행정부-입법부 권력분립, 국민의 대통령(국가원수) 선출과 대통령 임기 보장, 국가원수이자 행정부 수반인 대통령, 대통령의 장관 임명과 내정된 장관에 대한 의회 승인 절차, 장관의 의원 겸직 불가, 대통령의 헌법에 대한 책임성(탄핵제도), 대통령의 의회 해산 불가, 탄핵을 제외한 의회의 대통령 면직 불가(대통령과

---

2) 예외적인 국가는 브라질로서 1961~1963년 헌법상 내각제, 그리고 실제로 중간형 대통령제를 채택한 바 있다(신명순 2006, 84).

의회의 견제와 균형), 의회와 행정부 갈등 상황에서 사법부의 결정(헌법의 최고 권력), 권력을 독점하는 핵심 기구의 부재, 권력집중이 아니라 권력분립의 대통령제 등의 특징을 공유한다(신명순 2006, 85-86).

그러나 라틴아메리카 대통령제는 역사적 발전과정에서 미국과는 상이한 독특한 특징을 갖게 되었다. 즉, 미국식 대통령제의 특징뿐 아니라 유럽식의 대표성 체계, 토착적 까우디요(Caudillo) 정치문화, 사회경제적 불안정 등의 특징들이 혼합되어 독특한 라틴아메리카 대통령제가 확립된 것이다. 이에 따라 미국식 대통령제가 양당제, 연방제, 소선거구 다수대표제와 더불어 체계화된 반면, 라틴아메리카 대통령제는 다당제, 단일국가제, 비례대표제와 연계되는 경향을 갖게 되었다(Moraes 2001, 45). 브라질을 예로 들면, 대통령제, 연방제, 양원제는 1891년 헌법에, 비례대표제는 1946년 헌법에 포함되었고, 현행의 1988년 헌법에는 대통령제, 연방제, 양원제, 비례대표제가 모두 포함되었다(Nicolau 2003, 11).

라틴아메리카와 미국 대통령제의 결정적인 차이점은 미국 대통령제가 행정부-입법부의 견제와 균형을 기반으로 하는 반면, 라틴아메리카 대통령제는 입법부와 사법부에 대한 행정부의 우위가 강하다는 점이다(Arias 2004, 35-36). 다시 말하면, 라틴아메리카 국가들이 미국식 대통령제를 채택하는 과정에서 권력분립의 원칙은 약화된 대신에 행정부와 대통령에 권력이 집중되는 이른바 '초(超)대통령제(hyper-presidentialism)'가 강화된 것이다(Malamud 2001, 1). 다수의 라틴아메리카 국가들은 대통령 재선 금지 조항을 헌법에 포함시켜 초대통령제를 제어하려 하였다. 그러나 1990년대 이후 몇몇 라틴아메리카 대통령들은 대통령 재선을 허용하는 헌법개정을 적극 추진하였다. 그 결과 아르헨티나의 메넴, 페루의 후지모리, 브라질의 카르도주(Fernando Henrique Cardoso) 등이 대통령 재선에 성공했고, 베네수엘라는 1999년 신헌법에 대통령 임기 1년 연장과 연속 재선을 허용하였다. 볼리비아는 초대통령제를 방지하기 위해 중간형 대통령제의 한 유형인 '내각제 대통령제(parliamentarized presidentialism)'라는 독특한 정부형태를 1985년에 확립하여 정치제도의 안정을 모색하였다. 내각제 대통령제에서 대통령은 의회 내에서 다수연합이 결성된 후 의회에 의해 선출되었다. 의회 내 다수연합은 대통령선거 이후에도 각종 정책결정과정에서 주기적으로 재구성되었다. 그러나 볼리비아의 다수연합 통치는 2003년 산체스(Gonzalo Sánchez de Lozada) 정부의 경제정책에 저항하는 대중적 시위가 광범위하게 발생하고 시위 참가자들이 경찰에 의해 살해되는 사건이 발생한 후 위기를 맞게 되었다.

라틴아메리카 대통령제의 또 다른 특징은 대통령에 대한 정당적 지지가 약하다는 것이다. 여당이 의회 내에서 다수파를 차지하지 못하는 경우가 많으므로 대통령의 통치능력이 종종 도전에 직면하게 된다. 이 때문에 다수의 라틴아메리카 국가들은 결선투표제를 채택하고 있다. 결선투표제는 절대다수를 획득한 후보가 없을 경우나 40% 이상을 득표한 후보가 없을 경우 실시된다. 하나 또는 두 개 정당이 압도적 영향력을 갖는 강력한 일당제나 양당제 국가를 제외한 라틴아메리카 국가들에서는 결선투표제가 일반적이다. 따라서 콜롬비아, 코스타리카, 베네수엘라, 멕시코 등은 결선투표제를 실시하지 않고 다수득표를 획득한 후보가 대통령에 선출된다. 그러나 베네수엘라의 경우, 1993년 대선에서 칼데라(Rafael Caldera)가 30% 이하의 득표율로 힘겹게 1위를 차지하면서 여당이 의회에서 소수파 세력이 된 이후 양당제가 점차 쇠퇴하기 시작했다.

또한 라틴아메리카 대통령제는 헌법이 민주적 외양과 권위주의적 실제를 갖는 특징을 보인다. 라틴아메리카 국가들의 헌법은 대통령에게 계엄령, 비상사태, 법령에 의한 지배 등 막강한 권한을 부여하였다. 또한 퇴각하는 권위주의 정권들이 민간정권에 통치를 위임하면서 칠레, 브라질 헌법에서는 각각 지명상원의원과 군부의 후견적 지배를 규정하는 내용이 포함되기도 했다(Peeler 2004, 96-98).

2) 브라질 대통령제의 유형

그동안 대통령제에 관한 연구는 시대와 지역에 따라 다양하게 발현되는 역사적 유형보다는 내각제 및 이원집정제와 대별되는 추상적 모델로서의 정부형태에 초점을 맞추는 경향이 있었다. 역사적 유형화와 관련된 대통령제 연구를 살펴보면, 우선 놀렌(Dieter Nohlen)과 페르난데스(Mario Fernádez Baeza)는 헌법의 비교연구를 통해 대통령제를 네 개의 하위 유형, 즉 강화된(reforçado) 대통령제', '순수한(puro) 대통령제', '약화된(atenuado) 대통령제', '내각제(parlamentarizado) 대통령제'로 분류한다. 다음으로 슈거트(Matthew S. Shugart)와 카레이(John M. Carey)는 대통령의 권한을 '입법적 권한'과 '비입법적 권한'으로 구분하고 이를 다시 '의회로부터의 독립성'과 '각료에 대한 통제권'이라는 두 개의 요소로 분리한 후, 대통령제를 다음과 같이 구분한다. 즉, '순수한 대통령제'는 의회로부터의 독립성과 각료의 임명 및 해직에 관한 완전한 통제라는 특징을 갖는 반면, '내각제 대통령제'나 '총리형 대통령제'와 같은 혼합형 대통령제는 의회로부터의 독립성과 각료에 대한 통제권이 부족하다는 특징이 있다.

맬러머드(Andrés Malamud)는 대통령제와 내각제라는 이념형을 다시 집중된(concentracionista) 대통령제', '분리된(separacionista) 대통령제', '총리형 정부(Governo Ministerial)', '연합형 내각제(Parlamentarismo de coligação)' 등의 유형으로 구분하고, 이 유형에 가장 근접한 국가들로는 각각 아르헨티나, 미국, 영국, 이탈리아를 꼽는다. 맬러머드의 유형화에 따르면, 대부분의 라틴아메리카 국가들은 아르헨티나 유형의 '집중된 대통령제'[3])에 가까운 반면, 서유럽 국가들은 이탈리아 유형의 '연합형 내각제'가 많다(표 5-1) (Malamud 2001, 4-6).

---

3) 집중된 대통령제 유형은 거부권(veto)을 포함하여 대통령의 개인적 권한의 증대에 따른 행정부 결정의 신속성을 특징으로 한다(Malamud 2001, 6).

표 5-1 대통령제와 내각제의 유형화

행정부 수반		실제적 권력 집중	
		행정부 집중	행정부-의회 균형
임기 보장	예 (대통령제)	집중된 대통령제 (아르헨티나)	분리된 대통령제 (미국)
	아니오 (내각제)	총리형 정부 (영국)	연합형 내각제 (이탈리아)

출처: Malamud 2001, 6.

본 논문은 브라질 대통령제의 특징을 일관되게 설명하기 위해 놀렌과 페르난데스의 '강화된 대통령제' 유형과 맬러머드의 '연합형 내각제' 유형을 개념적 범주로 사용할 것이다.

3. 브라질 정부형태의 전개과정

1822년 포르투갈로부터 독립한 후 브라질의 정부형태는 ① 군주제(1824~1889) ② 과두제 대통령제(1898~1930) ③ 1차 단절기(1930~1945) ④ 다두제 대통령제(1946~1961) ⑤ 내각제 또는 중간형 대통령제(1961~1963) ⑥ 2차 단절기(1964~1985) ⑦ 현재 대통령제(1988년~현재)로 전개되었다. 정부형태의 변화과정에서 브라질 헌법은 총 여덟 번(1824년, 1891년, 1934년, 1937년, 1946년, 1967년, 1969년, 1988년) 제정되었다. 1891년 헌법은 미국 헌법을 모델로 하여 권력분립, 견제와 균형, 양원제, 연방제, 직접선거 등을 표방했고, 1934년과 1937년 헌법은 이탈리아와 포르투갈 헌법의 영향을 받아 조합주의, 권력집중 등을 포함했다. 1946년 헌법은 대의제 민주주의, 1967년과 1969년 헌법은 '상대적 민주주의'와 '국가안보 수호'를 강조했고, 1988년 헌법은 민주화 이후 최초의 헌법이자 현행헌법이다(CIA 2004).

1824년 헌법은 입법부, 행정부, 사법부의 상위에 왕권을 의미하는 '조정부(poder Moderador)'를 두어 사권분립 체제를 확립했다(Moraes 2001, 45). 국왕이 주도하는 조정부는 나머지 세 개 국가기구의 중재 역할을 하는 중립적 권한이 아니라 19세기 프랑스 군주제를 모델로 하여 독점적 권한을 부여받았다. 이에 따라 국왕의 조정권은 '불가침하고 책임을 물을 수 없으며 비난할 수 없는' 권한으로서, 국가위원회의 위원지명권으로 행정부를 통제하고, 입법발의권과 의회해산권으로 입법부를 통제하며, 법관임명권으로 사법부를 통제할 수 있었다.

1891년 헌법은 2년 전인 1889년 11월 14일 군부쿠데타로 대통령제 공화국이 선포된 후 공포된 최초 헌법이다. 이 헌법에서 내각제가 아닌 대통령제가 선택된 이유는 내각제가 군주제로의 복귀를 초래할 수 있다는 우려 때문이었다(Lessa 2001, 140-141). 이 헌법의 기본 모델은 미국 헌법이었지만, 미국 헌법의 자유주의 원칙은 배제되고 왕권을 분산시키기 위해 연방제만 도입되었다(Mettenheim 2001, 167). 대통령제는 이 연방제에 대한 견제와 균형을 위해 도입되었다(Lessa 2001, 144). 또한 1891년 헌법에는 강력한 중앙집권제, 개인의 기본권 및 시민적 권리 존중, 삼권분립, 농촌엘리트 보호를 위해 준군사조직인 정보군 창설 등이 포함되었다. 그러나 이 헌법은 입헌민주주의를 형식적으로만 도입했을 뿐 실제로는 상파울루 주와 미나스제라이스 주의 과두세력에게 주기적으로 정권을 배분하는 과두제 대통령제의 구축에 기여했다.

1차 단절기는 1930년대 세계대공황에 따른 경제위기를 계기로 시작되어 브라질 정치사의 전환점이 되는 시기이다. 이 시기 제정된 1934년 헌법은 1937년 발생한 쿠데타로 폐지되었지만 직접선거로 선출된 제헌의회가 작성한 브라질 최초의 헌법이었다. 3년이라는 짧은 기간동안 유지된 이 헌법은 매우 진보적인 내용을 담고 있었다. 즉, 대의원의 완전 독립과 대법원에 의한 모든 사법기관 통제, 성별을 불문하고 모든 성인의 정치적 권리 확립, 선거 감시를 위한 사법기구(Justiça Eleitoral) 창설, 노동환경 감시를 위한 사법기구(Justiça do Trabalho) 창설과 노동자·사용자의 권리와 의무 명문화, 언론·종교·집회·결사의 자유와 생명·자유·재산에 대한 권리 등이 포함되었다[Wikipedia(a)].

바르가스(Getúlio Vargas)가 주도한 쿠데타 이후 공포된 1937년 헌법은 폴란드식 헌법이라고 지칭되었다(Malamud 2001, 17-18). 이 헌법에 따라 대통령 권한은 대폭 강화된 반면 입법부와 사법부의 자율성과 권한은 축소되었다. 그리고 이 헌법에는 정당 해체, 선출직 주지사를 임명직으로 대체, 주지사의 시장 임명권, 국가 반역자들에 대한 사형제, 검열·숙청·군사주의·국가선전·개인숭배의 허용 등과 같은 조항이 포함되었다. 다만 사회정책 부문에서 1934년 헌법 기조가 대부분 유지됨으로써 완전한 전체주의 억압 체계가 확립되지는 않았다[Wikipedia(a)]. 이 헌법을 기초로 1937~1945년 확립된 바르가스 대통령의 신국가(Estado Novo) 체제는 노동자와 민중부문을 국가조합주의 틀 속에 포함시키면서 제도화되었다(Mettenheim 2001, 167).

1946년 헌법은 1934년 헌법과 마찬가지로 직접선거로 선출된 제헌의회에 의해 작성되었다. 이 헌법은 브라질 최초로 개인의 완전한 정치적 자유를 제공하였고 공산당 등 마르크스주의 정당을 합법화하였다. 그리고 이 헌법은 'Estados Unidos do Brazil'의 국명으로 공포된 최후의 헌법이었고, 이후 국명은 'República Federativa do Brasil'로 개칭되었다. 1946년 헌법의 주요 내용은 다음과 같다. 1934년 헌법이 표현하는 모든 자유와 권리의 회복, 법 앞의 완전한 평등, 일부 도덕적 검열을 제외한 모든 검열과 종교적 편견의 폐지, 우편 프라이버시 존중과 가정의 비폭력성 규정(가정폭력에 대한 영장 없는 경찰 개입), 각 주에 상징적 깃발과 노래를 허용함으로써 연방제 강화, 모든 공직에서 공정선거의 실시, 정부공직자 선거를 단일 임기로 실시, 부통령과 주지사의 직접선거 등이 그것이다[Wikipedia(a)].

1946년 헌법에 따른 다두제 대통령제는 '신국가'의 제도적 장치가 유지되는 1964년까지 지속되었다. 신국가 체제는 비대한 정치기구, 경쟁선거, 경쟁적 정치라는 특징을 갖고 있었다(Mettenheim 2001, 167).

주목할 점은 1961~1963년 굴라르(João Goulart)의 체제가 법적으로는 내각제 성격을 갖고 있었으나, 직접선거로 선출된 부통령이 대통령 유고시 헌법적 계승자로 대통령 직위를 승계한다는 점에서 실제로는 중간형 대통령제의 특성을 갖는다는 것이다. 1961년 대통령선거에서는 대통령과 부통령이 각각 별도의 선거를 통해 선출되었다. 1961년 극우정당인 민족민주연합(UDN: União Democrática Nacional)의 쿠아드로스(Jânio Quadros)가 대통령에, 그리고 좌파인 굴라르가 부통령에 각각 당선되었다. 그러나 쿠아드로스 대통령이 7개월 후 퇴위 되자 부통령인 굴라르가 대통령직을 승계하게 되었다. 이에 따라 정치위기가 발생했고, 그 해결책으로 제시된 것이 바로 내각제였다. 결국 굴라르는 축소된 권력을 가지고 대통령에 취임했다. 짧은 내각제 경험은 브라질에 심각한 정치적, 경제적, 사회적 문제들을 초래했다. 1963년 1월 6일 전국 선거에서 유권자의 80%가 대통령제로의 복귀에 찬성하는 투표를 하면서 굴라르의 내각제 실험은 종말을 맞았다[Wikipedia(b)]. 짧은 집권 기간에도 불구하고 굴라르 정권 하의 정부형태는 1889년 브라질 군주제가 종식된 후 라틴아메리카에서 수립된 유일한 내각제 정부라는 의의를 갖는다(Mainwaring 1997, 58).

2차 단절기인 1964~1985년에도 '신국가'의 제도적 장치들은 유지되었다. 1964년 쿠데타 직후 대통령이 공포한 '제도법(Institutional Acts)'은 1967년 헌법이 제정될 때까지 헌법의 상위법으로 기능했다. 당시 대통령이던 카스텔루 브랑쿠(Marshal Humberto de Alencar Castelo Branco)가 임명한 법조인들에 의해 작성된 1967년 헌법은 민주적 제도 구축의 측면에서 1946년 헌법보다 퇴보된 경향을 보였다. 1967년 헌법의 주요 내용을 보면, 정치적 권리의 제약(국가안보를 이유로 자유선거는 전국과 주 수준에서만 실시), 시민적 권리의 제약(모든 회의, 집회, 모임은 사전 허가를 받아야하고 감시 하에 실시), 시의 공공안전과 순찰을 위해 민간경찰 활동을 축소하고 군경을 창설함4), 모든 사법적 특권의 폐지, 모든 정당의 해산 및 새로운 양당제 확립, 대통령 선출을 위한 선거인단(Colégio Eleitoral) 구성, 대통령에게 법령권(Derectos-Lei) 부여(30일 이내에 의회에서 투표를 실시하지 않을 경우 자동 제정됨) 등이 포함되었다.

1967년 헌법은 2년 후 군사위원회(Junta)에 의해 폐지되었고 훨씬 더 권위적인 내용이 포함된 1969년 헌법이 제정되었다. 1969년 헌법에는 국가 비상사태 선포, 사형제 도입, 처벌로서의 추방제도 도입, 인신보호법(Habeas corpus) 중지, 군 범죄를 다루는 군 특별재판소 설립, 군 명령권을 주 국방부로 이전, 여행의 제한 등이 포함되었다[Wikipedia(a)]. 이 시기 브라질을 비롯한 남아메리카 국가들은 이른바 관료적 권위주의체제를 수립했다. 이 체제 하에서 행정부에 대한 권력집중은 전례 없이 심화되었다. 브라질 군사정권이 아르헨티나, 우루과이, 그리스, 스페인, 포르투갈 등 다른 권위주의체제와는 달랐던 점은 행정부는 선거로 구성되지 않았던 반면 입법부는 지방의 대중선거로 구성되어 취약하나마 제도적 기능이 유지되었다는 점이다. 물론 의원선거는 통제 하에서 실시되었지만, 브라질 의회의 지속적 기능은 전통적 엘리트들의 생존에 긍정적 영향을 미쳤다. 다시 말하면, 지속적인 의회 기능은 지방 엘리트들의 실질적 지위를 보장하고 이들에게 특별한 지위를 부여함으로써 이들을 보호하는 제도적 가교 역할을 담당했던 것이다(Malamud 2001, 18).

여덟 번째 헌법이자 브라질의 현행 헌법인 1988년 헌법은 1985년 간접선거로 민간정부가 수립된 후 이듬해 직접선거로 선출된 제헌의회에 의해 초안이 작성되어 2년에 걸친 논쟁 끝에 공포되었다. 1988년 헌법의 특징

---

4) 이런 특징은 현재까지 지속되고 있다. 현재 브라질은 소방서비스조차 군부 관할 하에 있다.

은 모든 형태의 개인적 권리를 보장하고 개인적 자유를 제한하는 국가능력을 축소시키는 것이다. 그러나 이 헌법은 국가의 제도개혁에 대한 분명한 규칙을 제공하지는 못했고, 경제정책에 대해서도 이전 헌법의 내용을 그대로 받아들였다. 이에 따라 이 헌법은 정치개혁과 경제개혁을 수행하는 데 있어 모순적 규정을 포함하게 되었다.

결국 1993년에 들어 1988년 헌법이 보류했던 정부형태를 묻는 국민투표가 실시되었고 그 결과 대통령제가 선택되었다. 이후 1995년에 헌법의 일부가 개정된 후 2007년 7월까지 총 53번의 헌법개정이 있었다[Wikipedia(a)]. 한편, 1988년 헌법은 문맹자들에게 투표권을 부여했고, 최하 투표 가능 연령을 18세에서 16세로 낮추었다(Mainwaring 1997, 59). 1989년 29년 만에 실시된 대통령 직접선거 1차 투표에서 군소정당 출신의 콜로르 후보가 28%, 급진좌파 후보인 룰라(Luiz Inácio Lula da Silva)가 16%를 득표했고, 같은 해 12월 실시된 결선투표에서 콜로르 후보가 53%의 지지율로 당선되었다. 그러나 콜로르 대통령은 뇌물사건에 연루되어 검찰, 의회, 야당의 조사를 받았고 그 결과 탄핵절차가 이어져 대통령의 업무 수행은 중지되었다. 그 대신 당시 부통령이던 프랑쿠(Itamar Franco)가 대통령에 취임하여 잔여 임기를 채웠다.

4. 민주화 이후 브라질 대통령제의 특징

1) 1985년 이후 헌법논쟁과 대통령제-내각제 논쟁

(1) 1985~1988년 헌법 논쟁

1988년 헌법을 전후하여 1985~1993년 브라질에서는 "대통령제냐, 내각제냐?"를 둘러싸고 정치계, 학계, 언론계에서 치열한 논쟁과 토론이 이어졌

다. 논쟁이 가장 격렬했던 시기는 1985~1988년 헌법 논쟁과 1992~1993
년 대통령제-내각제 논쟁이었다. 1984년 들어 군사정권의 퇴각이 분명해
지자, 브라질 국민은 새로운 민간인 대통령을 직접 선출할 수 있도록 하는
헌법개정을 요구하는 광범위한 캠페인을 진행했다. 'Diretas Já(즉각적 직
접선거!)'로 알려진 이 캠페인은 결국 실패했고 민주화 이후 최초의 민선
대통령은 입법부 의원들에 의해 간접선거로 선출되었다[Wikipedia(a)].

선출된 민선 대통령은 1985년 신헌법 초고를 작성하기 위해 제헌의회
소집을 승인했다. 그러나 제헌의회 소집 이전인 1985년 8월에 대통령은 헌
법개혁을 준비하는 저명한 50개 단체를 소집했다. 이 단체들은 '헌법연구
임시위원회(Comisión Provisional de Estudios Constitucionales)'라는
명칭 하에 모였다. 이 위원회는 위원장 이름을 붙인 '아폰소아리노스위원
회(Comisión Afonso Arinos)'로 더 잘 알려져 있다. 이 위원회 위원들은
대부분 정치 경험이 있는 법조인들이었다. 또한 이 위원회에는 정치학자,
경제학자, 사회학자, 기업집단, 도시·농촌의 노동조직들도 참여하였다. 이
위원회의 활동 결과 두 개의 개혁노선이 제안되었다. 하나는 내각제 확립이
었고 다른 하나는 선거와 정당체계의 개혁이었다. 비록 정부가 이 제안을
수용한 것은 아니었지만 후에 이 제안은 브라질에서 대통령제-내각제 논쟁
의 기본 구상을 제공하였다.

1986년 11월 실시된 직접선거로 상원의원과 하원의원이 선출된 후 1987
년 2월에 제헌의회가 소집되었다. 소집된 제헌의회는 새 헌법의 초안 작성
을 위해 8개 위원회와 24개 하부위원회를 구성했고 기존에 제안된 개혁안
들에 대해 수차례의 공청회를 개최했다. 제헌의회는 20개월에 걸친 협의와
두 번의 투표 끝에 1988년 9월 헌법 작성을 마무리했고, 같은 해 10월 5일
헌법을 공포하였다. 당시 의회 다수당을 차지했던 브라질민주운동당(PMDB:
Partido do Movimento Democrático Brasileiro)은 1987~1988년의 제
헌의회 활동기간 동안 분열되어 있었다. 의회의 헌법초안작성위원회가

'혁신적' 성격의 1차 초안을 작성하자, PMDB의 우파와 중도파는 1987년 12월 보수연합 분파인 'Centrão'을 결성하여 타 정당의 보수파 의원들을 규합했다. Centrão은 대통령제를 유지하는 것, 대통령 임기를 4년에서 5년 으로 연장하는 것 등을 주장하였다. 그 밖에도 브라질의 북부, 북동부, 중서부 출신 의원 292명은 'NoNeCo'라는 모임을 결성했고, 개신교 의원들은 'Grupo de los Evangelistas'를 통해 결집하였다. 다양한 종교적, 정치적 이해관계에 따라 'Grupo de la Rezón', 'Grupo de los 32', 'Grupo de Consenso' 등 다양한 분파들이 제헌의회 내에서 생겨났다. 한편, 사르네이(José Sarney) 당시 대통령도 대통령제와 대통령 임기 5년을 보장받기 위해 제헌의회를 공개적으로 압박했다(Serna 1998, 33-38).

이상과 같이 1985~1988년 브라질의 헌법 논쟁은 다양한 정치·사회 행위자들이 참여하였고 민주적 연합 내에서조차 연대를 이루지 못함으로써 매우 복잡하고 갈등적인 상황을 초래했다(Power 1997, 3). 결국, 1988년 헌법은 개인의 인권과 기본권에 대해서는 자유주의적이었고 고용 안정성을 비롯한 사회권은 존중한 반면, 경제에 대한 국가의 강력한 개입은 계속 유지한다는 내용을 포함하였다. 정부형태 논쟁과 관련해 초기 제헌의회는 중간형 대통령제에 가까운 내각제 주장이 강세였으나, 1988년 헌법은 그러한 입장을 철회하고 대통령제의 잠정 유지를 승인했다. 즉, 1988년 헌법은 사르네이 대통령 임기까지는 대통령제와 대통령 임기 5년을 유지하도록 했고, 1993년 국민투표를 실시할 때까지 이와 관련된 최종 결정은 유보한다는 내용을 포함하고 있다(CIA 2004).

(2) 1992~1993년 대통령제-내각제 논쟁

헌법 논쟁이 있은 지 5년이 지난 후, 1993년 9월 7일 실시될 국민투표를 앞두고 대통령제-내각제 논쟁이 다시 촉발되었다. 이 국민투표는 브라질의 정부형태가 "대통령제냐, 내각제냐?" 그리고 "공화제냐, 군주제냐?"를 결정하는 것이었다. 1992년 들어 대통령제-내각제 논쟁이 재개된 주요 요인으로는 사르네이와 콜로르 정부 정책의 반복적 실패, 지난 7년 간 2명의 부통령의 대통령 승계, 대통령제에 대한 학계의 비판 확산, 스페인을 비롯한 해외에서의 내각제 전환 등을 들 수 있다.

내각제에 대한 지지는 주로 의회와 학계를 포함한 엘리트 부문에서 강하게 나타났다. 이들은 대통령제가 라틴아메리카 국가들의 정치적 불안정을 초래하는 경향이 있다고 주장했다. 특히, 이들은 라틴아메리카 대통령들이 절대다수득표나 결선투표 등 다수득표를 기준으로 선출되는 반면, 입법부 의원들은 다양한 군소정당에게 대표성을 제공하기 위해 비례대표제로 선출되는 모순적 상황에 주목했다. 이러한 모순으로 인해 대통령은 의회 내 다수파의 지지를 확보할 수 없다는 것이다. 그러나 내각제에서는 행정부 수반인 대통령의 소속 정당이나 정당연합이 의회에서 다수 의석을 차지하는 것이 전제됨에 따라 행정부 업무의 지체나 마비가 의회 활동이나 정권 자체에는 큰 영향을 미치지 않는다는 것이다.

이에 비해 대통령제는 주로 소수 정치인들이나 군장교들에 의해 지지를 받았다. 대통령제 지지자들은 고도로 분화된 다당제가 내각제라는 정치제도가 아니라 라틴아메리카의 전통적 정치문화와 더 밀접한 관련이 있다고 강조한다. 이들에 의하면, 라틴아메리카에서 내각제 정부는 정권 임기를 보장받지 못하기 때문에 오히려 잦은 정권교체와 과도내각 구성을 초래할 것이며, 이는 정권의 위기와 정치위기로 이어질 것이다. 따라서 대통령제 지지자들은 대중적 지지와 자유재량권을 가진 강력한 개인이 의회와 별도로 고정임기를 보장 받는 대통령제가 더 안정적이라고 본다(Peeler 2004, 96).

내각제에 대한 일반 대중의 지지도는 1988년 헌법 공포 이후 점차 증대되었으나 1993년 국민투표를 바로 앞두고 급선회하였다. 내각제와 대통령제 지지자들은 일반 대중들이 쉽게 접할 수 있는 TV의 토론에서 상대측 입장을 심하게 왜곡시켰다. 그 가운데 대통령제 지지자들의 주장이 일반 대중

에게는 더 호소력이 있었고 효율적이었다. 대통령제 지지자들은 대통령제
가 일반 유권자의 정치적 영향력을 더 높일 수 있다는 것을 피력했고, 내각
제가 유권자들로부터 국가원수를 선출할 수 있는 권리를 부정한다는 점을
강하게 비판했다. 이들의 주장은 일반 대중의 직접선거권이 군정 시기 박탈
되었다가 최근에야 회복된 상황으로 인해 더 설득력을 얻었다. 물론 대통령
제 지지자들이 대중의 대통령 선출 권한을 운운한 것은 왜곡된 주장이었다.
왜냐하면 당시 내각제 지지자들이 제안한 것은 순수한 내각제가 아니라 대
통령 직접선거가 유지되는 중간형 대통령제였기 때문이다.

　　1993년 국민투표를 둘러싸고 브라질은 이데올로기적으로도 양극화되
었다. 중도파와 우파 정치세력은 이를 계기로 신자유주의 구조조정의 헌법
적 장애물을 제거하고자 했고5), 좌파세력들은 이 기회를 통해 1988년 헌
법의 취약점을 수정하려고 했다. 국민투표 예정일인 9월에 선거가 실시되
어야 한다는 좌파정당들의 주장에도 불구하고, 1993년 3월 국민투표 조기
실시를 위한 회의가 소집되었다. 당시 29명의 의원이 부정부패 스캔들에 연
루된 상황에서 소집된 회의는 제대로 기능하지 않았고 이런 속에서 국민투
표가 실시되었다. 우여곡절 끝에 브라질 유권자들은 대통령제 공화국의 존
속이라는 '현상유지'를 선택했다. 대통령제 안은 55%의 지지율을 획득하여
25%의 지지율을 얻은 내각제 안을 압도했다(Power 1997, 4-7).

　　1993년 이후 브라질의 헌법개정은 상원의회와 하원의회에서 각 2회의
투표를 통해 3/5의 지지를 획득할 때 성립될 수 있도록 했다(Moraes 2003,
41-42). 이러한 과정을 거쳐 1997년 6월 승인된 헌법개정은 대통령 임기
직후 1회에 한하여 재선할 수 있도록 허용했다. 카르도주 대통령이 현직에
있을 때 이 개정안이 승인되었는데, 개정된 헌법에 따라 그의 임기 말에 실
시된 1998년 대통령선거 1차 투표에서 카르도주 대통령이 53.1%의 지지를

---

5) 이미 콜로르 대통령은 1991~1992년에 헌법개정을 시도하였다.

획득하여 재선에 성공했다. 2002년 대선의 1차 투표에서 46%를 득표한 후 결선투표를 통해 대통령에 당선된 룰라 대통령도 2006년 대선에서 재선되었다(Cheibub).

2) 강화된 대통령제와 연합형 대통령제

(1) 대통령의 헌법적 권한: '강화된 대통령제'

1988년 헌법은 브라질 대통령제가 라틴아메리카에서 최고로 '강화된 대통령제' 또는 '제왕적 대통령제'라 오해받을 정도로 강력한 대통령 권한을 부여했다. 이는 브라질의 정치문화나 환경적 요인보다는 1988년 헌법 자체로부터 기인한 것이었다. 슈거트와 메인워링은 대통령 권한을 '헌법적 권한'과 '정당적 권한'으로 분류한다. 헌법적 권한은 다시 입법 발의권, 법령 공포권(poder de decreto), 거부권(poder de veto), 입법의제 설정 능력 등으로 세분화할 수 있다(Mainwaring 1997, 65-66). 이 가운데 대통령의 거부권은 '반응적(reactivo)' 입법권인 반면 나머지 세 개는 '순향적 (proactivo)' 입법권이다. 한편, 정당적 권한은 정당의 수를 포함한 정당체계나 정당 조직화와 관련된 정당 규율 등 정당 자체보다는 의회 내에서 정당체계의 분화 및 양극화, 그리고 정당 규율의 정도가 대통령의 정치적 의제 추진능력을 제한하는 것이다(Malamud 2001, 4-5).

이러한 구분에 따라 브라질 대통령제의 특징을 살펴보면, 우선 1988년 헌법은 브라질 대통령에게 다른 라틴아메리카 국가들보다 더 강력한 제도적 자율성을 부여한다. 또한 이 헌법은 과거 브라질 헌법에 비해 행정부에 대해 더 많은 권력 자원을 제공한다(Malamud 2001, 18). 1946년 헌법은 대통령에게 강력한 반응적 입법권을 부여한 반면, 1988년 헌법은 대통령에게 몇몇 주요한 반응적 입법권과 매우 강력한 순향적 입법권을 부여한다. 우선 1988년 헌법에 따른 대통령의 반응적 입법권을 살펴보면, 대통령

이 의회에서 거부권을 행사하는 경우, 의회가 이를 무효화하기 힘들 때 대
통령은 더 강하게 의회를 통제할 수 있다. 1988년 헌법 66조에 따르면, 의
회는 전체 의원수의 절대다수 찬성에 의해 대통령의 거부권을 무효화할 수
있다. 이는 1946년 헌법의 2/3 찬성 요구보다는 좀 낮지만, 참석의원 기준
이 아니라 전체의원 기준의 절대다수라는 점은 저조한 의회 출석률을 감안
하면 매우 높은 수치이다. 대통령의 거부권 행사와 관련해 비헌법적 요인
들도 의회가 대통령 거부권을 번복할 수 있는 가능성을 희박하게 한다. 예
컨대, 정당체계의 분화는 야당이 절대 과반수를 얻는 것을 어렵게 한다. 더
욱이 다수의 야당의원은 정치적으로 포섭되어 있고 결석률이 높은 의회의
문제까지 겹쳐져 대통령의 거부권 무효화를 어렵게 한다.

　다음으로 대통령의 입법 발의권을 살펴보면, 이미 1988년 헌법 61조는
대통령에게 군대 규모를 결정하는 법안 발의에서 독점적 권리를 제공한다.
또한 이 조항은 대통령이 공공부문에서 직업을 창출하거나 임금을 증대시
키는 법안 발의와 관련해서도 독점적 권리를 행사하도록 한다. 뿐만 아니
라, 이 조항을 통해 대통령은 행정조직, 사법조직, 예산관련, 공공부문 노동
자 관련 법안의 발의와 공공기관장과 국선 변호인 관련 법안 발의에서도 독
점적 권한을 갖는다. 말하자면, 브라질 대통령은 주요 정책분야의 입법과정
에서 독점적 주도권을 보유하게 된 것이다(Mainwaring 1997, 56-61).

　1988년 헌법 62조도 행정부와 대통령에 대해 강력한 권한과 수단을 부
여한다. 이 조항에 따르면, 대통령은 '타당하고 긴급한(relevância e ur-
gência)' 상황에서 30일 동안 법령권의 일종인 '임시조치(medidas provi-
sórias)'를 공포할 수 있다(Moraes 2001, 49). 1946년 헌법 하에는 대통
령의 법령권 조항이 없었다. 다만, 군사정권 하에서 공포된 1967년 헌법
58조는 대통령이 법령(decreto-lei)을 공포할 수 있도록 했다. 1967년 헌
법은 의회가 대통령 법령에 대해 60일 이내에 거부권을 행사하지 않을 경
우 자동적으로 법률이 되도록 했다. 또한 의회가 이 법령을 개정할 수 없게

함으로써 의회의 입법 능력을 제한하였다. 그 결과, 의회는 1964~1968년 2,481건의 법령 중 33개만 거부했고, 1968~1983년에는 1,662건 법령 중 한 건도 거부하지 않았다.

1988년 헌법은 대통령이 타당성과 긴급성에 입각해 임시조치권을 선포할 수 있도록 했으나, 실제로 대통령은 모든 종류의 법안을 임시조치에 의존해 추진하였다. 1988년 10월~1995년 5월에 4명의 대통령이 1,004건의 임시조치를 공포했다. 그 가운데 사르네이 대통령이 147건, 콜로르 대통령은 160건, 프랑쿠 대통령은 505건, 카르도주 대통령은 192건의 임시조치를 공포했다. 1990년대 대통령의 임시조치는 주로 행정부의 경제계획과 경제구조조정을 추진하기 위해 활용되었다.[6] 구체적으로 보면 1988년 이후 임시조치는 Cruzado 1, Cruzado 2, Bresser, Verano, Collor 1, Collor 2, Real 1, Real 2 등의 경제계획을 추진하기 위해 공포되었다(Ary 2000, 9). 1988년 헌법은 대통령의 임시조치가 의회에 의해 30일 이내에 승인받지 못하면 거부되도록 규정하고 있으나, 실제로 대통령들은 그 기한이 만료된 후 거의 예외 없이 이 법령을 재공포했다. 1988년 헌법 하에서 1,004건의 임시조치 중 640건이 이전에 공포된 것이었다. 의회는 274건의 임시조치를 승인했고 18건에 대해서만 거부권을 행사했다.

헌법 62조의 임시조치권은 대통령의 입법 발의권뿐 아니라 입법의제 설정 능력도 증대시킨다. 왜냐하면 만일 의회가 30일 이내에 임시조치를 다루지 않는다면 이는 자동적으로 입법 의제의 최우선 조항으로 올라가기 때문이다. 대통령의 입법의제 설정 능력을 증대시키는 권한은 헌법 64조를 통해서도 강화된다. 이 조항은 대통령에게 긴급 발의가 필요한 법안을

---

6) 라틴아메리카에서 최근 20여 년 간 지속된 대통령 권한의 강화 현상은 주로 경제위기에 대처하기 위해 구조개혁을 단행한 대통령들의 전략 때문이었다. 심각한 경제위기는 대통령과 행정부가 전통적 정당 및 많은 주지사들의 공개적 입법 논쟁을 피할 수 있도록 했다 (Malamud 2001, 24).

공포할 권리를 부여한다. 이에 대해 상원의회와 하원의회는 45일 이내에
이 법안을 투표해야한다. 만일 양원에서 투표가 실시되지 않는다면 이 법
안은 즉시 입법의제의 최우선 조항으로 옮겨진다. 1989~1994년 입법부가
제안한 법안들이 평균 1,094일 소요되었다는 점과 비교하면, 이는 대단히
신속한 진행이라는 것을 알 수 있다. 또한 대통령의 임시조치나 긴급 법안
들이 최우선 과제로 올라가면서, 대통령은 회피하고자 하는 다른 법안들을
지체시킬 수 있는 능력도 갖게 된다. 1988년 헌법 57조는 대통령이 의회의
특별회기를 소집할 수 있도록 허용한다. 이에 힘입어 1989~1994년에 통
과된 1,259건의 법률 중 997건이 대통령에 의해 주도되었고, 176건이 입
법부에 의해 주도되었고, 사법부는 86건을 주도했다(Mainwaring 1997,
63-65).

대통령의 강한 헌법적 권한은 1997년 헌법개정을 통해 더욱 강화되
었다(Malamud 2001, 23). 1997년 헌법개정은 대통령의 임기를 5년에
서 4년으로 줄이고 연속재선 가능성을 규정하면서 강화된 대통령제(pre-
sidencialsimo reforçado)의 특징을 유지했다(Moraes 2001, 47-48).

(2) 대통령의 취약한 정당적 권한: '연합형 대통령제'

브라질 선거에는 30여개의 정당들이 공식적으로 참여한다. 이 정당들 가
운데 여덟 개 정도가 중간 또는 대규모의 정당으로서 공산당, 환경당 등 좌
파정당들이 포함된다. 이 정당들을 제외한 대부분의 정당들은 제도적 안정
성을 확보하지 못해 잦은 명칭 변경과 정당 합병을 경험하며 느슨하게 조
직화되어 있다(Araújo 2003).

이와 같이 고도로 분화된 정당체계로 인해 브라질 여당은 전통적으로
의회에서 소수의석을 차지하는 경향이 많다. 이에 따라 대통령들은 종종
비공식 연합정부를 구성하거나, 심지어 소수여당 대통령제의 상황에 직면
하기도 한다. 고도로 분화된 정당체계 속에서 대통령이 입법의제를 달성하

기 위해서는 입법부 지지가 필요하다. 입법부 지지를 획득하는 것은 여당 의석수가 부족할 때 어려움에 직면한다. 소수여당의 상황에서 대통령들은 주요 정책을 수행하기 위해 대부분 정당연합 구성을 추진한다. 그러나 이 정당연합은 그리 오래 유지될 수 없다. 왜냐하면 브라질 정당들은 비교적 정치적 숙련도가 미흡한 포괄적 정당이기 때문이다. 따라서 대통령의 인기가 높을 때는 대통령을 지지하던 정당들이 대통령의 인기가 하락하면 변절하여 대통령의 주요 개혁 수행을 어렵게 한다(Mainwaring 1997, 56). 드문 경우지만, 자신의 인기가 급락한 상황에서 대통령은 의회로부터 탄핵을 받을 수도 있는데 그 대표적인 예가 콜로르 대통령이었다. 1992년 9월 29일 브라질 하원의회는 부정부패 혐의를 들어 콜로르 대통령의 권한을 중지시키고 탄핵 재판을 실시하는 안을 441 대 38로 통과시켰으며, 상원의회는 같은 해 12월 29~30일 투표에서 76 대 6으로 이 탄핵안을 통과시켰다. 당시 의회에서 콜로르가 소속된 정당은 5%의 의석수만을 보유하고 있었다(신명순 2006, 111).

대통령은 야당들에게 다양한 직위나 자원을 제공함으로써 정부연합을 형성할 수 있다. 정부의 분할은 내각, 공기업, 행정부 등 고위 수준으로부터 시작되어 시·군 등 낮은 수준으로 이어진다. 그러나 이 정부연합은 브라질 정당들의 약한 숙련도와 충성도로 인해 서서히 느슨해지고 변질되는 경향을 보인다. 고도로 분화된 다당제 대통령제는 브라질 내각의 불안정성을 설명하는 데 도움이 된다. 대통령은 안정적 지지기반 마련을 위해 내각의 각료직을 타 정당들에게도 배분하기는 하나 이 정당들이 완전히 신뢰할 만하다고 보지는 않는다. 그 때문에 대통령은 지지를 유지하거나 확대하려는 의도로 내각의 정당 구성을 자주 변화시킨다(Mainwaring 1997, 74).

브라질에서 고도로 분화된 정당체계의 원인으로는 우선 정당제도 자체의 문제점을 들 수 있다. 1946년 이후 의원선거는 큰 변화 없이 유지되어왔다. 상원의원은 26개 주와 1개 연방구에서 각 3명씩 단순다수제로 선출된다(총 81명). 상원의원의 임기는 8년으로, 4년마다 한번은 1/3, 다른 한

번은 2/3씩 교대로 선출된다. 2명의 상원의원을 선출하는 해에 유권자들은 2개의 투표권을 갖는다. 하원의회는 중대선거구제의 개방명부식(open list) 비례대표제7) 하에서 선출된 513명의 의원으로 구성된다. 하원의회의 선거구는 인구수 비례에 의해 결정된다. 그러나 어떤 주도 8명 이하나 70명 이상의 의석을 가질 수 없다는 제약조건이 있다. 하원의원 선거방식은 브라질 선거체계에서 가장 모순적인 요소이다. 왜냐하면 한 개의 주에 최하 8개와 최상 70개의 선거구를 허용하는 것은 2,500만 이상의 유권자를 가진 상파울루 주가 70개의 선거구를 갖는 반면, 29만의 유권자를 보유한 아마파(Amapá) 주는 8개의 선거구를 갖도록 하기 때문이다. 의석수의 잘못된 할당의 결과 상파울루 주는 인구수에 비해 저대표되고, 농업에 주로 종사하는 빈곤한 작은 주들은 과잉 대표되어 더 많은 혜택을 받는다. 이러한 요소는 연방의회가 전국적 쟁점보다는 소속 주의 지방적 쟁점에 관심이 더 많으며, 실용적 쟁점보다는 후견주의적 쟁점에 더 집중하게 하는 경향을 초래한다. 지방화된 연방의원들은 소속 선거구민들의 다양한 요구와 압력에 직면하게 되는데, 이는 정당 분열을 더욱 부추기는 경향을 초래한다(Cheibub 2006). 또한 개방명부식 비례대표제는 정당 간 또는 정당 내 경쟁을 조장하면서 개인주의 정치 성향을 부추긴다. 개인주의 정치 성향은 다시 정당체계의 취약성으로 이어진다(Power 1997, 9).

브라질은 라틴아메리카에서 가장 강한 연방제 국가로도 알려져 있다. 강력한 연방제에 따라 주지사와 시장은 자율성이 높은 강력한 정치 행위자로 부각된다. 포괄정당으로 분산된 정당과 정치인들은 보통 연방제의 논리를 따른다. 이들의 행동은 전국적 쟁점보다는 주로 소속 주의 이해관계에

---

7) 개방명부제는 비례대표제의 브라질식 변형이다. 비례대표제는 유권자가 개인이 아니라 정당에 투표하는 폐쇄명부제(closed list system)와, 유권자가 개별의원에게 투표하고 당선자 수에 따라 정당 의석이 배분되는 개방명부제(open list system)로 구분된다(오삼교 2003).

따라 더 많이 좌우된다. 즉, 연방제는 기존의 분화된 정당체계에다가 더욱
더 분산된 정당 권력을 만들어낸다. 주에 대한 충성심은 정치인들이 소속
정당의 이데올로기를 따르기보다는 소속 주에 더 많은 혜택을 부여하려고
노력하게 한다. 포괄정당 하에서 연방제는 정치적 분파주의와 정당적 훈련
의 부재를 더욱 부추긴다. 포괄정당의 정치인들은 주의 지방적 쟁점에 초
점을 맞춘다. 의원들의 주에 대한 높은 충성도는 대통령의 신뢰할만한 정
부연합 형성을 물론 주의원들의 정치적 지지 확보를 어렵게 한다. 이에 따
라 대통령은 높은 수준의 직위와 자원들을 연방의원과 주의원들 모두에게
제공해야 하는 상황에 처하게 된다(Mainwaring 1997, 83).

5. 나오는 말

이 글은 민주화 이후 브라질의 대통령제·내각제 논쟁을 둘러싼 정치적 역
학관계를 살펴보고 대통령의 헌법적·비헌법적 권한을 고찰함으로써 브라
질 대통령제의 특징을 이해하고자 하였다. 이를 통해 대통령제라는 제도적
요인이 브라질의 정권위기와 정치위기에 어떠한 영향을 미치는가를 알아
보고자 하였다. 브라질은 1961~1963년 내각제 정부형태를 선택한 경험이
있었을 뿐 아니라 1993년에는 대통령제와 내각제, 군주제와 공화제를 묻
는 국민투표를 실시하여 대통령제 공화제를 정부형태로 선택한 특이한 경
험을 한 국가이다. 카리브해의 도서국가들을 제외한 대다수 라틴아메리카
국가들이 독립 후 대통령제를 채택한 상황에서, 브라질의 내각제 경험과
수년에 걸쳐 첨예하게 전개된 대통령제-내각제 논쟁은 라틴아메리카 대통
령제의 문제점과 정치개혁의 방향을 이해할 수 있는 적절한 사례를 제공한
다고 할 수 있다.
　　결론적으로, 브라질 대통령제를 하나의 단일한 특성으로 설명하는 것

은 쉽지 않다. 이는 1988년 헌법이 규정한 대통령의 헌법적 권한과 이 권한이 실제로 작동되는 비헌법적 권한이 서로 상치되기 때문이다. 다시 말하면, 브라질 대통령제는 강한 헌법적 권한에 의해 '강화된 대통령제'와 취약한 정당체계로 인해 '연합형 대통령제'라는 상반되는 특징을 동시에 갖는다. 이러한 두 개의 모순적 특징으로 인해 브라질 대통령은 긴급조치권을 포함한 강한 입법권을 보유하는 반면, 의회 내 지지기반을 확고히 할 수 있는 정치연합의 형성은 어려움에 직면하게 된다. 이에 따라 브라질 대통령의 정책 추진 능력은 의회 및 정당의 지지보다는 대중적 지지도에 의존하는 경향이 있다. 대중적 인기가 높을 때 대통령은 의회의 큰 반발 없이 정책을 추진할 수 있지만, 대중적 인기가 하락할 때는 의회와 행정부 간 갈등이 심화되어 극단적인 경우 대통령의 탄핵이 발생하기도 한다.

이러한 점으로 미루어 보아, 브라질 대통령제의 사례는 최근 베네수엘라를 비롯한 몇몇 라틴아메리카에서 나타나는 초대통령제 또는 제왕적 대통령제의 사례와는 차이가 있다. 왜냐하면 1988년 헌법은 브라질 대통령에게 다른 라틴아메리카보다 더 강한 입법적 권한을 제공하지만, 브라질 정치체제에서는 대통령제만큼이나 분화된 다당제 정당체계가 강력한 영향력을 행사하기 때문이다.

브라질의 대통령제 민주주의가 확고히 정착해 효율적으로 작동되기 위해서는 대통령제의 민주적 기능을 저해하는 제도적 요인인 분화된 정당체계가 개선될 필요가 있다. 즉, 정치세력들의 대립과 분열을 조장하는 선거제도와 정당체계의 변화가 모색되어야 할 것이다. 이를 위해 앞에서 지적한 공개명부 비례대표제의 개선, 선거구 조정, 민주주의에 적합한 정당 훈련 등이 선행되어야 할 것이다. 물론 대통령제도 더 현대적인 제도로 거듭나는 것이 필요하다. 민주적 효율성을 확보하기 위해 대통령제는 대통령에 집중된 헌법적 권한을 수직적·수평적으로 분산시키는 방식으로 개혁될 필요가 있다. 또한 볼리비아가 선택했던 중간형 대통령제도

행정부와 의회의 만성적인 대립을 해소하기 위해 고려해볼 수 있다. 뿐만
아니라, 제도적 차원과는 별도로 정치문화적 상황의 고려와 대통령 개인
의 정치리더십 구축 등도 브라질에서 대통령제 민주주의의 효율적 운영
에 기여할 수 있을 것이다.

참고문헌

신명순. 2006. 『비교정치』. 서울: 박영사.

오삼교. 2003. "철새 정치인을 양산한 개방명부제." http://2001.kdlp.org/zboard/
view.php?id=tp0305&page=1&category=&sn =off&ss=on&sc=on&keyword=&
select_arrange=name&desc=asc&no=8(검색일: 2007.12.1).

Araújo, Clara. 2003. "Quotas for Women in the Brazilian Legislative System."
Paper presented at International IDEA Workshop The Implementation
of Quotas: Latin American Experiences in Lima(Peru).
http://www.quotaproject.org/CS/CS_Araujo_Brazil_25-11-2003.
pdf(검색일: 2007.12.1).

Arias, César. 2004. "Situación y perspectivas del presidencialismo y el
parlamentarismo en América Latina." *Perspectiva* No. 6(October 21-22),
34-37. http://www.icpcolombia.org/archivos/revista/No%206/11_situacion.
pdf(검색일: 2007.12.1).

Ary Dillon Soares, Gláucio. 2000. "Programas de estabilización y presidencialismo
imperial: Argentina, Brasil y Perú." *Estudios Sociológicos* Vol. XVIII, No.
1(Enero-abril), 3-22. http://revistas.colmex.mx/revistas/8/art_8_922_6396.
pdf(검색일: 2007.12.1).

Cheibub, José Antonio. 2006. "Brazil: Candidate-Centred PR in a Presidential
System." ACE The Electoral Knowledge Network in ACE Encyclopaedia.
http://aceproject.org/ace-en/topics/es/esy/esy_br (검색일: 2007.12.1).

CIA. 2004. "Brazil Constitutional Framework." Data as of April 1997 Re-
pubished form The Library of Congress Country Studies and the CIA
World Factbook. http://www.photius.com/countries/brazil/government/
brazil_government_constitutional_frame~235.html(검색일: 2007.12.1).

Lessa, Renato. 2001. "Aventuras do Barão de Munchausen: notas sobre a
tradição presidencialista brasileira." In Jorge Lanzaro, org. *Tipos de
Presidencialismo y Coaliciones Políticas en América Latina*. 1 ed.
Buenos Aires: CLACSO. Vol. 1, 137-162. http://168.96.200.17/ar/libros/
lanzaro/lessa.pdf(검색일: 2007.12.1).

Mainwaring, Scott. 1997. "Multipartism, Robust Federalism, and
Presidentialism in Brazil." In Scott Mainwaring and Matthew Shugart

(eds.). *Presidentialism and Democracy in Latin America*. Cambridge: Cambridge University Press, 55-109.

Malamud, Andrés. 2001. "Presidentialism in the Southern Cone. A Framework for Analysis." Printed in Italy, San Domenico(FI). *European University Institute, Badia Fiesolana, European University Institute*, Florence Department of Political and Social Sciences. EUI Working Paper SPS, 1-36. http://www.iue.it/PUB/sps20011.pdf(검색일: 2007.12.1).

────, Andrés. 2003. "O presidencialismo na América do Sul: Argentina e Brasil em perspectiva comparada." *Análise Social [Lisbon]* Vol. 168, 715-42. http://www.apis.ics.ul.pt(검색일: 2007.12.1).

Mettenheim, Kurt E. 2001. "Presidencialismo, democracia y gobernabilidad en Brasil." In Jorge Lanzaro, comp. *Tipos de presidencialismo y coaliciones políticas en América Latina*. Buenos Aires: CLACSO. http://168.96.200.17/ar/libros/lanzaro/mettenheim.pdf(검색일: 2007.12.1).

Moraes, Filomeno. 2001. "Executivo e legislativo no Brasil pós-constituinte." *São Paulo em Perspectiva* Vol. 15, No. 4(Outubro-dezembro), 45-52. http://www.scielo.br/pdf/spp/v15n4/10371.pdf(검색일: 2007.12.1).

────, Filomeno. 2003. "Mudança versus estabilidade constitucional e reforma política." In Klaus Hermanns & Filomeno Moraes (eds.). *Reforma política no Brasil: Realizações e Perspectivas*. Fortaleza: Fundação Konrad Adenauer, 39-51.

Nicolau, Jairo. 2003. "A reforma política e os pequenos partidos." In Klaus Hermanns & Filomeno Moraes (eds.). Reforma política no Brasil: Realizações e Perspectivas. Fortaleza: Fundação Konrad Adenauer, 11-18.

Peeler, John. 2004. *Building Democracy in Latin America*, Second edition. Boulder, London: Lynne Rienner Publishers.

Power, Timothy J. 1997. "Why Brazil Slept: The Search for Political Institutions, 1985~1997." In Paper prepared for delivery at the 1997 meeting of the Latin American Studies Association, Continental Plaza Hotel, Guadalajara, Mexico, 1-17. http://bibliotecavirtual.clacso.org.ar/ar/libros/lasa97/power.pdf(검색일: 2007.12.1).

Serna de la Garza, José María. 1998. *La reforma del Estado en América Latina: los casos de Brasil, Argentina y México*. México: Universidad Nacional Autónoma de México, Instituto de Investigaciones Jurídicas

Serie Estudios Jurídicos. No. 3.

Stepan, Alfred. 1989. "Parlamentarismo x presidencialismo no mundo moderno: revisão de um debate atual." In Conferência magna do mês de novembro proferida pelo Prof. Alfred Stepan, decano da School of International and Public Affairs da Columbia University-New York. *Estudos Avançados* Vol. 4, No. 8, 96-107. http://www.scielo.br/pdf/ea/v4n8/v4n8a07.pdf (검색일: 2007.12.1).

Wikipedia(a). "Constitution of Brazil." http://en.wikipedia.org/wiki/Constitution_of_Brazil(검색일: 2007.12.1).

Wikipedia(b). "President of Brazil." http://en.wikipedia.org/wiki/President_of_Brazil(검색일: 2007.12.1).

제6장

베네수엘라:

이데올로기의 갈등과 대중적 초대통령제*

이순주 (울산대학교)

1. 들어가는 말

베네수엘라는 1950년대 말 이후부터 최근 차베스(Hugo Chávez Frías)가 등장하기 이전까지 비교적 오랫동안 정치적 안정을 누려온 국가다. 차베스의 등장과 그의 국내정치, 반미외교, 그리고 새로운 외교관계의 형성 등은 전 세계의 관심을 불러일으키고 있고, 한국에서도 그의 국내정책을 대안적 민주주의의 한 형태로서 혁명적 시도로 평가하려는 시각들이 존재한다. 아무튼 차베스는 기존의 헌법체계를 변경시키고, 시민사회와의 직접 소통을 시도함으로써 오랜 양당제를 무력화하고 '21세기형 사회주의'를 표방하면서 '초대통령제(hyperpresidentialism)'의 주인공으로 등장하고 있다. 이러한 초대통령제는 두 개의 정당을 통해 이루어져 온 베네수엘라의 중앙집권적 전통을 더욱 강화하고 있다는 측면에서 과거와의 연속선상에 있다고 볼 수 있으나, 이러한 강력한 중앙집권의 바탕이 기존 소수 엘리트에 있는 것이 아니라 지속적으로 소외되어왔던 민중들에 있다는 점은 과거와 다르다고 할 수 있다.

이 장은 베네수엘라 대통령제의 특징적 변화들을 파악하고 특히 현 시점에서 나타나고 있는 베네수엘라 '초대통령주의'의 등장의 근원을 살펴보기 위한 것이다. 이를 위해 베네수엘라에서 왜 대통령제가 필요했는가, 헌법상에 나타난 대통령의 자격과 권한은 어떠한가, 현 대통령제의 특징은 어디에서 비롯되는가 등을 중심으로 설명하고자 한다.

2. 대통령제의 선택

1) 독립

베네수엘라는 남미대륙에서 최초로 스페인에게 정복되었지만, 중요한 자원이 발견되지 않았고, 원주민이 호전적이었기 때문에 식민지 중심인 페루나 멕시코에 비해 식민모국의 관심에서 멀어진 지역이다. 18세기 말 스페인 식민행정기구인 총독령(capitanía general)이 카라카스에 설치되었고 그후 총독령의 성격에 따라 자치지역으로 성장했다. 베네수엘라는 다른 라틴아메리카와 함께 1807~1808년 사이의 나폴레옹의 스페인 점령기에 크리올료(criollo)[1] 출신인 베네수엘라의 볼리바르(Simón Bolívar)의 주도로 독립을 획득했다. 1811년에 독립을 선언한 후 10여년 동안 대륙전체를 제국화하려는 볼리바르의 의도와 그에 반대하는 다양한 견해를 가진 많은 지역 세력들 간의 논쟁이 지속되다가 1821년경 인구의 1/4을 상실하고 많은 재산피해를 입으면서 스페인으로부터 완전한 독립을 이루었다. 이후 베네수

---

1) 라틴아메리카 태생 백인을 의미한다.

엘라는 오늘날의 콜롬비아와 에콰도르와 통합한 '그란 콜롬비아'로부터 분리하게 되면서 식민관료제를 대체하는 독립적인 정치체제를 수립했다.

2) 유럽 사상의 영향

18세기 천부인권 사상을 강조한 계몽주의 사상은 식민지의 지식인들에게 깊은 영향을 주었다. 식민지 독립의 주축이자 식민지의 엘리트였던 크리올료들은 유럽에서의 유학과 선박을 통해 몰래 숨겨져 들어온 금서들을 통해 이러한 사상들을 빠르게 섭렵하였다. 볼테르(Francois-Marie Arouet)의 종교의 책임에 대한 공격, 루소(Jean Jacques Rousseau)의『사회계약론』과『에밀』등에서 나타난 인간가치에 대한 강조, 그리고 몽테스키외(Baron de La Brde et de Montesquieu)의 삼권분립 등에서 나타났던 계몽주의, 민족주의 그리고 공화주의 사상들은 이들에게 깊은 영향을 주었고, 주권재민, 인권, 국가의 독립이라는 세 가지의 개념은 계몽된 크리올료들과 메스티소 지도자들에게 수용되었다(이성형 외 1999, 144).

특히 루소는 라틴아메리카 지도자들의 사상에 가장 중요한 영향을 미쳤는데, 남미의 해방자로 불리며 그란 콜롬비아의 대통령이었던 볼리바르는『에밀』과『사회계약론』을 포함한 루소의 저작을 애독한 것으로 알려져 있다. 또한 19세기 초에『연방주의자』의 저자인 페인의 정치이론과 사상 역시 남미 전역에 퍼져 있었다(데이비스 1996, 35). 볼리바르의 라틴아메리카에서의 군주제의 부적합성과 흑인노예제 폐지주장 등은 이러한 사상들에 그 원천을 둔 것이었다. 또한 독립운동의 초기에 상대적으로 소수였던 공화주의자들이 점차 다수의 지위를 확보했고, 연방주의자들은 미국 독립운동의 성공을 사례로 하여 특히 중앙집권화와 절대주의를 견제할 수 있는 연방공화국 안(案)이 라틴아메리카에 가장 알맞은 정치형태를 제시하고 있다고 보았다(데이비스 1996, 37).

미국의 혁명과 프랑스 혁명도 라틴아메리카의 독립과 이후의 라틴아메리카 정치체제의 선택에 지대한 영향을 주었다. 특히 미국의 독립과 새로운 정치제도, 그리고 프랑스 혁명을 통한 전제군주제의 붕괴와 자유, 평등, 박애의 개념은 라틴 아메리카 엘리트들의 독립 시도를 위한 용기와 이후 등장하는 정치시스템을 선택하는 데에도 많은 영향을 주었다. 따라서 모든 라틴아메리카 국가들에서는 권력분리, 견제와 균형 등을 골자로 하는 미국 헌법의 모델을 수용하고, 미국의 권리헌장(U. S. Bill of Rights)과 프랑스의 인권선언(Declaration of Rights of Man)에서 차용한 인간권리와 시민권의 내용들을 포함한 헌법체계를 만들었다(Wiarda 1995, 52). 그러나 현실에서는 새로운 독립국가들이 식민시대 동안의 기득권층에 해당하던 가톨릭교회의 특권을 유지하도록 하였고, 투표는 재산을 소유하고 문자해득을 할 수 있는 자에게만 제한함으로써 엘리트와 토지소유자들만을 보호하였다. 또, 행정부의 힘이 매우 강하여 입헌독재를 통해 통치할 정도로 매우 권위적이었을 뿐만 아니라 군대가 국내문제의 해결과, 분쟁해결, 질서유지 등에 중요한 역할을 수행했다. 라틴아메리카의 독립은 식민지사회의 모든 요소들 — 엘리트 중심사회, 2계급 사회질서, 중상주의 경제정책, 수직적인 정치시스템, 봉건적 중세적 사회 — 을 유지한 보수적인 운동이었고, 자유로운 것이었으며, 스페인으로부터의 분리였지, 혁명은 아니었다(Wiarda 1995, 53).

3) 강력한 중앙통치의 필요성

300여 년에 이르는 스페인의 통치기간 동안 라틴 아메리카내의 최고위직은 스페인에서 파견되었다. 이로 인해 식민지가 독립한 이후 새로운 국가를 효율적으로 통치할 경험이 있는 지도자는 전무했다. 따라서 라틴아메리카 전반에서 나타났던 것으로서 형식적으로는 자유주의의 중앙정부가 그 정치공백을 메웠다. 라틴아메리카에서 베네수엘라를 비롯한 아르헨티나,

브라질, 멕시코 등에서는 연방제를 받아들였고, 강한 국가와 지방자치의 균형유지가 요구되었다. 독립이후 각 지방의 지역엘리트 세력과 토지와 농민, 그리고 이를 중심으로 사병조직화 한 카우디요(caudillo)세력이 지속적으로 중앙정부의 존립에 위협으로 작용했는데, 상당히 많은 카우디요들이 중앙정부를 희생시키고 새로운 지배자로 부상하기도 했다. 이러한 독립이후의 혼란한 상황에서 비효율적인 '제도'보다도 개인의 '카리스마'와 '권력'이 더욱 더 힘을 발휘하게 되었다. 그리고 라틴아메리카 국가들은 중앙정부나 지역정부를 구성했던 경험이 전혀 없었으므로, 국가의 붕괴를 막기 위해 연방제를 선택하였으나, 실제로는 중앙집권화된 연방제였던 것이다. 독립 이후 라틴아메리카는 제도적으로 매우 취약했고, 혼란과 완전한 분열을 예방하기 위한 강력한 중앙집권통치가 요구되었다. 권력과 권위주의는 라틴 아메리카 국가들에게 있어서 국가와 사회를 함께 지탱하기 위해 필요한 요소였다(Wiarda 1995, 55).

초기 라틴아메리카 국가들에서 실현가능한 선택은 자유적, 대의적, 민주적 통치가 아니었기 때문에 극도로 혼란한 현실과 민주적 이념간의 격차를 줄일 수 있는 '민주적 황제정치주의(democratic Caesarism)', '후견적 민주주의(tutelary democracy)', 혹은 '교도민주주의(guided democracy)'와 같은 형태를 만들어냈다(Wiarda 1995, 57). 이는 독립 이후 많은 라틴아메리카 국가들에서 강력한 중앙집권적인 대통령제가 등장하게 된 요인이자 라틴아메리카의 정치문화로 자리잡았으며, 베네수엘라도 이와 같은 맥락에 있다.

3. 현재의 대통령제: 볼리바리안 헌법에서의 대통령 권한

베네수엘라는 1811년에서 1961년까지 26번의 개정된 헌법을 가졌는데, 가

장 오랫동안 유지된 헌법은 1961년 푼토피호(Punto Fijo)협정으로 만들어
진 헌법이다. 이 '1961년 헌법'은 1999년 '볼리바리안 헌법'이 성립됨으로
서 폐기되었다. 새 헌법 수립은 차베스 대통령의 1998년 선거공약 중 가장
핵심이었고, 이러한 제5 공화국에서 새로운 헌법을 만들겠다는 의지는 차
베스의 정당명 '제5공화국 운동(Movimiento Quinta República, MVR)2)'
에도 반영되어있다(Wilpert 2003).

베네수엘라에서 카라카소 이후 페레스(Carlos Andrés Peréz Rodríguez)
대통령 시기에 이루어진 헌법 개정에서는 주지사와 시장선거에서 직접선거
를 허용하여 참여의 폭을 대폭 확대시킨바 있다. 이러한 정치참여에서의 개
방은 중앙과 지방모두에서 AD(Acción Democrática)와 COPEI(Comité de
Organización Política Electoral Independiente)의 양당지배체제에 새
로운 정당들이 참여할 수 있는 여지를 마련했으나 제대로 실현되지 못했으
며, 1992년 차베스에 의한 쿠데타 이후에도 추가적인 개헌이 계획되었지
만 제대로 이행되지 못했다.

1998년 12월 선거에서 당선된 이후 차베스는 국민투표를 실시하였다.
국민투표당시 헌법이었던 1961년 헌법에는 제헌의회를 소집할 수 있는 어
떠한 조건에 대해서도 명시되어있지 않다. 베네수엘라 대법원은 이러한 제
헌의회소집의 찬반을 묻는 국민투표의 합헌성의 여부에 대해 '합헌'판결을
내렸다. 차베스 반대진영은 차베스의 손을 들어준 이 판결이 차베스의 독
재로의 길을 연 것이라면서 논란의 대상으로 삼아왔다(Wilpert 2003). 차
베스는 이러한 국민투표를 통해 두 가지에 대한 찬반을 물었다. 하나는 제
헌의회를 소집할 것인가와 둘째는 제헌의회의 과정을 대통령이 출발시켜
도 될 것인가였다. 제헌의회소집에 관해서는 92%, 두 번째 질문에 관해서
는 86%가 찬성했다(기권율 63%). 제헌의회는 직접선거, 다수결방식으로

---

2) 제5공화국운동의 약자 MVR에서 V는 로마자로 숫자 5를 의미한다.

전국구에서 24명, 원주민대표 3명, 각 주의 대표들 104명이 선출되어 전체 131명으로 구성된 제헌의회가 발족되었다. 이렇게 구성된 제헌의회에는 단 6명만이 반 차베스 진영이었다.

'볼리바리안 헌법'은 앞서 말한 바와 같이 대통령이 주도하는 제헌의회를 통해 새로이 제정되었고 대통령의 의지가 강하게 반영되었을 뿐만 아니라 과거의 헌법과는 매우 다른 측면들을 가지고 있다. 우선 볼리바리안 헌법을 통해 국명을 '베네수엘라공화국'에서 '볼리바리안 베네수엘라 공화국'으로 변경한 것은 베네수엘라의 독립 운동가였던 볼리바르의 영향을 받은 차베스의 정치신념을 반영한 것이었다. 제헌의회의 친 차베스 진영에서조차도 '볼리바리안'이 포함된 국명은 볼리바르라는 개인적 소유와 같은 이미지를 강력히 보인다는 이유와 모든 공문서와 직인의 변경 등으로 인한 비용증가를 이유로 반대했었으나 결국 이러한 국명 변경을 제헌의회에서 받아들였다.

게다가 국가공권력을 입법, 사법, 행정의 3개가 아니라 입법, 사법, 행정, 시민, 선거의 5개로 나누었다. 시민부는 국가에 대한 옴부즈만 기능을 하도록 설계되어 정부의 제반활동, 재정운용, 부패 등에 대한 감시의 역할을 하도록 구상되었다. 선거부는 선거위원회로 구성되는데 국가의 선거뿐만 아니라 시민사회 단체의 선거도 관리할 수 있도록 하였다. 이는 시민사회 전반에 대한 제도적 관리를 하려는 의도로 판단된다. 그 외에도 인권에 대한 정의를 구체화하고 사회권의 범위 확대, 여성에 대한 차별금지와 평등확대, 원주민 권리의 보호 및 확대 등이 포함되어있다. 정당에 대한 정부의 재정적 지원도 금지되었다. 또한 이 헌법 제 88조에서는 여성의 가사노동을 정식경제활동으로 인정하고 주부도 사회보장의 수혜대상에 포함시켰다. AD와 COPEI는 1999년 헌법 수립이전까지는 정부의 재정적 지원을 받았으나 이러한 지원이 상실됨으로써 양당지배체제를 급속히 약화시키는 배경이 되기도 했다. 또한 잦은 경제위기와 부패 등은 1980년대와 1990년대 동안 이들 정당에 대한 지지를 낮추는 원인이 되기도 했다(Duarte, Ettkin, Helms and Anderson 2006, 236).

'볼리바리안 헌법'에서는 대통령의 임기를 5년에서 임기 6년으로 변경했고, 1회에 한해 재선이 허용된다.[3] 현재 차베스대통령은 지난 2000년 새 헌법에 따라 치러진 선거에서 당선되었고, 2006년 12월에 재선되었다. 대통령과 행정부통령, 국회의장, 대법원장, 안보, 재정, 에너지, 광산, 교육 등 관련 장관, 국경지역의 시장과 주지사 등은 다른 국적을 보유하지 않고, 출생에 의해 베네수엘라 국적을 가진 경우에만 될 수 있다. 국회의원이나 기타 장관, 그리고 국경이 아닌 지역의 주지사 및 시장은 15년 이상 베네수엘라에 거주한 베네수엘라 국민이 될 수 있다(제41조). 대통령의 선출은 보통, 직접, 비밀선거에 의해 이루어지며, 유효투표의 과반수 찬성을 얻은 후보가 대통령에 선출된 것으로 공포된다(제228조).

대통령은 행정부통령과 장관임명권, 외교관계를 주도하고 국제협정 비준 및 공표권, 최고 군통수권, 군지휘권과 주요 장교들에 대한 임명권, 비상상황의 선언권, 임시국회소집권, 기본 이념을 유지하는 선에서의 법안의 전체적, 부분적 조정, 국가공공재정 경영권, 차관협상권 등을 가지고 있다. 대통령은 부통령을 임명할 수 있으며 내각의 규모와 구성을 정할 수 있으며 의회의 동의로 지명가능하다. 입법은 행정권, 입법권, 사법권, 시민권에 의해 시작될 수 있는데, 등록된 유권자의 0.1% 이상의 요청이 필요하다. 또한 대통령이 반대할 만한 일부 법안들을 재고하도록 의회에 건의할 수 있다. 그러나 의회의 과반수가 동의하면 이에 대해 거부할 수 있다.

의회는 단원제이며, 의원은 5년간의 임기로 2번까지 당선될 수 있다. 의원들은 정당명부와 단일선거구제를 혼합하여 선출된다. 의회가 열리지 않

---

3) 대통령의 임기는 많은 논란이 되었다. 차베스는 2021년이 되어야 자신이 구상하는 국가건설계획이 완료될 것으로 보고 있으며 연임제한 폐지를 위한 개헌안은 결국 2007년 12월 2일에 실시된 국민투표에서 부결되었다.

을 경우 이들은 행정부 관련위원회에서 활동하거나 감독기능을 수행한다.

사법권은 최고법원장이 이끌며, 의회가 지명하며 임기는 12년이다. 사법권은 각 지역 지방법원들과 하위법원으로 구성된다. 시민권과 선거권은 베네수엘라에서 최초로 만들어졌다. 시민권은 ① 총경영부 ②시민보호부 (옴부즈만) ③ 총 감사의 세 부분으로 구성되며 원활한 기능수행을 위해 '공화국 윤리위원회'를 통해 집단적으로 행동한다. 시민권의 대표자는 의회에 의해 7년의 임기로 지명된다. 선거권은 국가선거위원회와 같은 지위를 가지고 있으며 모든 수준에서의 선거를 관할한다. 시민권과 마찬가지로 의회가 그 대표를 지명한다(International Debate 2004, 226-7).

4. 초대통령주의의 등장배경

차베스는 1998년 40년 만에 최대의 격차로 대통령에 당선되었다. 그는 6년 전 정부의 신자유주의 정책과 구조조정에 대한 반발로 군사쿠데타를 일으킨 바 있는 매우 카리스마적인 포퓰리스트이자 군장교다. 차베스는 사회주의 철학에 강한 믿음을 가지고 있으며 그의 멘토는 쿠바의 카스트로 (Fidel Alejandro Castro Ruz)다. 차베스는 전세계의 다른 사회주의자들과 권위주의 정부를 이상화하고 있다. 그는 집권 수년 만에 급진적인 정책들을 실시했다. 몇 가지 사례는 정치적 저항과 토지재분배, 민간기업 이익을 최소화하고 기업에 대한 정부통제를 극대화한 것이다(Duarte, Ettkin, Helms, Anderson 2006, 237). 또한 교육과 보건 분야의 개혁을 통해 엘리트와 인구의 80%에 달하는 빈민들의 격차를 줄이고자 하였고, 석유가격을 상승시키기 위한 석유생산을 중단하고 다른 OPEC 국가들에도 그에 동참하도록 압력을 가했다. 그는 또한 새로운 헌법을 통해 6년 임기의 강력한 대통령제를 수립하고 의회를 단원제로 변경시키고 군에 대한 정부의 통제를 강화했다(International Debate 2004, 225).

　　2007년 8월 15일 차베스 대통령이 1999년 헌법의 350개 헌법 조항 중 33개를 수정해 국회에 제출한 '1차 헌법개정안(Anteproyecto para la 1era. Reforma Constitucional)'은 향후 베네수엘라에 다른 개혁들이 이어짐을 예고했다. 새 헌법개정안의 내용 중 가장 많은 논란이 되고 있는 부분은 ① 대통령 선출에서 연임, 중임 등의 제한이 없어지고 ② 지방정부에 대통령 시행령을 직접 전달할 수 있다는 부분 ③ 사유재산의 헌납 ④ 일일 노동시간을 8시간에서 6시간으로 축소하는 것 등의 내용이 포함되어 있다. '헌법 개정을 위한 대통령위원회'를 통해 작성된 이 안은 국가의 근원적인 부분들에 큰 영향을 줄 것으로 보였다.4) 특히 야당은 이 법안의 통과로 대통령은 전제군주에 가까운 절대 권력을 가지게 될 것이라고 반대했으며 일부 좌파들도 "이는 국민에게 더 많은 권력을 주는 것이 아니라 대통령에게 더 많은 권력을 주는 것이다. 변경하려고 하는 조항들은 대통령이 결정하기 위해, 대통령이 개혁하기 위해, 대통령이 강요하기 위해, 대통령이 통치하기 위한 것"이라고 평가한 바 있다. 이러한 대통령의 권한 강화는 어디에서 비롯되는가?

1) 역사: 정치 불안과 독재 반복

베네수엘라 대통령제는 매우 강력한 중앙집권적 특징을 지녀왔다. 매우 짧은 시기(1864~1870)동안 연방제가 극심한 정치 불안정 속에서 시행된 것

---

4) 반 차베스주의 진영의 부루어-카리아스(Allan R. Brewer-Carías)는 이러한 개정안에 대해 이와 같이 비판한다. ① 국가조직의 근본적인 원칙의 변화는 탈 중앙집권화 된 민주주의 국가를 중앙집권화 된 사회주의 국가로 변경하고자 하는 것이다 ② 정치시스템의 변화는 대의민주주의를 중앙권력에 의해 조종되는 가상의 대중 참여로 변경하고자 하는 것이다 ③ 국가형태의 변화는 국가의 전체적인 중앙집권화를 통해 중앙집권화 된 연방의 발자취를 결정적으로 제거하고자 하는 것이다 ④ 국가권력기구의 변화는 대통령주의를 강화하고자 하는 것이다 ⑤ 경제헌법의 변경은 혼합경제와 사회국가를 국가중심과 몰수 가능한 경제의 사회주의국가로 변경하고자 하는 것이다 ⑥ 노동권의 변경은 불필요한 헌법 개정이다 ⑦ 군대체제의 변경은 시민국가를 군사국가로 변경하고자 하는 것이다(Brewer-Carías 2007).

을 제외하고는 중앙집권적 대통령제가 시행되어왔다. 1830년대부터 1858
년까지 보수주의 정치지도자에 의한 강력한 중앙집권적인 독재기였다. 이
러한 중앙집권적 대통령제에 반발하여 자유주의자들이 연방제를 강력히 주
장함으로써 내란(1858년~1863년)을 겪었다. 이 과정에서 연방제를 주장하
던 세력(Guzman Blanco 와 그 추종자)들은 연방주의가 다양한 경향, 이
익, 세력의 조화를 이룰 수 있을 것이라고 주장했다. 결과적으로 연방주의
자들이 1863년 승리하여, 1864년 20개의 주로 구성된 연방시스템이 최초
로 성립되기도 했지만 1870년까지 내란상태는 종료되지 않았다. 따라서
블랑코는 이러한 정치혼란 상태를 안정시키고자 정교분리정책, 기초교육
의 확립 등 자유주의적 정책은 유지하면서 사실상 전제적인 형태로 통치하
기 시작하여 1888년까지 독재를 실시했다.

　베네수엘라는 이후 1908년에서 1935년까지 거의 20여 년 간 역사상 가
장 압제적이고 불법적인 독재기를 겪었다. 혼혈이면서 고학을 한 안데스
출신의 고메스(Juan Vicente Gomez)는 베네수엘라의 석유산업과 각 주
를 자신의 사유재산처럼 자신과 자손들의 손에 쥐어 주었다. 자신의 주는
잘 정비된 군과 감시 시스템을 가진 경찰을 가진 주로 만들었고, 반정부인
사는 감옥에 보냈으며, 시민의 자유를 억압했다. 고메스의 집권기는 '석유
에 기반을 둔 기술제국'이라고 불려지기도 하는데, 이 시기 동안 석유산업
과 석유수출에 힘입어 베네수엘라의 수도 카라카스는 전례 없는 성장을 이
루었고, 대학교육, 예술, 문화, 사회서비스 등의 발전을 가지고 왔다.

　특히 고메스 집권기의 마지막 10년은 베네수엘라의 정치변화의 시작을
가져온 시기라고 볼 수 있다. 급속도로 성장했던 석유산업은 석유산업지대
와 도시로의 인구집중, 국내의 교통 및 통신 인프라를 근대화 시켰을 뿐만
아니라 기술 관료의 권력을 강화시켰다. 또한 다양한 이데올로기를 가진
정당들 — 베네수엘라 공산당(PCV), 베네수엘라 조직운동(Movimiento de
Organizacion Venezolana), 좌익혁명결사체(Asociación Revolucionaria

de Izquierda:ARDI) 등 — 이 결성되었을 뿐만 아니라 여러 개의 좌익정
치단체가 결합한 국민민주당(Partido Democratico Nacional)[5], 앙가리
타(Isáias Medina Angarita) 정부에 의한 베네수엘라 민주당(Partido
Democratico Venezolano) 등이 창설되고 베탕쿠르(Rómulo Betancourt)
와 같은 새로운 인물이 유입되었지만 지속적인 정치 불안과 독재의 반복은
푼토피호 협정이전까지 지속되었다.

2) 배제의 정치에서 비롯된 또 다른 배제

1961년 헌법을 통해 37년간 양당지배체제와 강력한 대통령제는 1958년 푼
토피호(Punto Fijo)협정 이후 AD와 COPEI가 번갈아 집권하면서 40여
년간 지속되어왔다. 푼토피호 협정은 '부동점 협약'이라고도 하는데, 반복
된 군사쿠데타에 의해 좌절되어 온 민주주의를 수호하기 위해 AD, URD,
COPEI 3당이 공산당을 배제할 것과 선거 실시 이후 어느 정당의 후보가
대통령에 당선된다 하더라도 공동으로 지지하고 연립정부를 수립하기로
한 것이다. 이러한 양당 지배체제를 바탕으로 선거는 안정적으로 이루어
져 왔으며 외형상의 민주주의는 유지되어왔다. AD와 COPEI는 매우 계서
적이고 체계적인 정당으로 강력한 정치적 특권을 행사하고 응집력이 강한
정체성을 형성함으로써 정당초기부터 매우 강력한 지배체제를 구축했고
이는 대통령의 강한 권한을 뒷받침하는 바탕이 되었다. 1961년 헌법에서의
대통령의 자격은 출생이 베네수엘라인으로서 최소 30세 이상이어야 하고,
성직자가 아니어야 한다. 대통령은 직접, 보통선거에 의해 최대 다수 득표
자가 된다. 임기는 5년이며, 임기 후 연속 2회의 임기동안은 대통령이 될
수 없다. 이 헌법에 의해 1974년부터 1979년 까지 재임했던 페레스(Carlos

---

5) 좌익정당으로서 이후 민주행동당(Acción Demócratica)으로 개명했다.

Andres Perez)는 첫 재임기 이후 두 차례 동안 대통령에 출마하지 않았고, 1988년 12월 재선되었다. 1961년 헌법이 보장하는 대통령의 권한은 군통수권, 의회특별소집권, 대외정책에 대한 독점적 통제권을 가지고, 예산외 지출에 대한 허가권을 가지며, 차관협상권을 가진다. 이 헌법에서는 장관들의 권한이 상당히 약하며, 대통령이 장관을 임명 혹은 해임할 수 있고, 장관들과의 회의를 통해 의회의 통제를 받지 않고 규정들을 만들어 낼 수 있었다. 대통령권에 대한 도전은 헌법에 의해 이루어지기 보다는 베네수엘라 정당들에 의해 만들어 지는 것이었다.

베네수엘라에서 공산당과 AD와 URD(Unión Republicana Democrática)6)내의 좌파는 1958년의 푼토피호 협정체결을 위한 협상에서 제외되었다. 1958년 민주행동당, 기독민주당, 민주공화연합 등의 중도정당지도자들은 1958년 뉴욕에서 만나 더 이상의 군사독재를 방지하기 위해 선거에서 어떠한 정당이 이기더라도 서로 협력할 것을 약속하였다. 대통령 후보 단일화에는 실패했지만, 이들 정당지도자들은 선거 후 연정을 구성하여 여러 차례 쿠데타를 막는 데 성공했다. 특히 쿠바혁명에 힘을 얻은 급진세력들이 정부 전복을 위한 게릴라 활동을 벌였지만, 다수의 국민과 주요정당들이 지지하지 않았다(홍욱헌 1992, 92). 베네수엘라에서는 푼토 피호 협정 이후 두 개의 지배정당이 '이데올로기적으로 매우 동질적'이고, '전반적으로 실용적인'것으로 알려져 있다. 또한 AD와 COPEI 내의 좌파들은 이들 정당이 원래는 매우 열정적인 반공산주의적 성향을 지니고 있음에도 불구하고 이들 정당지도자들이 스스로 중도우파정당이라고 규정해 온 것에 대해 비난해 왔다. 반공산주의 성향의 정당지도자들 중 일부는 기업이익과 긴밀한 관계를 맺어 왔고, 조직화된 노동자들의 요구를 억눌러왔다(Encarnación 2005, 199에서 재인용). 이러한 태도는 또한 AD의 지도자들이 농업 및 상

---

6) 1945년 10월에 창설된 중도우파정당, 현재 반 차베스진영인 Coordinadora democrática 에 소속되어있다.

업 기반 엘리트들과의 관계와 민주주의수호를 위해 군부의 새로운 역할 정립에 보다 신중한 자세를 취할 필요가 있음을 인식하게 되었고, 이와 동시에 베네수엘라 사회의 개혁에는 보수엘리트들에 대한 직접적 공격보다는 타협이 필요하다고 인식하였기 때문이었다. 공산주의를 비롯한 좌파의 배제는 군부와 경제엘리트와의 실질적인 약속과 동반하여 개혁변수에 대한 의도적인 제한을 두게 되었다. 그 결과 노동자들과 민중들이 자신들의 이익을 결집하기 어려운 상황이 오랫동안 지속되었고, 푼토피호 협정 내에서 지속적으로 배제되어 왔다. 이러한 구조 속에서 정책결정에 영향을 주지 못하던 좌파들은 1990년대에 들어서 시민사회조직과 함께 활발해지기 시작했다. 오랜 배제에 대한 분노는 차베스에게 급진좌파와 좌파성향의 군장교들이 제휴통치 가능하도록 만들었다. 그 결과 차베스가 집권한 이래로 그의 노력들은 푼토피호 협정을 원점으로 돌리고, 초기 주도자들을 응징하는 것으로 나타났다(Encarnación 2005, 198에서 재인용).

3) 지나친 제도화로 정당시스템 붕괴

베네수엘라 정당 시스템의 와해는 라틴아메리카에서 특별한 경우는 아니다. 전통정당시스템은 지난 20여 년 동안 페루, 에콰도르, 브라질 등에 있어왔는데, 이들 국가에서 선거휘발성과 선거재조정이 매우 강하게 나타났다. 이는 정당와해과정에서 대부분 정당들이 매우 허약성을 보인 경우지만, 베네수엘라의 경우는 그 반대였다(Robert 2003, 40).

메인워링과 스컬리(Mainwaring and Scully)는 정당시스템의 제도화가 민주체제의 원활한 기능과 공고화를 위해 기초적으로 요구된다고 보고, 이러한 정당시스템의 발전은 '단선적이지도 않지만 역행되지도 않는 것(is neither unilinear nor irreversable)'으로 규정했다. 정당시스템이 붕괴할 수 있는 요인은 정치가 불안정하거나, 입법과 정책결정이 비효율적인 경우, 포퓰리스트적이거나 세습적일 때, 그리고 정치과정에 대중부문이 저대표될 때 나타난다. 베네수엘라의 정치적 위기에 대해서는 정치제도의 설계, 국가경제발전에서의 석유의 영향, 정치문화, 정치대표성의 패턴 등의 입장에서 접근해 왔다. 코피지(Coppedge)는 베네수엘라의 경우, 푼토피호 협정 이후 나타난 정당시스템의 과제도화(over-institutionalization)가 저제도화만큼 문제를 가져왔다고 본다. 위계적으로 통제되고 관료적으로 조직된 정당들은 선거전반, 입법과정, 그리고 시민단체들을 지배함으로써 민주주의를 불안정하게 하고 '비공식적인 경로를 통한 시민들의 목소리는 차단'했다(Robert 2003, 41에서 재인용). 이는 푼토 피호 협정 이후 양당체제가 대통령제와 결합되면서 정당 내 비원칙적인 파벌을 만들어내고 민주적 책임과 유연성의 근본을 잠식하는 'Partidocracia'[7]를 만들어 냈던 것이다. 소수의 이익만을 옹호해 온 정당들에 의한 정치는 배제되어 온 대다수 국민들에게 기존 정당정치에 대한 염증을 유발하였고, 그 결과는 베네수엘라 국민들의 차베스 선택과 그에 따른 '초대통령제'의 등장으로 이어졌다.

차베스는 1999년 헌법개정을 통해 국회를 단원제로 변경하고 선거를 통해 자신을 지지하는 정당의 의석만으로 모든 의석을 채웠다. 또한 2006년 12월, 자신을 지지하는 24개 정당들에게 기존 정당들을 해산하고 단일 정당인 '베네수엘라 통합사회당(PSUV)'의 건설을 제안한 바 있다. 차베스가 주장하는 통합 정당은 기존의 사회주의 정당이나 차베스 지지 정당을 단순히 통합하는 것이 아니라 국민의 요구에 따라 전혀 새로운 형태로 건설하는 것을 목표로 한다. "아래로부터 정당을 건설하라. 선거용으로 건설되는 정당이 아니라 사상투쟁을 전개할 수 있고, 사회주의 프로젝트를 위해 투쟁할 수 있고, 전망을 두고 학습하고 토론할 수 있는 정당을 건설하라. 베네수엘라 역사상 가장 민주적인 정당을 건설하라"는 것이다(김병권

---

7) 정당의 관료주의를 의미하는 신조어(스페인어).

2007). 이러한 과정들은 현재 차베스가 추진하고 있는 2007년 헌법 개정을 충분히 가능하게 하는 배경이 되고 있으며, 헌법 개정을 통해 더욱 더 대통령의 권한은 강화되어가고 있다.

5. 나오는 말

베네수엘라는 다른 라틴아메리카 국가들에 대통령제가 도입된 것과 같은 맥락에 있다. 독립시기에 이루어진 계몽주의 사상을 비롯한 다양한 사상들의 유입과 미국혁명의 영향, 그리고 독립이후 극심한 혼란의 반복 속에서 강력한 리더십에 대한 요구에 따라 중앙집권적인 대통령제가 도입되었다.

2007년 10월 19일 베네수엘라 의회는 차베스가 8월 15일 발의한 헌법 개정안의 절반 이상을 통과시켰고 25개 안에 대한 논의만을 남겨두고 있다(El Universal). 의회가 승인한 개헌안 중에는 대통령의 임기를 7년으로 연장하고 연임횟수제한을 폐지하는 내용도 포함되어 있다. 베네수엘라에서는 현재 이 부분에 대한 야당의 반발이 매우 강하게 나타나고 있다.

현재 카라카스의 전체인구는 정치화되어 있으며, 이들은 극단적으로 양분된 두 그룹 차비스따(Chavista)이거나 그 반대파인 일명 '비열한 사람들(esqualidos)'이다. 이렇게 양분된 두 그룹의 논쟁은 매우 격심하여 '시민 냉전(Cold Civil War)'이라고 불리기도 한다(O'Keffe 2007, 28). 카라카스는 빈부격차가 매우 극심한 도시다. 2002년 우파의 쿠데타로 차베스가 잠시 해임되었을 때부터 이들 두 그룹간의 대결구도가 매우 첨예해 지고 있다. 이는 대표적인 반 차베스언론인 RCTV(Radio Caracas Televisión)의 폐지로 더욱 더 악화되었으며, 이러한 상황은 곧 내전이 일어날 여러 가지 징후들 — ① 시민이 무장화하고 ② 문제의 책임을 전가하고, 비인간화가 나타나며 ③ 미디어가 정치화 되는 현상 — 을 보이고 있기도 하다.

또한 분열적인 혁명의 수사에도 불구하고 많은 중간계급의 전문가들은 차베스의 빈민공동체를 베네수엘라 정치에 통합시키려는 결정을 지지하기도 한다. 차베스에 반대하는 사람은 '우파' 그리고 '제국주의자'로 통한다. 2007년 5월 정부가 베네수엘라의 가장 대중적인 채널인 RCTV를 2002년 쿠데타 이후 차베스를 다시 권좌로 올린 친 차베스 시위에 대한 방송을 거부하고, 반정부적이라는 이유로 폐쇄해 버렸다. RCTV는 TVes라는 국영기업으로 대체되었다. TVes 는 'te ves(떼 베스)'로 발음이 되는데 "너 자신을 보라"는 의미를 가지고 있다. RCTV의 한 언론인은 인터뷰에서 "이 정부의 수확은 대다수의 국민들이 정치를 논하고 국가에 관심을 가지게 되었다는 점이다. 가난한 자들은 자신들에게 권리가 있다는 것을 알게 되었고, 부자들은 자신들에게 책임을 가지고 있다는 점을 알게 되었다"고 차베스정부를 평가하고 있다. 그러나 베네수엘라에서는 생각의 차이가 또 다시 배제의 원인이 되고 있음은 분명하다.

---

* 이 장은 Oughtopia Vol.23. No.1(Summer, 2008)에 실린 논문을 일부 수정, 편집한 것이다.

참고문헌

H. E. 데이비스 저, 임규정 외 역. 1996. 『라틴아메리카 철학』. 서울: 지성의 샘.

김병권. 2007. "21세기 사회주의는 가능한가." http://eplatform.or.kr/index.jsp?url=/jsp/hplanning/hpaes03.jsp&userid=guest&id=20070404173210476&field_cd=.

이성형 외. 1999. 『라틴아메리카의 역사와 사상』. 서울: 까치.

홍욱헌. 1992. "베네수엘라의 민주주의와 외채위기." 『국제정치논총』 제32집 1호, 85-106.

Brewer-Carías, Allan R. 2007. "HACIA LA CONSOLIDACIÓN DE UN ESTADO SOCIALISTA, CENTRALIZADO, POLICIAL Y MILITARISTA: Comentarios sobre el alcance y sentido de las propuestas de Reforma Constitucional 2007." http://www.analitica.com/media/1717610.pdf.

Brocks, Karina. 2007. "Leopoldo López propone la 'democracia social' como alternativa al 'socialismo autoritario'." http://buscador.eluniversal.com/2007/09/29/pol_ava_leopoldo-lopez-propo_29A1083277.shtml.

DÍAZ, SARA CAROLINA. 2007. "Parlamento aprobó más de la mitad de artículos a reformar." http://www.eluniversal.com/2007/10/21/pol_art_parlamento-aprobo-ma_551406.shtml.

Duarte, Carolina, Lawrence P. Ettkin, Marilyn M. Helms, and Michael S. Anderson. 2006. "The Challenge of Venezuela: A SWOT Analysis." CR Vol.16, No.3&4, 233-241.

Encarnación, Omar G. 2005. "Do Political Pacts Freeze Democracy? Spanish and South American Experiences." West European Politics Vol. 28, No.1, 182-203.

International Debate. 2004. "Delocracy in Venezuela: The Referendum on the President."

Lepage S., Freddy. 2007. "Chavistas descontentos." http://www.analitica.com/va/politica /opinion/2306457.asp.

O'Keeffe, Alice. 2007. "Chavez: From Hero to tyrant." New States Man 16 July, 28-31.

Roberts, Kenneth M. 2003. "Social Correlates of Party System Demise and Populist Resurgence in Venezuela." Latin American Politics and Society Vol. 45, No. 3, 35-57.

Wiarda, Howard. J. 1995. *Latin American Politics*. Belmont: Wadsworth.
Wilpert, Gregory. 2003. "Venezuela's New Constitution." in http://www.
    venezuelanalysis.com/articles.php?artno=1003.

제7장

남아프리카공화국:

정치구조와 권력메커니즘

황규득 (한국외국어대학교)

1. 들어가는 말

남아프리카공화국(이하 남아공)은 1910년 남아연방이 설립된 시기부터 의원내각제를 유지해오다 1984년 보타(P. W. Botha) 정권을 시작으로 의원내각제에서 대통령제로 변형하여, 현재 후기아파르트헤이트(Post-Apartheid) 시기에서도 대통령제를 고수하고 있다. 남아공이 의원내각 제에서 대통령제로 변화된 배경과 후기아파르트헤이트 시기의 대통령제 의 유지는 크게 반아파르트헤이트의 저항세력에 따른 백인정권의 안보유 지와 탈아파르트헤이트 시기에서 인종화합과 국가통합의 필요성에 기인 한다. 즉 인종차별주의 정책에 따른 국내외의 압력과 제재조치는 백인정 권의 안전보장과 함께 효율적인 국가운영과 새로운 통치시스템을 모색하 는데 주요한 동인으로 작용하였다. 또한 아파르트헤이트가 종식된 이후 남 아공은 권위주의적인 인종차별체제를 민주주의적인 탈인종차별체제로 이

행하면서 여러 비민주적인 법과 제도 개혁의 요구 하에 의회에 의해서가 아
니라 의회를 통해 통치를 경험하게 하는 의회제적 대통령제를 허용하였다
(Southall 2000, 156; Lane and Ersson 1997, 1-15; Reynolds 1999,
129).[1]

　　과거 아파르트헤이트 당시 정치체제는 의회의 독립성과 우월성을 바탕
으로 수상이, 그리고 1984년 이후부터는 대통령이 독재적인 권위주의체제
를 구축하였는데, 이러한 반작용으로 탈인종주의 시대인 후기아파르트헤
이트에서의 남아공 정치체제는 헌법상 제왕적인 대통령의 권력과 권한의
재등장을 배제시키는데 그 주된 목표를 두고 있다.[2] 그러나 신 남아공의 법
·제도가 현 대통령의 권한을 구조적으로 약화시키는 가운데서 남아공의
흑인정부는 정치구조와 권력메커니즘의 변환을 통해 대통령 권한의 강화
를 추구하고 있다. 따라서 이 장에서는 남아공에서 인종차별정책이 종식된
후 새롭게 채택되고 승인된 신헌법과 대통령의 (입법적, 행정적 및 사법적)
권한범위를 살펴 본 후, 후기아파르트헤이트 시기에 대통령의 권력강화 시
도가 어떤 핵심주체에 의해서 어떻게 주도되고 있는지에 초점을 두고 고찰
해 보고자 한다.

---

1) 남아공 대통령제에 대해 사우쓰홀(Roger Southall)은 '준대통령제'라고 하였고 레인(Jan-
　Erik Lane)과 에르슨(Svante Ersson)은 '의회제와 준대통령제의 결합'으로 보았으며 레
　이놀즈(Andrew Reynolds)는 국가 대통령의 호칭이 부여된 (사실상의) 수상이 지도하는
　'의회제 정부'라고 보았다. 남아공은 대통령이 국가 대통령으로 의회에 의해 선출된다는
　점에서 의회제적 특성을 지닌 대통령제로 볼 수 있다. 이는 대통령의 확대권한이 의회에 의
　해 잠재적으로 제한된다는 점과 의회가 대통령 선출뿐만 아니라 대통령의 해임권을 가진
　다는 점에서 대통령의 통치시스템이 의회를 통해 이루어진다는 것을 의미한다.
2) 헌법 제89조(1)에 의해 신 남아공에서는 국회의 2/3투표로 의회가 대통령의 법률 위반이나
　중대한 실책과 업무수행상의 무능력을 사유로 대통령을 해임할 수 있다고 명시함으로써
　대통령의 권한을 제약하고 있다.

2. 남아공 대통령제의 등장 배경

1) 인종차별주의의 전략적 변화

남아공은 1984년 보타(P. W Botha) 정권을 시작으로 대통령제를 도입한 이래 현재까지 대통령제의 명맥을 유지하고 있다. 당시 남아공은 인종차별주의 정책인 아파르트헤이트를 내부의 핵심 통치방식으로 고수하고 있었다(Sisk 1995, 8-9).[3] 그러나 1978년 수상에 오른 보타 수상은 아파르트헤이트 정책의 변화를 시도하였는데, 그 대표적인 것이 1983년 5월 백인의회에 상정되었던 3원제 구성의 헌법개정안이었다. 이 법은 동년 9월 백인의회에서 통과됨으로써, 1984년 8월에 백인, 컬러드, 인도인의 인종별 3원제 의회가 구성되었다.[4] 더욱이 동년에 백인정권은 1910년 남아연방이 설립된 이래 유지되어 오던 의원내각제를 대통령제로 변형하였다. 이러한 3원제와 대통령제로의 헌법개정은 실제적으로 보타 정권이 국내외적으로 큰 압박을 받아 오면서 정치체제의 통합성과 효율성 제고가 중대한 국가안보 문제로 대두되기 시작하자 위기극복의 필요성에 따른 결과였다. 사실 3원제 법안을 통해 보타는 다수인종인 흑인들의 저항에 효과적으로 맞서기 위해 인도인들과 컬러드들을 포섭하려는 의도를 가지고 있었다.

비록 새로운 3원제 의회가 백인의회, 인도인의회, 컬러드의회를 인종적으로 분리해서 동일한 정치적 사안에 대해서도 각각의 집단에 대해 각기 다

---

3) 1948년에 남아공은 인종간 분리 또는 격리를 뜻하는 아파르트헤이트를 법제도화 하였는데, 이는 국민당(National Party)이 집권하면서 인종적 과두제가 본격화되기 시작한 시기이다. 아프리카너(Afrikaner: 보어인, 네덜란드계 백인)를 세력기반으로 한 국민당은 '아프리카너 민족주의'를 내세우며 당시 남아연방공화국에서 영국계 백인세력을 압도하여 집권에 성공했으며, 1994년 과도정부 출범이전까지 남아공을 통치해왔다.

4) 이에 대해 흑인들은 대규모 항의시위를 벌이게 되었는데, 이는 헌법개정에 의한 3원제 의회가 전 인구의 약 73%를 차지하는 흑인다수를 제외시켰기 때문이었다.

르게 관리한다는 권력분산의 외양을 취했지만, 실질적인 정치권력은 대통령, 대통령 자문위원회 그리고 백인의회에 집중되었다. 또한 이 제도는 컬러드의회와 인도인의회가 백인들의 의회와 함께 존속하게 함으로써 컬러드들과 인도인들로부터 국가 통치의 정통성을 확보하여 대통령 권력의 집중화를 유도하는데 초점이 맞추어 졌다. 더욱이 이 시기에 대통령은 각 의회에서 위원회를 구성할 수 있는 권한을 갖고, 새로운 법률 상정과 확립 시 사법부를 통하지 않고서도 대통령의 권한 하에 의회가 처리하도록 할 수 있었다. 백인정권은 대통령의 선출을 남아공 국민들의 선거투표에 의한 직접선거 방식을 택하지 않고 의회제와 같이 의회가 대통령을 선출하는 '준대통령제(semi-presidentialism)'의 성격을 취하였다. 따라서 보타 대통령 시기의 남아공 대통령제 성격은 궁극적으로 다수 인종인 흑인들을 정치사회적으로 배제시키고 유색인종들의 저항을 완화시키기 위한 방편으로 의회제를 가미한 준대통령제를 취하였지만, 실질적인 대통령의 권한은 제왕적인 초강력 대통령제에 근접했다.

2) 백인정권안보의 존속과 효율적인 국가운영·통치

상기에서 언급한 3원제 헌법 개정은 73%의 흑인다수를 제외시킴으로써 국내외적으로 상당한 분열조짐 및 저항과 제재조치를 촉발시켰는데, 대표적으로 UN 안보리는 흑인을 배제한 3원제 헌법개정을 인정하지 않고 무효를 선언하였다. 국제사회에서 남아공의 인종차별주의 정책에 대한 담론이 힘을 얻기 시작하자, 미국은 1985년 6월 하원에서 통과된 남아공 경제제재법안(HR 1460)과 레이건 행정부의 행정명령 제12532 등의 한정적 경제제재조치를 취하였다. 더욱이 남아공 백인정권에게 관대해 온 영국을 위시한 여러 유럽국가들의 제재조치가 가세되자, 국제적인 고립 및 압박과 함께 남아공 사회 내부적으로 흑인들의 대규모 항의시위가 더욱 강렬해지기 시작하였

다. 흑인다수는 새로운 3원제 헌법 제정으로 인해 정치적 참정권에서 소외되
었고 이로 인해 경제사회적 불평등에 대한 불만이 정점에 달아올랐다. 1983
년부터 가시화되기 시작하여 1984~1985년 기간 동안 폭력저항의 분출은
전국적으로 확산되기 시작하였다. 마침내 1985년 7월 남아공 백인정권은 정
권안보에 상당한 위협을 인식하고 1960년 샤프빌 학살 사건이래 처음으로
국가비상사태를 선포하였다. 더욱이 이러한 국가위기사태 상황 가운데서
국민당(NP)의 보타정권은 백인들의 정치세력 내에서의 내부분열의 위협에
직면하였다. 중도우파의 성향을 띤 국민당(NP)이 인종차별주의의 강경노
선을 주장한 극우파인 보수당(CP: Conservative Party)과 남아공 사회의
개혁을 요구한 민주당(DP: Democratic Party) 사이에서 심화되고 있던 분
열위기를 타개하기 위해, 그리고 궁극적으로 백인정권의 존속과 국가안보
의 효율적인 관리를 위해 1984년 보타 수상을 대통령으로 승격시킴으로써
남아공의 대통령제가 시작되었다.

3) 아파르트헤이트의 종식 이후 인종화해를 통한 국가통합의 필요성

인종차별정책을 제한적으로 수정하였던 보타 대통령에 이어 1989년에 보다
진지한 개혁의지를 가진 국민당(NP)의 드 클레르크(Frederik De Klerk)가
대통령에 선출되면서, 남아공의 정치사회는 근본적인 변화를 맞이하게 되
었다.[5] 1990년 2월 2일 의회에서 드 클레르크 대통령의 흑인정치범 석방
과 실질적인 반체제 단체들의 정치활동 보장 등을 담은 탈아파르트헤이트
정책이 선언된 이후, 1993년 요하네스버그에서 다수의 정당이 참여한 협
상 결과, 1994년 4월 27일 남아공 최초의 다인종 총선거 실시를 합의하여,

---

5) 드 클레르크는 취임하자마자 반아파르트헤이트 시위를 허용하였고, 1989년 전 아프리카민
　족회의(ANC: African National Congress)의 의장이었던 시술루(Walter Sisulu)를 포
　함하여 8명의 흑인 지도자들을 석방했다.

마침내 동년 5월 10일에 ANC의 의장이었던 만델라가 대통령으로 선출되었다.

그러나 약 반세기 동안 유지되어온 인종차별정책으로 남아공에는 후기 아파르트헤이트 시기에도 여전히 인종적 대립과 갈등의 위협이 존재하고 있다. 이러한 위협요인을 고려하여, 1994년 과도정부시기에 아프리카민족회의(ANC: African National Congress)의 의장이었던 만델라 대통령은 국민당(NP)과 인카타자유당(IFP: Inkatha Freedom Party) 등과 함께 국민통합을 위한 정부(GNU: Government of National Unity)를 구성하였고, 1995년 5월에는 '진실과 화해법'이 의회에서 통과되어, 이를 통해 소수 백인정권하에서 저질러진 범죄적 행위의 진실을 규명하고 흑백간의 화합을 이끌기 위한 노력을 본격적으로 시작하였다. 이에 따라 투투(Desmond Tutu) 주교가 이끄는 '진실과 화해 위원회(TRC: Truth and Reconciliation Commission)'가 설치되었다.[6]

즉 1948년부터 존속해온 아파르트헤이트가 1991년에 사실상 철폐되면서 권위주의적인 인종차별체제가 민주주의적인 탈인종차별체제로 이행되기 시작한 후기아파르트헤이트 남아공의 최대 과제는 국가통합과 인종화합이었다. 이 두 가지의 핵심 과제는 ANC 당 의장이었던 만델라에게 최초의 탈인종주의적 대통령으로써의 권한과 성격 규정에 직간접적인 영

---

6) 남아공 흑인정부는 아파르트헤이트의 유산을 청산하고 백인들의 흑인 보복에 대한 두려움을 제거하여 국민화합을 이끌수 있는 과도적 정의 구축과정의 필요성을 절감하였다. 이에 따라 투투 주교를 위원장으로 한 진실화해위원회(TRC)를 1995년에 창설하였다. TRC는 2년 6개월간의 노력 끝에 1998년 10월에 3,500쪽에 이르는 방대한 보고서를 발표하여, 반인권적 범죄를 처벌하지 않는 문화를 청산하고 법치주의 확립을 위해 일반사면은 거부해야 한다는 견해를 표명했다. 당시 만델라 대통령도 흑백간 용서와 화합을 호소하면서 이와 같은 견해에 동의를 표명하였다. 정치적 압제에 저항한 정치범죄는 모두 TRC의 사면을 신청할 수 있었고, TRC가 그 문제의 진실이 규명되었다고 사료할 경우에 사면이 허가되었다. 비록 TRC에 대한 실망과 불만이 존재함에도 불구하고, 그 과업은 아파르트헤이트 이후의 남아공의 민주화 과정에 있어서 정치사회적 개혁의 과정으로서 큰 의의를 지니고 있다. 이에 대한 자세한 역사적 자료와 내용은 Mooney et.al. (1999)과 Van Zyl (1999)을 참조.

향을 끼쳤다.

사실 과도정부 기간 동안 만델라는 흑인세력 내에 존재하는 보수파 [종족적 정치이념의 인카타 자유당(IFP)]와 급진파[반체제적 성향의 범아프리카회의(PAC)]의 분리 및 분열요인을 견제하고, 거대 중도 온건파를 구성하기 위하여 국민당(NC) 정부와 ANC간의 권력분점원칙을 핵심으로 하는 협의주의(consociationalism)적 접근방식을 통해 IFP가 주도한 극우 보수진영의 종족·인종간의 완전한 분리독립이라는 분리주의를 무력화 시킬 수 있었다(Lijiphart 1990, 6; Taylor 1992, 1-11).

탈인종주의적 시대가 도래한 후기아파르트헤이트의 남아공은 비민주주의적인 과거의 관행들을 청산하고 국가·사회적 통합이슈를 달성해야 할 중대한 도전에 직면하였다. 이러한 배경 하에 만델라가 취임할 당시 남아공은 과거 권위주의적인 백인정권 아래에서 형성된 보타 대통령의 초강력 대통령제를 벗어나 대의민주주의적인 대통령제를 채택하였다. 이것은 인종차별주의적이고 반국가통합주의적인 세력들의 반발을 막으면서 민주·헌법질서 안에서 온건적이고 포용적인 접근방식을 모색하기 위한 일환으로 볼 수 있다.

남아공과 같이 분화된 사회에서 종족·인종적 과두제를 방지하기 위하여, 만델라와 드 클레르크를 중심으로 구성된 과도정부는 대통령 선출 방식을 국민의 직접선거투표 방식 대신에 총선에서 정당명부식으로 선출된 국회의원의 득표수에 따라 가장 많은 표를 얻은 정당에서 선출한 1순위 의원을 대통령으로 선출하는 의회제와 대통령제의 혼합형태를 취하였다. 더욱이 과도정부는 1993년 12월에 임시헌법을 승인하고 1996년 신헌법을 제정함으로써 헌법개정을 통한 새로운 정치구조와 권력시스템을 모색하였다.

3. 신헌법과 대통령의 권한

1) 신헌법의 우월성과 독립성

신 남아공의 법률에서 가장 중요한 변화는 기존의 의회 통치권의 원칙 확립과 구별되는 헌법의 우월성을 확립한 것이다. 아파르트헤이트 정권하에서 통과된 여러 법률은 폭정 유지의 버팀목 역할을 했다. 그러나 1996년 헌법은 민주적으로 채택된 투명하고 합법적인 기초를 세웠다. 또한 정부가 후원한 법률 또는 의회에서 발의된 법안은 헌법재판소가 헌법과 부합되지 않는다고 간주할 경우 헌법재판소의 제재를 받을 수 있게 되었다(Klug 1997, 185). 과거 아파르트헤이트시기의 남아공에서 의회는 우월성을 가지고 있었다. 의회는 모든 분야를 섭렵하였고 모든 법원은 의회가 기초한 법률을 엄격히 적용하도록 요청되었다. 그러나 후기아파르트헤이트 시기 신헌법에서 의회주권 원칙은 폐지되었다. 헌법조항에 대치되는 의회 법안을 조사할 권한은 법원으로 이양되었다. 이전에 의회주권 하에서 법원은 아주 제한된 조사권을 가지고 있었다.

신 남아공에서 제정된 헌법의 우월성 원칙으로 과거 남아공 법원의 실증주의적 견해는 규범적인 접근방식으로 대체되었다. 즉 신헌법 체제에서 법원은 의회가 다양한 법을 해석하고 적용하고자 할 때 헌법이 무엇이라고 말하며 그 규범과 가치에 있어서 효력을 발생시킬 것인가를 묻는 임무를 갖게 되었다. 따라서 남아공은 비민주적인 과거사에서 비롯된 비정의 청산에 대한 문제의식과 함께 자세하고 포괄적인 협상을 거친 1996년도 신헌법을 제정하고, 1997년 2월부터 이를 시행하였는데, 이는 개인의 권리 보호에 큰 초점을 맞추고 있다. 특히 인권보호 측면에서, 보건, 식량, 물, 주택 및 기초교육과 같은 사회경제적 권리에 대한 접근 용이성을 강조한 남아공의 신헌법은 초안 작성에서부터 모든 이해관계자들의 참여와 자문을 통해 이루어져 세계적으로도 가장 진보적인 성격을 띠고 있다는 국제적인 찬사를 받고 있다.

더욱이 대통령은 법원의 판사들을 임명하지만 대부분은 사법위원회의 자문을 통해 이뤄진다. 또한 최고항소법원과 기타 항소법원들은 행정부와 독립되어 있으며, 정부 유관기관들의 사법부에 대한 간섭에 저항해온 오랜 전통을 가지고 있다. 헌법의 우월성 원칙은 이러한 사법부의 독립성을 더욱 강화시킨다. 그러나 이 헌법에는 지방의 기능을 구체적으로 규명하지 않고 있고, 지방정부의 재량권 역시 제대로 규정하지 않음으로써 남아공 국가 정부구조는 연방제를 통한 권력분산의 성격을 띠기보다는 대통령을 중심으로 한 행정부의 중앙집권적 권력구조를 형성하고 있다.

2) 대통령과 행정부 권한

남아공 대통령은 헌법 제84항에서 명시하는 바와 같이 국가수반과 행정부 수반의 역할을 담당한다. 사실 독일과 같은 의회제 국가는 국가수반과 정부 수반이 분리되어 국가수반은 대통령이, 행정부수반은 총리(Chancellor)가 담당하고, 몇몇 영연방 국가의 경우 국가수반은 총독(Governor-General)이, 행정부수반은 수상(Prime Minister)이 담당한다. 이러한 의회제 국가들의 경우 국가와 정부의 역할은 분리되어 있어 국가수반은 명목적이거나 의례상 권력을 행사하며 실질적 권력은 수상에게 있다. 그러나 의회제의 성격을 상당부분 갖고 있는 남아공은 현직 대통령이 국가수반과 행정부수반을 겸하고 있다. 이는 대통령이 입법 및 사법적 권한을 갖는다는 것을 의미하는데, 입법적 권한으로써 대통령은 의회가 통과시킨 모든 법률에 동의해야만 하며, 법규를 공포할 수 있는 권한을 갖고 있다.7) 또한 대통령은 사

---

7) 헌법의 초월적 지위를 고려할 때 대통령은 헌법을 공화국 최고법으로서 지지, 수호, 존중해야 할 중대한 책임을 가진다[제83항(b)]. 대통령은 법안에 대한 동의와 서명에 책임을 가진

법적 권한으로 수감된 범죄자의 형 집행을 유예할 수 있는 권한이 있지만
법안에 대한 거부권을 갖지는 못한다[제84항(2)(j)]. 즉 의회 양원에서 통
과시킨 법안의 수락을 거부할 수 없다. 다만 대통령은 법안의 합헌성에 대
한 유보사항이 있을 경우 의회에 법안을 회부할 수 있다. 의회가 대통령의
유보사항의 수용을 거부할 시에는 대통령은 그 법안의 합헌성 결정을 위해
헌법재판소에 송부할 수 있다. 헌법재판소가 법안의 합헌성을 인정할 경우
대통령은 법안에 동의하여야만 하며 이를 법제화하도록 서명해야 한다.

　　따라서 의회가 통과시킨 법안을 승인하거나 이에 동의하지 않을 경우
대통령은 의회로 송부시킬 수 있고 의회가 법안의 서명과 실행을 위해 이를
행정부에 다시 제출할 경우, 대통령은 이것이 비헌법적인 사항이 아닐 경우
반드시 이에 서명해야 하며, 이 때 헌법재판소에 의견을 구하기 위해 이를
위탁할 수 있다. 헌법재판소가 이 법안이 헌법적인 원칙과 부합된다고 결론
을 내린 경우 대통령은 이를 법안화하는 데 서명해야 한다. 이는 앞에서 언
급하였듯이, 신 남아공에서 대통령의 권한이 국가의 최고법인 헌법에 대한
책임을 지게 함으로써 헌법의 우월성을 강조하는 것이다[제84항(2)].

　　대통령은 국가행정부(내각)의 수반으로서 이러한 권한을 내각의 각료
들과 '함께' 행사해야 한다[제85항(2)].8) 신헌법에서 남아공 내각은 의회
에 대하여 집단적 책임을 진다는 헌법규정에 따라 내각은 합의원칙에 의하

다. 제84항(2)(b)에서 대통령은 법안의 합헌성 재고를 위해 이를 국회에 회부할 책임을 진
다. 또한 대통령은 그 합헌성에 대한 결정을 위해 이를 헌법재판소에 송부할 권한을 가진다
[제84항(2)(c)]. 더욱이 대통령은 의회의 입법이 신헌법에 명시된 원칙을 고수하는지를 확
인하는 중요한 역할을 한다. 따라서 대통령은 법안과 법규의 서명뿐만 아니라 많은 입법 기
능을 가진다. 대통령은 의회에서 연설할 수 있으며, 특히 예산안 투표에 대한 논의가 있을
시 토론에 활발하게 참여할 수 있다. http://www.servat.unibe.ch/law/id/sf00000_.
html(검색일: 2006.5.26).

8) 이는 대통령은 내각회의에서 각료들과 함께 의사를 결정해야 함을 말한다. 내각이 어떻게
의사결정을 내리는지에 대한 법적 규범은 존재하지 않으나 합의, 상대적 과반수, 또는 절대
적 과반수 투표(50%+1)에 의해 이루어진다. 이에 대한 상세한 설명은 Venter(2001, 60)을
참조.

여 기능한다[제92항(2)]. 실제로 후기아파르트헤이트 시기에 남아공 내각
은 다른 의회제 내각의 전통을 따라 합의에 의한 의사결정을 시도해왔다.
비록 대통령은 내각의 동의 없이 국가 행정부 수반으로서 권력을 행사할
수 있지만, 내각에서 극명한 의견불일치가 있을 경우에는 타협점에 도달할
때까지 결정을 유보하는 것이 일반적인 관례이다.

　따라서 국가의 행정부 수반으로서 대통령의 권력이 명시적으로 보장되
어 있지만, 대통령은 내각과 함께 이러한 권력 행사에서 의회에 집단적인
책임을 지게 됨으로써 제약을 받는 것이 현실이다.9) 이러한 특징들은 남
아공 대통령제가 의원내각제의 기능을 혼합한 형태를 띠고 있다는 사실을
함의한다.

3) 대통령과 행정부 권한의 제한

신 남아공에서 헌법은 대통령과 행정부의 권한과 권력에 대하여 공식적 및
비공식적 제한을 부여한다(Venter 2001, 66). 헌법제정으로 남아공 헌법
에 도입된 가장 중요한 신원칙은 기본권법(Bill of Fundamental Rights)
과 헌법재판소이다. 신 남아공은 의회주권 개념과 강력한 의회행정부가 갖
는 고유한 이익에서 벗어남으로써 대통령과 행정부 내각의 권한이 공식적
으로 제한받게 되었다. 공식적으로 남아공의 신헌법은 헌법재판소와 일반
법원에 행정부 및 의회의 모든 활동의 합헌성을 판결하도록 하는 권한을
부여하였다(제34항). 또한 감사원장, 옴부즈만, 인권위원회, 성평등위원회,
문화, 종교, 및 언어공동체 권리진흥 및 보호위원회는 내각의 권력을 제한
시킬 수 있고 실제로 이를 시행해왔다(제181항). 이와 함께 대통령과 행정부

---

9) 이러한 대통령 권력행사의 실례로서 헌법재판소장의 임명, 법무위원회의 위원 4명의 임명
　을 들 수 있는데, 만델라 대통령은 당시 법관, 옴부즈만, 감사원장의 임명시 내각의 의견을
　수렴하여 임명하였다. 이에 대한 상세한 설명은 Rautenbach et. al. (1996, 179)를 참조.

의 권한이 비공식적으로도 제한되고 있다는 사실을 주목할 필요가 있다. 즉
신 남아공에서 대통령과 행정부의 권한은 의회에서 다수의석을 유지하려는
자체적 필요에 의해 제한되는데, 예를 들어, 재정상설위원회와 공공거래위
원회, 국방위원회와 같은 의회위원회는 금융 및 국방문제에 대해서 대통령
과 행정부의 권한에 규제력을 가진다. 의회적 행정부의 관습과 같이 내각은
예산에 대하여 의회의 승인을 필요로 하며 각 장관의 예산 투표는 의회에
의해 비준되어야만 한다. 행정부 치하에 있는 각 부서와 법정 기관들은 현
행법령에 대해 의회에 보고서를 상정해야 한다. 그러나 남아공은 이러한 대
통령과 행정부 권한의 제약요인을 당간부회의(caucus)를 통해서 야당의 세
력을 규합하여 주요 반여당 세력에 대항하면서 극복하여 왔다(Giliomee
1998, 128-142).10) 이는 공식·비공식적인 권한에 있어 신행정부가 구행
정부보다 실질적으로 보다 큰 권한의 제약을 갖게 됨으로써 신행정부가 의
회 내 정당조직을 통해 권한 확대를 모색하려는 것으로 볼 수 있다.

   또한 남아공의 신헌법은 행정부의 부통령직을 남아공 헌법과 각료 정
부에서 새로운 개념으로서 보고 있는데, 후기아파르트헤이트 시기에 부통
령의 여러 역할 중에서 한 가지 새로운 특징은 대통령의 권력에 대한 견제
및 권한을 제한하려는 목적과 의도로써 구축되었다는 것이다. 1961년 헌
법과 이후 개정된 1980년 헌법에서 국가부통령의 개념이 있었으나 이는
명목적인 직위에 불과했다. 그러나 신헌법에 의해 부통령직은 행정부 내에
서 위계적 질서의 한 축을 담당하면서, 동시에 대통령의 독재주의를 예방
하고 제한하는 역할을 하고 있다. 따라서 공식적으로 신헌법에서의 남아공
대통령은 19세기 영국 전통에서의 총리가 아니며 영국의 수상보다 적은 권
력을 가진다. 신헌법은 대통령이 각료 위계질서의 정점인 것을 공식적으로

---

10) 남아공 대통령과 행정부는 대중의 의견에 민감하며 총선 승리를 위해 대중의 지지를 유지
    할 수 있는 정당조직에 의존할 수밖에 없다. 내각은 의회에서 주요 당으로서의 입지를 고
    수하기 위해 필요하다고 생각된다면 대중의 의견을 수렴하려 할 것이다.

명시하지만, 이와 함께 전형적인 영국 수상이 갖는 의회 해산권과 같은 재량권을 허용하지 않고 있다(Venter 2001, 62).

더욱이 대통령은 의회해체에 관하여 영국의 수상이나 과거 남아공 수상과 동등한 권력을 가지지 않는다. 의회의 회기는 연속하며 대통령은 헌법적으로 규정된 상황 하에서만 의회를 해산할 수 있다[제50항(2)]. 의회는 자체적으로 회기를 결정하며(제51항), 대통령은 영국 행정부와 같이 임의로 의회를 소환하거나 해산할 수 있는 권한이 없다. 이는 변화된 후기아파르트헤이트의 정치구조와 권력메커니즘 속에서 남아공의 대통령제는 더이상 보타와 같은 제왕적 대통령이 등극할 수 없게 하는 법·제도적 조치임을 말해준다.11)

4) 대통령의 선거와 임기

남아공 대통령의 임기는 5년이며 1회 연임이 가능하다. 앞에서 언급하였듯이, 대통령의 권력은 의회에서 도출되는데, 대통령은 의회의 의석을 반드시 확보해야 하며 대통령 선거는 총선이 아닌 의회에서 이루어진다. 의회제와 같이 대통령은 총선 이후 국회의 다수정당에서 선출되게 된다. 대통령이 부재할 경우 부통령이 내각을 주도하는데, 부통령 역시 대통령의 소속정당에서 선출될 가능성이 매우 높다. 내각 역시 의회에서 선출된 의원들로 구성되어야 하지만 이들이 반드시 다수 정당 출신일 필요는 없다. 현 음베키(Thabo Mvuyelwa Mbeki) 대통령은 포용성 추구의 측면에서

---

11) 후기아파르트헤이트 시기의 남아공 대통령제가 제왕적 통치권한을 수상과 대통령에게 부여했던 과거 아파르트헤이트시기와는 분명 차이가 있지만 현 남아공 대통령의 권한은 내각에 대해 헌법상 어느 정도 유연성을 가지고 있다. 가령 후기아파르트헤이트 시기의 남아공 대통령은 법제화된 특권과 같은 권한과 장관해임 및 장관직 교체와 같은 권한을 가진다. 또한 대통령은 행정적 지도력을 발휘하여 내각과 국가정치현안을 수립한다(Venter 2001, 62).

소수정당 출신의 내각 각료들을 포함시켰다. 행정부의 내각 구성은 총 28
인이다.

남아공의 대통령은 헌법재판소 소장의 주재 하에 의회에서 선출된다.
의회의원만이 대통령 선거에 출마할 수 있으나 선거에 임박하여 대통령은
직위에서 물러나야만 한다. 대통령이 속한 정당의 선거인 명부에서 직위가
충원된다. 대통령의 중대한 실책이나 무능력에 대해 국회의원 2/3 이상의
투표로 탄핵될 수 있다(제89항). 대통령은 국회의원의 과반수가 대통령을
신뢰할 수 없다고 투표한 경우 사임해야만 한다(제103항). 전자는 국회의
정치적 행위인 반면에, 후자는 탄핵이 대통령의 범죄행위, 치매 또는 중병
과 같은 일반적 무능력에 대해 대통령을 해임할 수 있다고 하는 법률적 장
치로 볼 수 있다. 남아공의 대통령 탄핵은 미국과 같이 탄핵공판에 대한 규
정이 없다는 것이 특징이다.

4. 후기아파르트헤이트 시기 대통령 권력 강화

1) 정당명부식 선거제도

후기아파르트헤이트 시기의 헌법상 대통령 권력의 (비)공식적 권한은 과거
아파르트헤이트 시기와 비교해 볼 때 상당히 제약되었다고 말할 수 있다.
이러한 제도적 변환의 상황 속에서, 남아공 과도정부 시기의 협상대표들은
사회구성원들에게 급격하게 확대된 선거권의 기회를 보장해 줄 수 있는 탈
인종주의적이고 국민통합주의적인 선거제도를 모색해야 할 필요성을 인식
하였다. 따라서 이들은 지역적 대표성과 전국적 대표성을 동시에 반영해 줄
수 있는 '전국 정당명부식 비례대표제'를 채택하여 대통령을 국회에서 선출
하도록 하였다. 이 선거제도 안에서는 총선에 참여하는 각 정당이 정당명부,

즉 전국 국가의회 후보자 명부와 지방의회 후보자 명부를 동시에 제출한 상
태에서 선거경쟁을 진행한다(Southall and Daniel 2005, 36).

이와 같은 선거제도는 그동안 인종별, 종족별로 분리되었던 남아공 사
회에서 표면적으로 인종별 소수세력의 보호 및 국민통합과 참정권 확대유도
의 목적을 가지고 채택되었으나, 결과적으로 일당 절대다수의 형성을 최고
수준에서 보장하기 때문에 거대 단일정당의 정치권력 독점과 정당 지도부
의 권한 집중, 그로 인한 권력주체들의 정치적 소외를 야기할 수 있다는 문
제를 안고 있다. 특히 정당 탈퇴시 의원직을 상실하게 되는 의회법 규정으
로 인해 의회의원들의 정치적 자율성이 제한될 수 있는 반면, 정당 지도부
의 권한은 더욱 집중된다. 이에 남아공노동조합회의(COSATU: Congress
of South African Trade Union) 등 일부 단체들이 지역구를 기반으로 하
는 지역대표제와 정당명부식 비례대표제를 혼용할 수 있는 '혼합비례대표
제'로 도입할 것을 결의하였으나 현재까지 시행되지 못하였다.12)

실제로 남아공은 정당명부식 선거제도를 통해 1994년, 1999년, 그리고
2004년을 포함해서 3차례 총선을 실시했는데, 집권당인 ANC의 득표율이
계속 증가하는 추세를 보이고 있다. ANC는 1994년 선거에서 63%를 득표
하여 주요 정당이 되었으며, 1999년에 66%, 2004년에는 69%의 표를 얻어
계속 그 입지를 굳히고 있다. 집권여당의 지지기반 공고화와는 달리 야당의
경우 각 당 지지율에 많은 변화를 보였으며 군소정당의 득표율은 과거에
비해 추락하는 경향을 보였다. 이처럼 남아공에서는 세 번의 다인종 선거
를 거치면서 권위주의적인 인종차별체제가 민주주의적인 탈인종차별체제
로 이행되는 인종·종족 간의 갈등해소가 법적·제도적인 시행으로 가능하
게 되었지만, 이와 함께 일당지배의 고착화를 심화시키는 문제점을 초래하
게 되었다.

---

12) 이에 대한 구체적인 내용에 대해서는 http://www.electionresources.org/za/2004/pro-
    vinces.html을 참조.

표 7-1 남아공 역대 선거의 각 정당 득표수 및 득표율

구 분	ANC	DA	IFP	NNP	Other Parties
1994년	62.65%	1.73%	10.53%	20.39%	5.91%
1999년	66.35%	9.56%	8.58%	6.97%	8.34%
2004년	69.68%	12.37%	6.97%	1.65%	9.51%

출처: Independent Electoral Commission, http://www.elections.org.za

상기에서 언급하였듯이, 정당명부식 선거제도는 명목상 국가통합과 인
종화합 차원에서 채택되었지만, 사실상 신 남아공에서 흑인의 권익을 확보
하려는 ANC 당의 정치적 선택에 기인한다. 사실 흑인정부가 탄생하기 직
전 ANC는 정당명부제도가 ANC로 하여금 보다 편리한 방식으로 의회대
표를 선택, 이동, 제거할 수 있도록 허용한다는 점에서 이 제도를 구상하여
채택하게 되었다(Southall 2000, 158). 그러나 이 제도는 민주주의 제도
안에서 변화하는 여론의 자유로운 움직임을 제한하고, 대표자와 유권자간
의 책임 개념을 무시할 수 있게 된다는 태생적인 문제점을 안고 있다. 이러
한 점에서 많은 남아공 정치평론가들은 정당명부제도를 남아공 정치발전
에 부정적인 영향을 주는 주요한 정치시스템으로 지적하고 있다.[13] 실제
로 이 선거제도는 ANC로 하여금 당내 반대파 의견을 효과적으로 봉쇄하
도록 했고 의회를 주변화시키면서, 동시에 집권다수당과 대통령의 권력 집
중화에 기여하였다. 이러한 선거제도의 문제가 제기되면서 2002년에 정당
명부식 투표제도에 대한 교정수단의 일환으로 반대당(파)에 찬성표를 던
지는 플로어 크로싱(floor-crossing)방식과 정당이 당원들을 의회간 자유
롭게 이동하게 하고 공공부문 및 사적부문을 폭넓게 넘나들 수 있게 한 '당
원배치' 정책을 도입하였지만, 이는 오히려 ANC를 보다 강력한 집권여당

---

13) 이에 대한 보다 자세한 내용은 Pottie (2001, 25-52)를 참조.

으로 강화시키는데 일조하게 하였다.[14]

2) ANC 동맹체제와 중앙집권화

현 남아공 정부체제는 입헌 정체(政體)와 국가대통령제의 중앙집중화가 증대되는 현실 사이에서 긴장이 증폭되어왔다. 권력은 사회에서 국가로, 지방에서 국가수준으로, 입법부에서 행정부로, 그리고 국가행정부내에서는 내각에서 대통령으로 점차 이양되어왔다.[15] 행정부를 규제하고 견제하는 의회의 역량을 상쇄시키는 측면에서 남아공의 집권여당인 ANC는 다른 어떤 나라와도 비견할 수 없는 중앙집권화를 통해 대통령의 권력강화를 모색해왔다. 대표적으로 남아공의 정치체제는 현존하는 정당이 다른 정당과 합병할 수 있게 할 뿐만 아니라 이를 여러 정당으로 세분하거나 하나의 세분된 그룹이 다른 정당과 합병할 수 있게 하였다. 이러한 일은 현실화 되고 있고, 그 결과는 이미 지배적 위치에 있는 ANC 정당의 중앙집권화를 심화시키는데 일조하였다. 실제로 세 차례에 걸친 국가선거에서 주로 백인인 야당세력은 퇴화되었고 그 지지자들은 ANC, 민주동맹(DA: Democratic Alliance),

---

14) 정당명부식 비례제와 플로어 크로싱방식, 당원배치정책 등으로 강화된 엄격한 정당 정책은 당에 불충성적인 당원들을 비중이 적은 직위로 쉽게 재배치할 수 있도록 하였다. 1999~2004년 동안 의회의 동료 당원들을 ANC가 어떻게 관리했는가에 대한 조사는 의회를 넘나드는 당원들의 이동이 빈번했다는 것을 보여준다. 1999년 6월 원래 266명의 의원들에서 2003년 5월에 위원직에 있지 않게 된 사람이 70명에 달했다. 적어도 국회에서 ANC당원 100여 명이 직위강등이나 퇴임을 이유로 자리를 떠났으며 공석은 타정당에서 포섭한 멤버들로 재구성되었다. http://www.idasa.org.za(검색일: 2007.6.23).

15) 행정부 권력의 중심인 남아공 사무총장 포럼(Forum of South African Directors-General)의 운영위원회는 대통령 직속 사무총장의 조정을 받는다. 국가 행정부 내 고위 공직자들은 내각 장관들의 부하직원으로서보다 대통령에 대한 직접적인 종속 및 계약관계에 있다. 강력한 대통령제는 업무 수행과 정책 조정상 신속하고 효율적인 국정운영의 묘를 발휘할 수 있다는 장점이 있지만, 이는 사유화된 통치 지배방식의 도구로 전락할 수 있고 책임을 물을 수 없는 권력 남용문제와 승계권 문제가 불거질 수 있다는 문제점을 가지고 있다. 이에 대한 보다 상세한 내용은 Butler (2007)과 Southall (2003)을 참조.

또는 1개에서 4개의 의석을 점한 기타 다양한 분열정당을 선택하였다. 부텔레지(Mangosuthu Buthelezi)가 이끌며 크와줄루 나탈(KwaZulu-Natal) 지방에 기반을 두고 있는 인카타 자유당(IFP)은 1994년에 10%를 점유했으나 2004년에는 6.9%로 하락하였다. 2004년 선거 이후 중앙집권화를 공고히 한 ANC는 총 국회의석 400석 중 293석을 점유했고, DA는 47석, IFP는 23석을 차지하였다. 나머지 의석은 13개 잔여정당이 분할하였다.[16]

사실 ANC는 동맹체제를 구성하여 당의 집중화를 주도해 왔다. 이러한 핵심적인 동맹체제 관계에는 1991년 ANC가 남아공 공산당(SACP: South African Communist Party)과 남아공노동조합회의(COSATU)와 맺은 삼자동맹[17]이 있다. 비록 SACP와 COSATU 각 기관이 어느 정도의 독립성을 갖고 있었고 간헐적으로 동맹을 떠나겠다는 위협을 하기는 하였지만, COSATU 활동가들은 주로 ANC의 지지자들이며 종종 ANC 당내에서 중요한 의견을 형성함으로써 일종의 ANC 당의 지부장 격으로 활동하고 있다. 이 동맹체제의 세 조직은 창설당시 동맹의 목적과 운영 그리고 당면 투쟁지점에 대한 정치적, 조직적 공감대를 형성하여 협상투쟁, 선거투쟁 그리고 그 이후의 사회체제하에서도 남아공의 민주화, 사회체제의 구조적 변화, 더 나아가 새로운 사회로의 이행 과제를 삼자동맹 구조 하에서 실현해 나가기로 합의하였다. 남아공의 사회경제적 구조개혁을 목표로 삼고 탄생한 삼자동맹체는 ANC 중심의 정치적 핵심체를 건설하여 국가 민주주의의 정치블럭을 구성한다는 것을 일차적인 목표로 삼았고, 정치블럭을 토대로 각종 민중조직들과의 정

---

16) 이에 대한 보다 자세한 내용은 http://www.elections.org.za 참조.

17) 삼자동맹은 인종차별구조의 완전한 종식을 위한 정치적 투쟁에서는 통일성을 띠고 있지만, 경제사회체제의 이행을 둘러싼 구조변혁적 투쟁에서는 분화되어 있다. 즉 COSATU와 SACP는 ANC와 함께 삼자동맹을 맺고 있지만 ANC 정부가 신자유주의 정책을 채택하면서 동맹의 균열이 점점 심해지고 있는 양상이다. Tripartite Alliance, 1994, White Paper of the RDP. http://www.polity.org.za/govdocs/rdp(검색일: 2006.2.14); COSATU, 2000, "COSATU Position Paper on Privatization." http://www.cosatu.org.za/docs2001. htm (검색일: 2003.5.8).

치 네트워크 건설과 ANC의 헤게모니 장악, 특히 대중민주화운동(MDM)에서의 헤게모니의 장악을 이차적인 목표로 설정하여 신 남아공에서 ANC의 중앙집권화를 꾀하였다(Butler 2007, 38-39).

ANC의 동맹체제 구성과 중앙집권화의 노력은 삼자동맹뿐 아니라 전통적으로 반ANC의 주요야당인 인카타자유당(IFP)과 신국민당(NNP: New National Party)과 같은 타정당과도 협력관계를 맺어 반ANC 정서를 해소하는데 주력해왔다. 또한 ANC는 웨스턴케이프(Western Cape)의 독립민주주의자당(ID: Independent Democrats)과도 우호관계를 맺어 막 생겨나려고 하는 향후 군소정당 세력의 성장을 차단하여 권력의 분산화를 막는데 성공하였다. ANC는 시민사회에도 비슷한 전략을 취하여 ANC와 정부를 공개적으로 비판하지 않는 비정부기구와 관계를 쌓아나갔다. ANC는 이들 협력자들을 통해 ANC의 대중적 정당성을 추구함과 동시에 ANC를 매개로 한 대통령의 권력을 강화시키는 데 이들을 활용하고 있다. 이러한 ANC는 동맹체제를 십분 활용하여 때로는 무자비할 정도의 교묘한 방법을 취하면서까지 당의 이익을 극대화시키는 한편 흑인정부 사업에 대한 폭넓은 지지를 획득하였다.[18] 삼자동맹을 비롯한 ANC 중심의 동맹체제 형성은 세 번의 압도적인 총선의 승리를 재확인시킴으로써 민주주의적인 반아파르트헤이트 체제의 구축과 다당제를 통한 정치문화의 다원주의를 가능케 하는 동시에 일당 절대다수의 정치구조와 권력메커니즘을 생성시켰다.

5. 나오는 말

이상에서 살펴보았듯이, 후기아파르트헤이트의 남아공에서 대통령 권력

---

18) 이외에도 ANC는 남아공 국가시정기구(South African National Civics Organization: SANCO)와 같은 지역공동체 조직과도 동맹을 형성하여 폭넓은 지지기반을 모색하였다.

의 강화 시도는 국민의 다수인종에 속하는 흑인들의 권익을 우선적으로 보장하기 위한 정치적 선택으로 볼 수 있다. 이는 아파르트헤이트 당시 보타 대통령의 권력과 권한에 비해 법적 및 제도적으로 약화된 현 대통령의 권한을 정치적 메커니즘의 모색을 통해 극복하고 있음을 나타낸다. 대표적으로 정당명부식 선거제도와 ANC의 동맹체제 구성을 통한 중앙집권화의 시도는 궁극적으로 후기아파르트헤이트 시기의 대통령 권한의 제약성을 상쇄시키는데 주요한 기제로 작용하고 있음을 보여준다.

　앞에서 언급하였듯이, 삼자동맹과 같은 동맹체제의 주요 형성배경은 정치적으로 흑인들의 정치적 권력의 주도권을 강조하지만, 동시에 남아공의 불균등한 경제사회적 저발전 구조의 변혁을 핵심 목표로 삼고 있기 때문에, 향후 경제적 이슈가 대통령의 역할과 권한 변화에 있어 더욱 쟁점이 될 것으로 예측할 수 있다. 실제로 삼자동맹은 통합과 분화가 동시에 존재하고 있다. 음베키의 ANC 정부는 2004년 4월에 실시된 총선에서 약 70%의 의석을 확보하고 9개 모든 지방에서 다수표를 획득했지만, 남아공의 사회경제적 문제와 이에 따른 대중적 불만은 계속 존재하고 있다. 최근 UNDP가 밝힌 조사에 따르면 남아공 인구 중 10%가 극심한 빈곤 가운데 살고 있으며 소득불평등 격차는 이보다 더욱 심화된 수준이다.

　또한 COSATU는 ANC 정부의 정책실패를 부각시키고 있는데, 이들의 주장에는 짐바브웨 경제붕괴와 국가실패의 장본인인 무가베(Robert Mugabe)에 대한 음베키 대통령의 개인화된 '조용한 외교'와 HIV/AIDS에 대한 대통령의 특이한 신념으로 인해 더욱 늘어나고 있는 에이즈 감염률[19], 그리고 흑인 노동자가 아닌 흑인 부르조아 계층에게 혜택의 초점이 맞추어진 흑인경제력강화부여(BEE: Black Economic Empowerment) 정책 등이 포함되어 있다. 이러한 상황 속에서 COSATU와 SACP는 ANC 현 정부가 고

---

19) 성인의 에이즈 보급률이 20%를 웃돌고 있으며 하루에만 에이즈 관련 사망건수가 약 600건이다. 정부 수치로만 에이즈 감염자수가 600만 명에 이른다(Butler 2005, 591-614).

용기회창출 실패와 시장에 의해 위협을 받고 있는 빈곤층 노동자들의 이익
을 보호하지 못하고 있고, 오히려 신자유주의적 세계화의 논리를 대변하고
있다고 비난하면서 삼자동맹 체제의 와해를 경고하고 있다.[20]

　　결국 후기아파르트헤이트 남아공의 정치구조와 권력메커니즘이 국가
의회를 장악하고 있는 정당세력들 간의 경쟁으로 치달을 것이라는 점을 고
려해 볼 때, ANC가 다수의 빈곤한 흑인들의 불만을 어느 정도까지 해소하
여 정당정치에 지대한 영향을 끼치는 대중의 여론에 긍정적인 반응을 형성
할 수 있을 것인가가 ANC 권력유지의 관건이 될 것이다. 따라서 인종별·
종족별로 분화되어 있는 사회구조 하에서 '국가통합'이라는 공동의 목적
아래 일당 절대다수의 정치권력을 구축한 ANC가 경제사회 헤게모니의 장
악을 통해 국가사회 전반의 선정(善政, good governance)에 이를 수 있을
것인지의 여부가, 향후 남아공 대통령의 권력 및 권한변화에 또 다른 변수
로 작용할 것이다.

---

20) 남아공 통계자료에 의하면 2005년 1~3월 분기의 비농경 경제에서 13만 개의 정규직이
　　사라졌다고 보고되었다. 2005년 중반기에는 국민적 불만이 더욱 커져 주로 빈민촌 지역
　　을 중심으로 때로는 격렬한 시위와 불만이 터져 나왔다. 중요 지역의 형편없는 보건 위생
　　과 정부의 대민 서비스 비개선 문제로 신문들은 사용가능한 화장실을 찾기 위해 매일 먼
　　거리를 걸어야 하는 여학생들에 대한 기사를 실었다. ANC도 2005년 9월 당에 대한 대중
　　적 확신이 꾸준하고 확실하게 잠식될 위험에 대해 시인했다. 이에 대해 보다 자세한 내용
　　은 http://www.countrywatch.com을 참조.

참고문헌

Butler, Anthony. 2005. "South Africa's HIV/AIDS policy, 1994~2004: How can it be explained?" *African Affairs* Vol. 104, No. 417, 591-614.

────. 2007. "The state of the African National Congress." In Sakhela Buhlungu, John Daniel, Roger Southall, & Jessica Lutchman (eds.). *State of the Nation: South Africa 2007.* Cape Town: HSRC Press.

Giliomee, Hermann B. 1998. "South Africa's Emerging Dominant-Party Regime." *Journal of Democracy* Vol. 9, No. 4, 128-142.

Klug, Heinz. 1997. "Introducing the devil: an institutional analysis of the power of constitutional review." *South African Journal on Human Rights* Vol. 13, No. 2, 185-207.

Lane, Jan-Erik and Svante Ersson. 1997. "The Probability of Democratic Success in South Africa." *Democratization* Vol. 4, No. 4, 1-15.

Lijiphart, Arend. 1990. "Electoral systems, party systems and conflict management in segmented societies." In Robert Schrire (ed.). *Critical for South Africa: an agenda for the 1990s.* Oxford: Oxford Univ. Press.

Mooney, K., Nieftagodien N. and Ulrich N. 1999. "The TRC: commissioning the past." *African Studies* Vol. 58, No. 2, 209-218.

Pottie, D. 2001. "The Electoral System and Opposition Parties in South Africa." *Democratization* Vol. 8, No. 1, 25-52.

Rautenbach, I. M., and E. F. J. Malherbe. 1996. *Constitutional law,* 2nd (ed.). Durban: Butterworths.

Reynolds, Andrew. (ed.) 1999. *Election 99: South Africa from Mandela to Mbeki.* Cape Town: David Phillip.

Sisk, Timothy. 1995. *Democratization in South Africa: Elusive Social Contract.* Princeton: Princeton University Press.

Southall, Roger. 2000. "The State of Democracy in South Africa." *Commonwealth &Comparative Politics* Vol. 38, No. 3, 147-170.

────. 2003. *Democracy in Africa: Moving beyond a difficult legacy.* Cape Town: HSRC Press.

Southall, Roger, and John Daniel. 2005. "The state of parties post-election 2004: ANC dominance and opposition enfeeblement." In John Daniel, Roger Southall & Jessica Lutchman (eds.). *The State of the Nation: South*

Africa 2004~2005. Cape Town: HSRC Press.

Taylor, Rupert. 1992. "South Africa: A Consociational Path to Peace?" *Transformation* Vol. 17, 1–11.

Van Zyl, Paul. 1999. "Dilemmas of transitional justice: The case of South Africa's Truth and Reconciliation Commission." *Journal of International Affairs* Vol. 52, No. 2, 647–667.

Venter, Albert. 2001. "The Executive." In Albert Venter (ed.). *Government and Politics in the new South Africa*. Pretoria: Van Schaik Publishers.

http://www.anc.org.za.

http://www.cosatu.org.za/docs2001.htm.

http://www.countrywatch.com.

http://www.elections.org.za.

http://www.electionresources.org/za/2004/provinces.html.

http://www.idasa.org.za.

http://www.polity.org.za/govdocs/rdp.

http://www.servat.unibe.ch/law/id/sf00000_.html.

제8장

이란:

조건적 민주주의 — 종교지도자와 대통령의 갈등과 공존*

장지향 (가톨릭대학교)

1. 들어가는 말

이 장은 혁명 이후 다원주의, 자유화, 정치참여, 법치주의의 확대를 요구하는 사회가 새롭게 형성된 국가권력과 어떠한 방식으로 상호작용 하는지에 대한 사례연구이다. 이란 이슬람공화국은 제도적으로 공화제보다 이슬람에 무게중심을 두고 있어서 선출된 대통령의 권한이 종신제 최고 종교지도자 아래에 종속되어있다. 그러나 대통령과 의회 및 지방정부를 아우르는 정치영역은 강경보수파와 온건개혁파 사이의 선거경쟁과 절차적 합의를 통해 작동하며 최고 종교지도자의 권한 축소를 주장하는 대통령의 개혁연합이 유권자의 높은 지지를 얻고 있다. 제한적이나마 선거와 정치참여의 기제가 작

---

* 이 장은 『세계지역학회논총』 제26집 3호 (2008년 12월)에 게재한 바 있다.

동하는 조건적 민주주의 체제 하에서 혁명에 대한 충성심(loyalty)을 보유
한 후속세대는 탈퇴(exit)가 아닌 항의(voice)에 의존하고 있기 때문이다
(Hirschman 1970).

　　흔히 국가와 교회가 분리되어 있지 않다는 이유로 이란 이슬람공화국의
제도적 저발전과 비민주주의가 강조되기도 한다. 그러나 권력을 장악하던
교회로부터 국가가 분리하면서 힘의 균형이 생기기 시작한 유럽의 경험과
는 달리 근대국가 형성 이후 과대성장 국가(overdeveloped state)와 과소
성장 사회(underdeveloped society)의 구도 하에서 후자가 혁명에 성공하
여 전자의 독재 권력을 해체시키고 새로운 체제를 수립한 것이 바로 현대
이란 이슬람공화국이다. 1979년 이란 무슬림의 다수인 시아파 성직자의 주
도 하에 상인, 수공업자, 노동자, 중간관료, 학생이 조직화 되어 부패하고 무
능한 지대추구 왕정을 무너뜨리고 국가조직, 계급구조, 지배이데올로기를
급격하게 변화시켰다(Skcopol 1994, 242). 새로운 국가형성 과정에서 혁명
의 주도세력은 이슬람과 공화제의 두 가지 요소 모두를 포함한 헌법을 만들
었으나 점차 후자보다는 전자 쪽에 무게중심이 실렸다. 이처럼 사상(ideas)
의 문제가 제도(institutions)나 경제적 이해관계(interests)에 우선시되면
서 국가권력이 이슬람법학자인 울라마(*ulama*)에게 집중되었지만 제한적
이나마 시민적 자유, 정치 권리, 참여와 경쟁 등을 보장하는 민주적 정치기
제가 사회전반에 걸쳐 작동해오고 있다. '이슬람의 원칙에 위배되지 않는
한' 자유롭고 공정한 선거가 규칙적으로 실시되고 '공화국의 이데올로기에
반대하는 이들을 제외하고' 공직선거에 참여할 수 있는 권리가 주어지면서
조건적이나마 선거에 의해 정책이 결정되고 주요 권력구성원이 교체되고 있
다. 즉 국가 최고수반인 종교지도자는 종신제이며 선출된 선거인단인 86명
의 울라마 전문가의회(Assembly of Experts)에 의해 선택되지만 최고지도
자 아래 대통령과 입법, 행정, 사법부 및 지방정부의 정치영역은 강경보수파
와 온건개혁파 사이의 첨예한 경쟁에 의해 구성된다. 일반적인 민주주의 국

가의 경우 정당내부에서 행해지는 경쟁과 합의가 이란 이슬람공화국에서는
나라전체를 대상으로 보수파와 개혁파 사이에서 이루어지고 있는 것이다.

이처럼 제한적이나마 유의미한 선거가 존재하고 일정 수준의 다원주의
가 보장되어 있는 이란에서는 중동지역 내 다른 국가와 비교하여 실질적인
민주주의 수준이 높게 나타나고 있다(Diamond and Brumberg 2003;
Freedom House 2008; Henry and Springborg 2001; Owen 2004). 중
동의 20여개 국가를 전체 사회구조에 대한 국가의 연계성, 특수 사회계층
으로부터의 국가 관료의 자율성 등을 포함한 국가능력 기준으로 분류해보
면 크게 폐쇄적 독재국가(bunker states), 위압적 권위주의 국가(bully
states), 보수적 군주국가(conservative monarchies), 조건적 민주주의 국
가(conditional democracies)로 구분이 가능하며 이란은 터키, 이스라엘,
레바논과 함께 조건적 민주주의 국가군에 포함된다(Evans 1995; Henry
and Springborg 2001; 장지향 2008).[1] 일반적으로 중동 국가는 식민지유
산의 직간접적인 영향 하에서 과대성장 국가와 과소발전 사회의 공통된 특
징을 보여왔다. 소수 엘리트가 장악하고 있는 국가는 비대한 강권기구를 바
탕으로 다원주의를 제한하고 있으며 석유나 외부 원조 등의 지대에 크게 의
존한 채 낮은 정권 정당성과 국가 신용도를 보이고 있다(Anderson 1987;
Ayubi 1995; Jang 2008; Ottaway and Carothers 2004; Ross 2008).

상대적으로 조건적 민주주의 국가는 자유화된 권위주의 단계를 거치고
난 제한적 정치 민주주의 단계에 해당하며 비교적 자유롭고 공정한 선거와
다원주의가 제도적으로 보장되어있다. 비록 그 성격이 불안정하여 인종-
종교적 민주주의라는 한계를 지닌 채 공고화된 민주주의 단계로 발전하지

---

1) 첫째, 폐쇄적 독재국가에는 시리아, 예멘, 알제리, 리비아, 후세인(Saddam Hussein) 정권
하의 이라크. 둘째, 위압적 권위주의 국가에는 이집트, 팔레스타인 자치정부, 튀니지. 셋째,
보수적 군주국가에는 사우디아라비아, 쿠웨이트, 여타 GCC(Gulf Cooperation Council)
국가, 요르단, 모로코가 각각 해당한다.

못하고 있으나 시민사회는 상대적으로 높은 자율성을 보유하며 다양한 구
성원을 포함하고 있다. 또한 세계화의 압력과 영향 하에서 조건적 민주주
의 국가는 폐쇄적 독재국가, 위압적 권위주의 국가, 보수적 군주국가와 비
교하여 보다 실질적인 정치, 경제개혁을 실시하고 있으며 그 혜택이 고르게
분배되고 있다(Brumberg 2002, 61-4; 장지향 2008, 6-7). 중동 내 비교
가 아닌 일반적인 최소 정의적 민주주의 관점을 적용하더라도 이란의 사례
는 절차 민주주의 체제의 요건을 충족시킨다고 볼 수 있다. 이란의 선거는
최근 관찰되고 있는 '혼합 정권(hybrid regime)'의 전형적 형태인 '선거 권
위주의(e-lectoral authoritarianism)'에서 행해지는 '민주주의 없는 선거
(election without democracy)'보다는 절차적 측면에서 그 수준이 높은 것
으로 평가되고 있다(Brumberg 2000; Freedom House 2008; Diamond
1999; Diamond 2002).

　　이렇듯 최소요건이나마 선거의 경험이 축적되어감에 따라 시민들 사이
에서는 정치영역이 종교부문에 종속되어 있는 불균형적 권력지형에 대한
문제제기가 확산되었고, 특히 1997년 온건개혁파인 하타미대통령의 당선
이후 더욱 가속화되어가고 있다. 즉, 선출되지 않은 종신제 국가수반인 최
고 종교지도자가 선출된 공직자인 대통령과 의회의 결정에 대해 거부권을
행사할 수 있고 국가의 주요사안에 대해 최종결정권을 보유하는 것에 대
한 반대와 개혁의 목소리가 높아진 것이다. 최고 종교지도자와 강경보수파
울라마의 부단한 방해노력에도 불구하고 대통령을 중심으로 한 개혁운동
(*Jonbesh-e Dovom-e Khordad*) 세력의 영향력은 확대되어가고 있으며
그 배경으로서 다음의 두 가지를 들 수 있다.

　　첫째, 성공한 혁명에 대한 충성심을 보유한 후속세대는 적어도 선거라
는 의견표출의 정치적 기제가 존재하는 한 탈퇴가 아닌 항의에 의존하여
혁명 이후의 사회화 과정을 주시하고 있다. 이란 시민들은 최근 10여 년간
선거정치의 제도화를 경험하며 변화를 이끌어낼 가능성을 확인해오고 있

는 반면 사회혁명에 의해 수립된 국가는 시민이 요구하는 다원주의, 정치 참여, 개혁 확대의 목소리를 단호하게 외면하기 어렵다. 둘째, 전체인구의 60%를 차지하는 25세 이하의 이란 젊은이들은 국가의 엄격한 이슬람식 통제가 아닌 개인적, 사회적 자유와 함께 안정된 일자리를 원하고 있다. 날로 확산되어가는 인터넷과 위성방송의 보급은 청년인구로 하여금 외부세계의 정보에 쉽게 접근할 수 있도록 해주며 시민사회 내에서 활발하게 소통하도록 이끌어주고 있다.

이 장은 먼저 지대추구 국가였던 팔레비왕조를 무너뜨린 시아 이슬람혁명과 이후 이슬람공화국의 형성과정을 소개한다. 역사적으로 도시공동체의 네트워크였던 바자르(*bazaar*)와 권위에 대한 도전을 추동했던 시아 이슬람이라는 두 가지 전통적 요소가 1970년대 말 사회혁명이라는 근대적 정치현상을 불러오는데 결정적인 역할을 했음을 밝히고 있다. 이어서 이란 이슬람공화국의 최고수반인 종교지도자와 행정수반인 정치대통령 사이에 존재하는 힘의 제도적 불균형과 이로 인한 갈등과 대립에 대해 분석하고 있다. 다음으로 1990년대 말 이후 강화되고 있는 대통령 주도의 개혁시도, 이에 대한 혁명 후속세대의 전폭적 지지, 강경보수파 울라마연합의 선거패배 등을 통해 법률적(*de jure*)은 아니나 실제적(*de facto*)인 체재 내 구도 변화에 대해 주목하고자 한다. 일반적인 민주화 이행의 과정이나 체제전환의 경로에 따르면 법률적인 변화가 실제적인 변화와 이에 따른 사회화 및 민주주의 공고화 과정에 우선하지만 이란 이슬람공화국의 경우 법률제도의 근본적인 변화에 앞서 실제적 변화과정이 선행되고 있다.

2. 지대추구 팔레비왕정과 시아 이슬람혁명

1925년 입헌군주국 카자르 이란(Qajar dynasty, 1795~1925)의 의회 내

울라마가 쿠데타에 성공한 레자 샤(Reza Shah Pahlevi, 1925~1941)를 국
왕으로 추대하면서 팔레비왕조(Pahlevi dynasty, 1925~1979)가 시작되
었다. 이란은 터키, 사우디아라비아 등과 함께 제국주의의 직접적인 식민
통치를 받지 않은 몇 안 되는 중동 국가 중의 하나이지만 그 영향으로부터
완전히 자유로울 수는 없었다. 팔레비왕조에 대한 영국과 소련의 간섭이
심화되면서 왕권의 기반이 약화되었고 1941년 레자 샤는 압력에 의해 아들
인 무함마드 레자(Muhammad Reza Shah Pahlevi, 1941~1979)에게 왕
위를 물려주게 되었다. 제2차 세계대전 이후 첫 민주주의 선거를 통해 민족
주의자 모사덱(Muhammad Mosaddeq)이 수상에 취임하였고, 곧이어 영
국-이란 석유회사[Anglo-Iranian Oil Company, 현재 브리티시 석유회사
(British Petroleum Company)]를 국유화하였다. 모사덱과 민족주의자
의 연합체인 민족전선(National Front Party)은 좌파와 이슬람주의자를
포함하여 국민 대다수의 신임을 얻었다. 모사덱 정부는 근대화정책을 추진
하면서 왕권을 제한하는 개혁정책을 실시해나갔으나 1953년 미국 중앙정
보국(CIA)의 지원을 받은 왕당파의 쿠데타가 일어나면서 모사덱은 투옥되
고 의회는 유명무실해졌다.

전후 짧았던 왕권약화와 자유화의 시기를 뒤로하고 복귀한 무함마드
레자 팔레비왕은 당시 영향력을 증대해가고 있던 미국의 후원을 업고 친미
독재를 시작하였다. 팔레비왕은 1955년 바그다드조약을 통해 철저한 반공
주의를 선언하고 미국과 군사협정을 체결하였으며 미국 내 석유 메이저회
사는 브리티시 석유회사를 대신하여 이란 석유의 안정된 공급을 약속 받았
다. 국내적으로 비밀경찰인 사바크(SAVAK)와 군을 강화시킨 팔레비왕은
1963년 토지개혁을 골자로 하는 백색혁명(White Revolution)을 실시하
면서 이미 와해된 사회주의 투데당(Tudeh Party)과 좌파세력에 이어 전
통사회와 이슬람세력에 대한 공격을 시도하였다. 팔레비왕정은 국고수입
의 절대량을 국내경제에 기반 한 산업 활동이 아닌 석유수출에 의존했던

전형적인 지대추구 국가였으며 국가의 부를 생산적인 경제투자가 아닌 무절제한 현대식 무기구매나 소수 친인척의 사치에 소비하였다. 팔레비왕은 약화되어가는 정권의 정당성을 회복하기위해 분배기제에 의존하면서 특히 1960년대 중반 이후 국민으로부터 걷는 세금의 양을 현격히 줄였으나 곧 이은 국제유가의 파동은 석유 의존적 경제를 파국으로 내몰았다.

결국 울라마를 대표하는 호메이니(Ayatollah Ruhollah Khomeini)의 지도 하에 1978년부터 도시를 중심으로 반팔레비 운동이 조직되었고 1979년 군과 비밀경찰마저 시민의 편에 서자 팔레비는 미국으로 망명하였다. 팔레비정권의 군대와 관료는 해외 군사경쟁이나 이로 인한 압박이 없었음에도 농민봉기도 결합되지 않은 도시 사회운동 앞에 무력하였다. 지대추구 정권을 무너뜨린 이러한 사회혁명의 배경에는 도시 바자르의 네트워크와 시아이슬람이 있었다.

첫째, 이란의 도시는 역사적으로 바자르를 중심으로 발달하였고 바자르 내의 공동체는 활발한 경제활동과 풍부한 네트워크를 기반으로 한 사회조직생활의 중심이었다. 특히 종교모임은 바자르의 상인과 수공업자, 농민, 노동자를 연결하는 중요한 고리였고 바자르의 상인은 자발적인 종교세를 울라마에게 지속적으로 납부하였다. 그러나 팔레비왕은 1960년대 중반부터 위로부터의 근대화와 자본주의 산업화 과정에서 테헤란을 비롯한 여러 도시의 바자르를 전략적으로 배제시켰고 특히 바자르의 종교생활과 밀접히 연계되어있던 울라마를 그들 고유의 활동영역인 교육, 법, 사회복지 부문에서 제외시켰다. 1970년대 초 석유수출국기구(OPEC) 주도의 오일쇼크와 유가상승으로 인해 많은 양의 오일머니가 갑작스럽게 유입되자 팔레비왕은 국가주도의 경제발전 프로그램을 더욱 활발히 가동시켰다. 당시 도시에는 전체인구의 50% 이상이 집중되어 있었고 늘어난 국가지출, 높은 임금, 새로운 일자리와 사회복지 서비스의 혜택에 의지하고 있었다. 그러나 이러한 과정은 동시에 새로운 인구와 자원을 바자르로 유입시켰고 이에 따라 소규모의 수공업 사업체가 증가하였다. 1970년대 중반 당시 도시 전체 노동자의 70% 이상이 10명 이하 규모의 작업장에 소속되어 있었다(Nasr 2005, 359-61; Skocpol 1994, 246-8). 급속히 증가한 도시인구 때문에 이후 이란 석유에 대한 국제수요가 줄어들자 이란은 심각한 인플레이션과 함께 대량해고를 경험해야 했다. 시민들은 국가를 맹렬히 비난하였고 국가권위의 유일한 책임자인 팔레비 왕에 대한 항의가 도시 바자르를 중심으로 조직되었다.

둘째, 시아이슬람은 바자르를 중심으로 한 도시공동체의 저항을 조직하는데 있어서 상징적인 구심체였고 군과 비밀경찰의 물리적 탄압에 맞설 수 있는 순교적 도덕성을 부여해주었다. 반면 지대추구 왕정치하에서 어떠한 연합이나 연대의 움직임도 허용되지 않았던 군 장교와 관료는 쿠데타를 통해 부패한 왕을 제거하고 체제를 유지해 볼 시도도 해보지 못한 채 무력하게 해체되었다(Nasr 2005, 362; Skocpol 1994, 17, 249). 종교사상적 관점에 따르면 이슬람의 소수종파인 시아이슬람은 흔히 부패한 권위에 대한 저항을 정당화하며 종교지도자를 국가의 경쟁자로 간주한다고 여기기도 하지만 시아파의 교리 그 자체가 특정한 정치적 변화나 발전을 가져왔다고는 보기 힘들다. 오히려 시아추종자의 정치활동은 시대변화와 지역의 다양성에 따라 여러 가지 다른 모습으로 나타났다.

혁명의 주도세력은 부패한 독재자의 축출과 자유민주주의의 회복이라는 공통된 정치슬로건 아래 이슬람이라는 상징적 매개체를 빌어 세속 자유주의자, 민족주의자, 좌파, 이슬람주의자 모두를 포함하고 있었다. 뚜렷한 전위정당 없이 혁명에 성공한 이들은 이후 새로운 국가형성 과정에서 치열한 주도권 다툼을 벌였다. 호메이니와 급진 울라마는 전통적 이슬람요소에 친근한 중하층 민중을 동원함으로써 세속 자유주의자, 좌파, 그들의 지지세력인 근대적 중산층, 대학생, 노조를 권력구조에서 제외시키는 데 성공하였다. 고전적 사회혁명의 예를 보더라도 국가권력의 제한과 분산을 강조하는 자유주의자와 좌파는 중앙집권적 국가기구 형성을 위한 대중의 지지를 동원하는데 있어서 정치적 지도력을 발휘하지 못하는 반면 이슬람성직자는 긴박하게 진행되었던 권력투쟁에서 혁명국가 건설의 도덕적 자신감으로 넘쳤다(Brumberg 2000, 131-2; Skocpol 1994, 18, 251; Nasr 2005, 366). 게다가 팔레비정권 하에서 세속주의자 반대세력에 대한 탄압과 감시가 이슬람주의자보다 훨씬 높은 강도로 이루어졌고 결국 전자는 조직력을 확장하는 데 실패한 반면 이슬람성직자는 모스크, 지방 이슬람법원, 종교학교, 사회복지 시설 등의 종교관련 기구를 통해 이미 민중 사이에 깊숙하게 침투되어 있었다. 결국 강경보수파 울라마의 주도 하에 건설된 이슬람공화국에서 정치영역의 권위가 종교 아래 종속되었고 이에 대한 자유주의자나 좌파의 문제제기는 혁명정부를 와해하려는 불순한 음모나 서구의 영향력으로 선전되었다. 이슬람역할의 확대라는 국가이데올로기는 이후 1979년 미국 대사관 인질사건2)과 1980년 이란-이라크전3) 발발을 통해 더욱 공고화되었다.

3. 종교공화국과 정치대통령: 힘의 제도적 불균형

1300여 년 전에 등장한 이슬람에는 공화제나 의회라는 개념이 존재하지 않기 때문에 현대의 복잡한 문제는 이슬람성직자 가운데 최고의 권위를 누리는 이슬람법학자 울라마의 이즈티하드(*ijtihad*) 즉, 독립적인 판단에 맡긴다. 소수종파인 시아파에서 울라마에게 부여하고 있는 권한은 다수

---

2) 미국이 망명한 팔레비 왕을 보호해 주자 이란의 학생과 시민이 주이란 미 대사관 직원을 인질로 삼으며 맞교환을 요구한 사건이며 1년이 넘어서야 해결되었다.

3) 이슬람에서 자주적 국가철학을 찾자는 이란 이슬람혁명정부의 영향력 확산을 두려워한 이웃나라 이라크가 1980년 아랍사회주의의 주장아래 이란을 공격하면서 발발한 전쟁으로 9년간 지속되다가 1989년 미국의 지원을 받은 이라크의 승리로 끝이 났다.

순니파와 비교할 때 훨씬 강력하며 역사적으로 이란 시아파의 울라마는 공
동체의 정신적 지도자였다. 혁명 이후 새로운 국가의 헌법은 호메이니의
해석과 판단에 근거한 이슬람법학자 통치론(*velayat-e faqih*)으로 마련
되었고 1979년 국민투표에 의해 채택되었다. 이 헌법은 울라마에게 국가
의 최고지도권을 부여하고 있으며 최고 종교지도자가 된 울라마는 그의
이슬람법학 이론에 대한 지식과 종교 정치적 신임도를 86명의 울라마 전
문가의회에게 검증받아야 한다. 종신제인 최고 종교지도자는 매우 광범위
한 권력을 행사할 수 있어서 대통령의 결정을 포함한 대부분의 정치적 결
정과 정책을 거부할 수 있으며 군의 최고통수권자이기도 하다. 최고 종교
지도자의 궁극적인 역할은 이란인들을 (원칙적으로는 종파를 초월한 모든
무슬림을) 신의 정의로운 정부로 인도하는 것이다. 또한 새 헌법은 시민의
공직선거 참여 권리를 시아파 혁명사상과 이슬람원칙에 의거하여 판단하
기 위해서 울라마로 구성된 헌법수호 위원회(Council of Guardians)를
설치하도록 명시하고 있다.

　선출되지 않은 최고 종교지도자가 국가의 주요사안에 대해 최종결정
권을 행사하는 반면 선출된 대통령은 행정수반이다. 대통령의 후보 역시
울라마 전문가의회의 86명 가운데 12명에게 검증받아야 하며 이중 6명은
최고 종교지도자에 의해 지명된다. 대통령은 4년제 임기로 한 번의 연임
이 가능하며 내각의 수반인 총리를 임명하고 의회와 함께 주로 외교정책
을 만들어낸다. 입법권은 290명의 4년제 국회의원으로 구성된 일원제 국
민의회에 의해 행사되며 중요한 문제에 대해서는 국민투표에 의한 입법권
행사도 인정하고 있다. 최고법원장과 사법부 장관은 반드시 울라마이어야
하며 법관은 이슬람법 샤리아(*shari'a*)에 바탕을 두고 판결을 내린다. 이
처럼 대통령과 정치영역에 대한 종교지도자의 힘의 우위가 제도적으로 보
장된 것은 혁명 직후 권력투쟁 과정에서 강경보수파 울라마의 승리로 인
한 것이다.

독식한 권력을 유지하는 과정에서 이슬람공화국의 집권 울라마는 혁명 이전의 과대 성장한 강권국가를 복원하였다. 혁명을 통해 정권, 계급구조, 지배이데올로기가 급격하게 변화했음에도 불구하고 국가의 압도적인 역할과 국가-사회관계에서 힘의 불균형은 그대로 유지되었다. 집권 울라마는 혁명수비대(Revolution Guards)를 비롯한 군, 검찰, 경찰의 강권기구를 통해 새로운 이데올로기에 따른 사회통제를 공고히 했다. 즉 이슬람원칙에 따른 생활방식을 지도하기 위해 복장을 포함한 사회생활 전반에 대한 이슬람화 과정을 직접 감독했다. 발전이나 성장보다는 이슬람화를 통해서 국가이익을 획일적으로 추구했던 혁명정부는 국내계급 세력이나 국외세력으로부터 이념적, 조직적으로 독립되어 있었고 이는 국내정치에서 공기업의 비대화와 관료의 부정부패를, 지역과 국제정치 환경에서는 급진적 요소를 각각 확장시키는 요소가 되었다(Nasr 2005, 362-3). 이렇듯 사회에 대한 강권국가의 지배라는 점에서 새로운 혁명정부는 팔레비정권과의 유사성을 보이기도 하지만 전자는 후자와 같은 사유화된 권력을 키우지는 않았으며 호메이니와 울라마 엘리트의 집단적이고 공동체적인 통치를 통해 권력을 공유했다.

요약하면 이란 이슬람공화국의 혁명정부는 이데올로기적, 제도적 특수성에도 불구하고 복원된 강권기구, 비효율적인 공공분야, 만연한 부정부패 등 제3세계 권위주의 정권에서 쉽게 찾아볼 수 있는 문제점을 공유해 왔다. 비교적 자유롭고 공정한 절차를 통해 선출된 대통령과 그의 영역인 행정부는 종교지도자와 집권 울라마에 대한 견제세력이자 이들 권위주의 특권층이 야기한 문제를 해결할 수 있는 대안으로 여겨지고 있다. 실제로 대통령은 선출된 공직자라는 정통성을 바탕으로 법치주의 준수와 공적영역에서 비 성직자 역할의 확대를 주장하며 종신제 최고 종교지도자 체제에 대한 개혁을 요구해오고 있다. 이에 대한 국민의 지지는 1989년 호메이니 사후 증가하기 시작하여 1997년 대통령선거에서 온건개혁파 울라마인 하타미(Ayatollah Mohammad Khatami)를 70%의 압도적 지지율로 당선시키면서 전면화 되었다. 이러한 변화의 추세는 2001년 대통령선거에서도 높은 지지율로 재선된 하타미대통령의 개혁정책과 함께 더욱 가속화되었다.

4. 조건적 민주주의 하에서 혁명 후속세대의 충성적 항의와 대통령 주도 개혁

이란 이슬람공화국 내 개혁에 대한 시도는 호메이니 사후 보수파의 하메네이(Ayatollah Ali Khamenei)가 최고 종교지도자가 되고4) 온건파의 라프산자니(Ayatollah Ali Akbar Hashemi-Rafsanjani)가 대통령직을 수행하면서 시작되었다. 라프산자니 정부는 혁명수비대를 포함한 혁명 강권기구를 일반 군, 검찰, 경찰 조직 내로 편입시키면서 혁명 직후 급조된 이원 안보체계를 단일화했다. 또한 교조적인 이슬람화의 강조 대신 탈이데올로기적인 행정부의 위상을 부각시켰고 국가의 이해관계를 경제성장으로 전환시키면서 자신의 입지를 다져나갔다. 민영화, 기간투자, 자유무역 지대 등으로 대표되는 라프산자니 정부의 경제정책은 과거 팔레비정권의 구호와 유사하였음에도 불구하고 유권자의 전폭적인 지지를 얻었고 라프산자니의 재선으로 이어졌다(Nasr 2005, 366-8). 그러나 강경보수파 울라마 역시 사회문화적 이슈에서 반 서구 친 이슬람정책을 적극 펼쳤고 정치적, 경제적 수혜자인 공기업의 관리와 노동자를 반개혁연합 전선으로 동원하였다.

1997년 새롭게 선출된 하타미대통령에 의해 대내외 개혁정책이 더욱 적

---

4) 호메이니 생전 그의 아들인 아흐마드 호메이니(Ahmad Khomeini)를 차기 종교지도자로 지목했다는 설이 나오기도 하였으나 종교적 신임이 존립 권위의 상징이었던 이란 이슬람공화국에서 중간급 성직자였던 호메이니 아들의 세습은 이루어지지 않았다. 당시 호메이니가 차지하고 있던 혁명의 정신적 지도자라는 위치에도 불구하고 울라마 전문가 의회는 호메이니의 개인적 선택을 받아들이지 않았다(Brownlee 2007, 621-23).

극적으로 추진되어감에 따라 대통령 주도의 개혁운동에 대한 국민의 지지가 확산되었고 대통령의 실질적인 영향력 역시 확대되었다. 하타미대통령으로 대표되는 온건개혁파 울라마 그룹은 보다 다원적이고 유연한 시각으로 이슬람법학을 해석, 적용하였다. 이들은 이슬람을 보다 포괄적이고 민주적인 차원에서 개인의 자유와 시민사회의 확대, 민주주의와 사회정의를 보장하는 방식으로 발전시켜야 하며 또한 이슬람이 권위주의와 종교독재를 정당화하는 도구로 이용되어서는 안 된다고 강조하였다. 이러한 온건개혁파 가운데 일부는 시아이슬람과 사회주의를 접목시키면서 맑스나 파농의 혁명이론을 혁명 전 이란 사회에 적용시키기도 한다(Baktiari 2005, 122-3; Brumberg 2000, 132-3).

자유화, 경제성장, 미국과의 관계개선 등을 주요의제로 내세우는 하타미대통령과 친 개혁연합은 행정부와 중앙은행의 개혁파 전문 관료, 지방자치단체장을 중심으로 지지기반을 다지는 반면 강경보수파는 사법부와 의회를 중심으로 개혁반대를 조직하였다(Henry and Springborg 2001; Zimmt 2008). 하타미대통령 주도의 개혁운동을 지지하는 사회 내 세력으로는 첫째 경직된 이슬람화로 인한 국내적 규제와 국제적 고립에 지치고 불만에 찬 중산층, 둘째 집권 울라마의 인권탄압을 반대하는 지식인, 셋째 이란 사회 내 여성의 권리와 역할을 축소하려는 강경보수파 울라마연합에 저항하는 여성, 넷째 문화적, 사회적 자유를 갈망하고 보다 나은 교육과 일자리의 기회를 요구하는 청년층이 포함되어 있다(Baktiari 2005, 111; Brumgberg 2000, 134). 특히 1980년 이후 9년 동안 겪었던 이란-이라크 전쟁의 여파와 1990년대 중반 이후 시작된 미국주도의 경제제재로 인해 기존의 석유의존적이고 허약한 경제가 더욱 약화되었으며 이러한 지속적인 경제위기가 개혁운동을 향한 혁명 후속세대의 지지를 더욱 확산시켰다.

1999년 7월 대학가에서 하타미대통령을 지지하는 그룹과 반개혁 세력 간의 무력충돌이 일어나자 하타미정부에 대한 보수파의 공격이 시작되었다. 2000년 초 16개의 자유주의 성향 언론사가 검찰에 의해 사전통보도 없이 폐간 당하였고, 2000년 4월부터 2001년 3월까지 언론탄압 철회를 요청하는 약 2천여 건의 보고서가 언론감독 위원회(Press Supervision Council)에 접수되었으나 오직 62건만이 행정처리 되었다. 개혁 성향의 공직자들이 이슬람 문화국(Ministry of Islamic Guidance and Culture)에서 해고되었고 이슬람을 오독하고 모욕했다는 이유로 지식인, 기자, 법조인, 자유주의 성향의 성직자, 출판인, 학생운동 지도자, 중간급 관리가 연이어 체포되었다(Freedom House 2008). 강경보수파 울라마는 또한 온건개혁파가 상정한 법안의 통과를 지속적으로 방해하였고 개혁파 총선후보자에 대한 헌법수호 위원회의 자격검사 심의에서 이들을 의도적으로 탈락시킴으로서 친 개혁연합을 정치적으로 고립시켜왔다.

결국 최고 종교지도자 하메네이를 중심으로 한 강경보수파 기득권층 울라마의 집요한 정치적 방해로 인해 하타미대통령 주도의 개혁운동은 즉각적인 제도의 변화로 이어지지는 못하였다.[5] 그럼에도 불구하고 1990년대 말부터 가속화된 선출된 대통령에 대한 국민의 지지와 이에 따른 실질적 영향력의 강화는 회귀할 수 없는 추세이다. 최근 친개혁연합은 공직선거 참여자를 심사하는 헌법수호 위원회의 역할을 축소하고 대통령의 권한을 강화하는 법안을 상정하였다. 그러나 집권 울라마가 강권기구에 대한 통제권을 장악하고 있는 한 자신의 이해관계가 위협받을 시 언제든지 무력

---

5) 개혁부진의 또 다른 원인으로서 이상주의적 학자인 하타미대통령의 정치력 한계를 꼽기도 한다. 하타미의 개인적 성격을 고려할 때 강경보수파의 반대를 무릅쓰고 개혁을 몰아붙이는 추진력과 결단력이 부족했으며 위기의 순간마다 돌파구를 찾기보다는 체제 내에서 그 합의점을 찾고자 했다는 것이다. 시민사회를 향한 집권 울라마의 폭력적 탄압에 대해 하타미는 자신에게 허락된 제한된 권력만을 탓한 채 미약하게 대응하였고 친개혁연합 세력을 충분히 보호해주지 못했다. 학생운동 조직의 일부는 이러한 하타미에 대해 배신감을 표명하였고 몇몇 개혁 성향의 공직자들 역시 보다 적극적인 대응을 요구하면서 항의의 표시로서 사임을 하기도 하였다. 하타미의 소극적인 저항을 비난하던 이들은 "이란은 구소연방이 아니며 하타미는 고르바쵸프가 아니다"라는 말로 실망을 표현하기도 하였다(Baktiari 2005, 130).

을 사용할 수 있기 때문에 헌법개정을 둘러싼 획기적이고 빠른 변화를 기
대하기는 어렵다.

하지만 아래로부터의 성공적인 혁명을 통해 부패한 지대추구 왕정을
무너뜨린 후 새로운 체제의 국가건설을 이뤄낸 혁명의 후속세대는 여전히
높은 정치의식과 참여도를 보이고 있다. 팔레비정권 후기 세속 자유주의
자, 민족주의자, 좌파의 정치적 조직력을 경험한 바 있는 이란 시민사회는
다원주의와 자유화 확대에 대한 요구를 더욱 강화하고 있다. 현재 친 개혁
연합 세력 가운데 이슬람 학생조직의 경우 50만 명이 넘는 회원을 보유하
고 있다. 이란의 급변하는 인구구성 역시 개혁과 변화의 요구에 힘을 실어
주고 있다. 16세 이상에게 투표권을 부여하고 있는 이란에서 현재 25세 이
하의 청년층이 전체인구의 60% 이상을 차지하고 있으나 이들은 25세 이하
의 실업률이 85%에 육박하는 심각한 청년실업 상태에 놓여있다(Freedom
House 2008). 청년인구는 지하경제를 통해 손쉽게 구할 수 있는 약물이나
마약에 의존하며 현실정치에서 '탈퇴'하기도 하지만 대부분 집권층의 인권
탄압, 부정부패, 경제정책 실패, 외교적 무능력에 대해 '항의하고 저항'하
고 있다. 특히 하타미정부가 추진한 개혁정책의 성과물 중 하나인 대중매
체의 활성화는 이러한 항의의 조직화를 촉진하고 있다. 강경보수파의 탄압
에 의해 많은 개혁 성향의 출판사와 신문사가 폐간되면서 2000년대 초 전
국의 신문 구독 율이 45% 이상 하락하였지만 여전히 자유주의 성향의 주
요 일간지가 적어도 3개 이상 존재하고 있다. 또한 위성방송과 인터넷의
확산이 급속하게 이루어지고 있으며 특히 인터넷은 부담 없는 설치가격으
로 인해 대부분의 중산층에게 보급되어있다. 이슬람에 반하는 내용이나 포
르노의 접근은 인터넷서비스 제공자에 의해 차단되고 있으나 젊은 층의 웹
사이트나 블로그의 이용은 갈수록 늘어나고 있는 추세이다(Freedom House
2008).

2005년 대통령선거에서 무명의 아흐마디네자드(Mahmoud Ahmadinezhad)

가 당선되면서 이란 이슬람공화국 수립 이후 최초로 비성직자 출신의 대통령이 탄생하였다. 아흐마디네자드의 경쟁자였던 라프산자니는 온건파 울라마이기는 하지만 1989년부터 1997년까지 두 차례에 걸쳐 이미 대통령 직을 수행한 대표적인 구시대 정치인이다. 경제 분야의 투명성을 주요정책으로 내건 아흐마디네자드는 이슬람 성직자가 아니며 국가고위직을 장악하고 있는 강경보수파 울라마의 부정부패 체제로부터 자유로운 순수한 정치영역의 대표자로서 유권자에게 인식되었다. 2008년 3월 총선에서 강경보수파 울라마연합은 2004년에 이어 온건개혁파 총선 후보자를 자격심의 과정에서 대거 탈락시켰고 이는 보수파 내부의 반대마저 불러일으켰다. 집권 울라마의 이러한 정치적 공작은 저조한 투표율로 이어졌고 성직자 당선비율이 혁명 이후 가장 낮게 나타나는 의회의 세속화 현상을 기록했다(Zimmt 2008).[6]

5. 나오는 말

이란 이슬람공화국은 제도적으로 공화국보다 이슬람에 강조점을 두고 있다. 헌법은 종교적이고 민주적인 요소 두 가지 모두를 포함하고 있으나 후자가 아닌 전자에게 국가경영의 주도권을 부여하고 있다. 지대추구 팔레비 왕정을 무너뜨린 시아 이슬람혁명은 바자르를 중심으로 한 도시 공동체의 조직력과 부패한 권위에 맞서는 저항에 순교적 정당성을 부여했던 시아이슬람의 결합으로 가능하였다. 혁명 직후 주도세력 간의 권력투쟁 과정에서 강경보수파 울라마는 세속 자유주의자, 민족주의자, 좌파를 성공적으로 제

---

6) 2차례에 나누어 치러지는 총선은 각각 60%, 25% 미만의 투표 참여율을 나타냈고 전체 290명의 의원 가운데 성직자 출신의 당선자 수는 지난 2004년 총선의 41명에서 30명으로 감소했다(Zimmt 2008).

거하였고 대통령의 권위를 종교지도자 아래의 행정수반으로 축소시켰다. 이처럼 대통령과 정치영역에 대한 종교지도자의 힘의 우위가 제도적으로 보장되면서 집권 울라마는 종교주권을 독점적으로 행사했고 아래로부터의 개혁요구를 억압하였다.

이에 대한 항의로서 시민들은 선출된 대통령과 그의 영역인 행정부 주도의 개혁운동에 대해 전폭적인 지지를 보냈고 대통령의 실질적인 영향력 역시 확대되기 시작하였다. 개혁에 대한 시도는 1989년 호메이니 사후 대통령으로 당선된 온건개혁파 라프산자니에 의해 시작되었고 공적영역에서 비 성직자 역할의 확대, 최고 종교지도자의 종신제도 개혁 등을 포함하였다. 이후 1997년 하타미가 대통령으로 당선되고 2001년 재선에 성공하면서 행정부의 위상 확대, 이슬람의 민주주의적 해석, 정치 및 경제 자유화, 미국과의 관계개선 등을 주요 의제로 내세우는 친개혁연합의 정치적 입지는 더욱 공고화되었다. 성공적인 사회혁명에 대한 충성심을 보유한 후속세대는 제한적이나마 선거라는 참여기제가 존재하는 조건적 민주주의 체제 하에서 탈퇴가 아닌 항의에 의존하기 때문이다. 친개혁연합은 국가조직 내부로는 행정부의 전문 관료와 지방자치 단체장을, 사회 내에서는 거대한 국가의 권위주의적 통제에 반대하는 중산층, 지식인, 여성운동가, 청년층을 중심으로 그 지지기반을 다져나가고 있다. 한편 강경보수파 울라마 연합은 사법부와 의회를 중심으로 개혁연합에 대한 정치적 고립을 조직화하고 있으나 큰 성과를 거두지 못한 채 오히려 내부분열의 문제점에 봉착하고 있다.

참고문헌

장지향. 2008. "중동국가의 대외관계 변화와 석유의 정치학." 한국정치학회 하계 및 건국50주년 기념 학술회의.

Anderson, Lisa. 1987. "The State in the Middle East and North Africa." *Comparative Politics* Vol. 20, No. 1.

Ayubi, Nazih. 1995. *Over-Stating the Arab State: Politics and Society in the Middle East*. London: Tauris.

Baktiari, Bahman. 2005. "Dilemmas of Reform and Democracy in the Islamic Republic of Iran." Robert W. Hefner (ed.). *Remaking Muslim Politics: Pluralism, Contestation, Democratization*. Princeton: Princeton University Press.

Brownlee, Jason. 2007. "Hereditary Succession in Modern Autocracies." *World Politics* Vol. 59, No. 4.

Brumberg, Daniel. 2000. "Is Iran Democratizing? A Comparativist's Perspective." *Journal of Democracy* Vol. 11, No. 4.

———. 2002. "The Trap of Liberalized Autocracy." *Journal of Democracy* Vol. 13, No. 4.

Diamond, Larry, and Daniel Brumberg. 2003. "Introduction." Larry Diamond, Marc F. Plattner, and Daniel Brumberg (eds.). *Islam and Democracy in the Middle East*. Baltimore: Johns Hopkins University Press.

Diamond, Larry. 2002. "Thinking About Hybrid Regimes." *Journal of Democracy* Vol. 13, No. 2.

———. 1999. *Developing Democracy*. Baltimore: Johns Hopkins University Press.

Evans, Peter. 1995. *Embedded Autonomy: States and Industrial Transformation*. Princeton: Princeton University Press.

Freedom House. 2008. "Iran." *Freedom in the World*. Lanham: Rowman & Littlefield Publishers.

Henry, Clement M., and Robert Springborg. 2001. *Globalization and the Politics of Development in the Middle East*. Cambridge: Cambridge University Press.

Hirschman, Albert O. 1970. *Exit, Voice, and Loyalty*. Cambridge: Harvard

University Press.

Jang, Ji-Hyang. 2008. "Islamic Fundamentalism." *International Encyclopedia of the Social Sciences*. William A. Darity, Jr. (ed.). Vol. 3. 2nd ed. Detroit: Macmillan Reference.

Nasr, Vali. 2005. "Iran." Jeffrey Kopstein and Mark Lichbach (eds.). *Comparative Politics*. Cambridge: Cambridge University Press.

Owen, Roger. 2004. *State, Power, and Politics in the Making of the Modern Middle East*, 3rd ed. London: Routledge.

Ottaway, Marina, and Thomas Carothers. 2004. "Middle East Democracy." *Foreign Policy* Vol. 83, No. 6 November/December.

Ross, Michael. 2008. "Oil, Islam, and Women." *American Political Science Review* Vol. 102, No. 2.

Skocpol, Theda. 1994. "The Rentier State and Shi'a Islam in the Iranian Revolution." *Social Revolutions in the Modern World*. Cambridge: Cambridge University Press.

Zimmt, Raz. 2008. "Iran's 2008 Parliamentary Elections: A Triumph of the System." *Middle East Review of International Affairs* Vol. 12, No. 3.

제9장

인도네시아 :

국가기관 중심 대통령제의 특징과 변화*

강영순 (한국외국어대학교)

1. 들어가는 말

인도네시아(RI: Republik Indonesia)는 약 350년간 네덜란드 통치체제의 영향 하에 있다가 제2차 세계대전 당시 3년 반 정도 일본의 지배를 받은 뒤 1945년 8월 17일에 독립한 이후부터 대통령제를 채택하여 지금에 이르고 있다. 독립혁명기(1945~1949)부터 인도네시아의 정치적 민주화와 국민을 위한 민주주의를 실현시키기 위해 수카르노(Soekarno) 초대 대통령으로부터 수하르토(Soeharto), 하비비(B. J. Habibie), 와히드(Abdurrahman Wahid), 메가와티 수카르노푸트리(Megawati Soekarnoputri) 대통령 등을 거쳐 현재 재임 중인 유도요노(Susilo Bambang Yudoyono) 대통령에 이르도록 대통령제가 지속되어 왔으나 현재의 대통령제 형태와 그 권력은 다소의

---

* 이 장은 『아시아연구』(한국아시아학회) 제11권 1호(2008년 6월)에 게재된 것을 일부 수정·보완한 것임.

변화를 보이고 있다.

독립 하루 만에 독립준비위원회를 통해 추대된 수카르노 대통령과 하
타(Mohammad Hatta) 부통령으로 초대정부가 구성된 동시에 독립준비위
원회를 통해 지금까지 인도네시아 헌법의 핵심을 이루고 있는 1945년 헌법
(UUD 1945: Undang-Undang Dasar 1945)[1]을 공식화시켰다. 대통령제
의 일반적인 특성과는 다르게 삼권의 존재 외에 국민협의회라는 체제를 통
해 대통령이 선출되어 왔고 권한을 수행하여 왔다. 인도네시아 수카르노
정부는 1945년 헌법에 기준하여 독립혁명기와 의회민주주의, 그리고 교도
민주주의 과정을 거치면서 대통령의 권력을 극대화시켰고 대통령 시스템
을 구축시켜 나갔다. 교도민주주의 시대엔 정치세력들 간에 상호균형을 이
루기 위해서 그리고 모든 계층의 지지를 확보하기 위하여 민족주의집단,
종교집단, 공산주의집단 연합체제의 나사콤 체제를 구상하여 인도네시아
식 민주주의를 구현시키려 하였다. 그 이후에 대권을 이어받은 수하르토는
일곱 차례에 걸쳐 연속하여 대통령으로 장기집권함으로 대통령 권력을 극
대화시킨 인물이다. 경제발전이란 명목이 그의 권한을 극대화시킨 요인이
되었다. 정치과정을 통해 그동안 헌법상의 권한 규정보다는 대통령 한 개
인이라는 인물에 전적으로 권력이 집중되어 있었음을 알 수 있다. 그의 장
기집권은 결국 금융위기 시에 국민들의 불만을 야기시켰고 민주화의 요구
로 정권이 교체되고 국민들의 직접적인 정치참정권이 행사됨으로써 대통
령제의 변화를 가져왔다.

이러한 인도네시아 대통령제의 변화과정을 통해 특징을 살펴보고 대통
령의 제도상 권력과 변화, 그리고 현 대통령의 권력형태를 분석해 보는 것
이 이 장의 목적이다. 이 장의 구성은 제2절에서는 인도네시아 대통령제의

---

1) 1945년 헌법(UUD 1945)은 2008년 1월 현재까지 1999년, 2000년, 2001년, 2002년 네 차
례 개정되었으며 부분적인 해석이 지속적으로 검토되고 있다. 1945년 헌법은 UUD 1945,
P-4, GBHN, Tap-Tap MPR 1988 참조.

시대별 특징을 공화국 성립기, 연방체제기, 의회민주주의시기, 교도민주주의시기 등으로 구분하여 살펴본 후에 제3절에서 인도네시아 대통령의 제도상 권력과 전환기의 대통령 권력 변화와 주요 국가기관과의 관계변화를 설명한다. 제4절에서는 현 대통령의 권력형태를 개정헌법에 비추어 분석하며 마지막 절에서 이 장의 요약과 함께 결론을 맺는 형태를 취하고자 한다.

2. 인도네시아 대통령제의 시대별 특징

1) 공화국 성립기 대통령제

공화국성립기는 인도네시아가 독립한 1945년을 기준으로 한다. 수카르노와 하타에 의해서 일본으로부터의 독립이 선포된 1945년 8월 17일에 인도네시아공화국이 성립된 이래로 인도네시아에서는 대통령제가 실시되었다. 독립한지 하루 후인 8월 18일에 인도네시아독립준비위원회(PPKI: Panitia Persiapan Kemerdekaan Indonesia)에서 수카르노를 대통령으로 하타를 부통령으로 선출하고 '1945년 헌법(UUD 1945, Undang-Undang Dasar 1945)'으로 명명된 국가헌법을 제정하여 합법화시켰다. 따라서 8월 18일부터 인도네시아 대통령 행정부가 처음으로 형성되어 그 기능이 발효되기 시작한 것이 대통령제의 시초이다. 그러나 식민정부로부터 이양되는 전환기 가운데 형태를 찾는 작업 중이었기 때문에 완전한 형태를 갖추지는 못하였다.

1945년 헌법에 명시된 대로 실행되지 않았으며 발전과정에서 지속적으로 불일치가 나타나는 가운데 대통령에게 권력이 집중된 시기였다. 공화국에 초기 대통령 행정부의 권한은 절대적인 형태를 띠었다. 국가기관의 이양규정을 중심으로 막 이루어져 기본헌법에 의한 국민협의회(MPR), 국회(DPR: Dewan Perwakilan Rakyat), 그리고 최고자문위원회(DPA: Dewan Pertimbangan Agung)가 형성되기 전이었기 때문이다. 따라서 모든 권

한은 인도네시아국가위원회(KNI: Komite Nasional Indonesia)의 도움
하에 대통령이 행사하였다. 수니(Ismail Suny)가 인용한 쁘링고디그도(A.
K. Pringgodigdo)의 말을 따르면 "대통령은 합법적인 독재자로 행동한다.
국가위원회의 도움은 전혀 그의 권력에 대한 통제의 역할을 수행할 수 없기
때문이다"(Suny 1963, 20; Gaffar 2000, 54)라고 함으로써 국가위원회
는 대통령의 권한을 저지할 실권이 전혀 없었으며 대통령을 보좌하는 명목
상의 기구 역할만을 할 수 밖에 없었음을 잘 나타내 주고 있다. 따라서 여
타의 행정기구들은 단지 수카르노 정부를 수반하기 위한 역할 밖에 할 수
없었다.

　1945년 8월 22일 인도네시아중앙위원회(KNIP: Komite Nasional In-
donesia Pusat)가 독립준비위원회 구성원들과 국가 주요 인물들로 구성
된 135명의 위원으로 결성되었다. PPKI위원이든 KNIP위원이든 모두 독
립을 위해 투쟁한 인물들로서 각 종족, 종교집단 등을 대표하여 선별된 인
물들이었다. 8월 29일 PPKI는 해산되고 1945년 9월 2일에 제 1차 내각이
구성되었다. 정부가 대통령제를 채택했기 때문에 제 1차 내각은 국무장관
을 겸임한 대통령 아래에 직속되었다. 이러한 정치체제의 개념 하에 내각은
의회에게 책임을 묻지 않았다. 기능, 직위, 의무 등은 KNIP에 의해 진행되
지만 대통령에게 책임을 묻는 형태였다. 내각도 의회에 의해 해산되는 것
이 아니고 대통령만이 해산권을 지니고 있었다.

　그러나 그러한 대통령의 절대적인 권력은 오래 지속되지 못했다. 1945
년 10월 16일 KNIP 제안에 따라 KNIP는 국민협의회와 국회가 결성되기
전에 입법부의 권한을 이양 받고 국가 대강령(GBHN: Garis-garis Besar
Haluan Negara)을 제정할 것이라는 결의사항을 발표하였다(Gaffar 2000,
56). 따라서 KNIP는 전적으로 대통령을 돕는 기능만을 하도록 하였다. 그
러한 결의사항이 나온 배경은 설명되지 않고 있다. 단지 독립 후엔 식민정
부로부터 공화국으로의 면모를 갖추어 가는 전환기였기 때문에 강력한 지

도력이 요구되었고 국가수립에 공헌을 한 인물들과 함께 민주주의를 실현할 수 있는 인물들로 인식되었기 때문에 수카르노와 하타에게 절대적인 권력을 부여한 것으로 보인다. 비록 독립은 했지만 네덜란드 식민당국이 여전히 인도네시아에 세력을 재구축하려고 시도함으로 독립혁명을 종식시킬 수 있는 결집력과 강력한 힘이 필요했기 때문이었다. 공화국의 면모를 어느 정도 갖춘 뒤엔 절대적이었던 대통령의 권력을 제한시키기 위해 의회와 행정부간의 동등한 국가권력 분립제도가 요구되었다.

이와 같은 대통령 행정부의 권한축소과정을 통해 인도네시아의 정치형태가 변형되었다. 한 개인인 대통령이 국가수반이자 정부의 수반으로서의 막강한 권력을 소유하던 데서 국가수반의 역할만으로 축소되었기 때문이다. 이러한 상황은 독립 3개월 만에 발생하였다.

그 당시 KNIP위원들은 대통령으로 하여금 내각이 의회에 대한 책임을 질 수 있도록 제안하였다. 수카르노 대통령은 그 제안을 받아들였다. 1945년 11월 14일 수카르노 대통령이 내각을 해산시킴으로써 인도네시아 정치의 기본형태가 변형되었다. 즉, 대통령제 특성을 지닌 정부시스템이 의회제 형태로 변화된 것이다. 이러한 시스템 가운데서 대통령은 정부의 권한을 지니지 못한 국가수반일 뿐이었다. 그의 직위는 상징적이고 의식적인 형태를 지닐 뿐이었던 것이다. 장관들은 의회에 대해 직접적인 책임을 진다. 네덜란드가 군사작전을 통해 재식민화를 시도했기 때문에 다른 것들에 전념할 수 없는 상황이었고 전환기 인도네시아 경제수준은 아주 열악한 상황이었기 때문에 정책입안문제는 그리 어려운 문제가 아니었다. 따라서 정치는 정당들, 의회, 내각 사이의 강력한 상호작용으로 나타났다. 반면에 다른 정치제도들은 아직 그 기능이 발휘되지 않았다. 단지 언론만이 정당의 미디어 기능과 사회조정의 도구로서 중요한 역할을 할 뿐이었다. 이러한 가운데서도 대통령과 부통령으로서의 수카르노와 하타는 독립 선언자로서의 권위와 카리스마를 지니고 있었으므로 그 당시 인도네시아 정치의 장에서 독보적인 위치를 점할 수 있었다.

2) 연방체제시기 대통령제

연방체제시기는 공식적으로는 1950년 1월 연방공화국이 성립된 이후부터
동년 8월 17일 모든 입법기구들이 해체될 때까지를 이른다. 1945년부터
1950년 사이에 네덜란드는 지속적으로 인도네시아공화국 정부와의 연방
체제구성을 도모하였다. 독립 후 수카르노-하타 정부는 대통령제를 중심
으로 국정을 운영해 나갔지만 네덜란드 식민정부가 독립한 인도네시아공
화국을 약화시키기 위하여 여전히 여러 가지 방법을 이용하여 재지배를 도
모했기 때문에 대통령제 실행은 그리 원활하지 못한 시기였다.

　네덜란드가 재통치 선포(주권위양)를 한지 한 달 이후인 1950년 1월 31
일에 인도네시아 연방공화국(Negara Republik Indonesia Serikat)체제
를 합법화함으로써 그 영향력은 절정에 달했다. 인도네시아연방공화국은
인도네시아 공화국(Negara Republik Indonesia), 동부인도네시아국(Negara
Indonesia Timur), 순다국(Negara Pasundan – 자카르타포함), 동부자와
국(Negara Jawa Timur), 마두라국(Negara Madura), 동부수마트라국
(Negara Sumatera Timur), 남부수마트라국(Negara Sumatera Selatan),
그리고 자치국집단 — 중부자와, 방카, 블리뚱, 리아우, 서부 칼리만탄, 대 다약,
반자르지역, 중부 칼리만탄, 동부 칼리만탄 등으로 구성되었다(Mandalangi
dan Meliala 1982, 16; Gaffar 2000, 59). 이와 같은 지역국가의 형태를
갖춘 인도네시아연방공화국 체제 가운데서 주권은 연방을 구성하고 있는
지방정부들에게 달려있었다. 그러한 형태의 국가구성은 민주주의적 정치
시스템을 활용하고 있다고 본 것이다.

　연방시스템 가운데 대통령제는 국가수반인 대통령에 의해서 움직였
다. 그러나 이러한 시스템에서는 대통령이 정부의 권한을 소유하지는 않았
다. 그러한 권한은 수상과 각료회의의 수중에 있었기 때문이었다. 장관들

은 의회에 직접적인 책임을 지고 있으며, 각 연방 대표 의원들이 대통령을 선출하였다. 대통령과 수상이 있음으로 인해 대통령의 기본 권한은 그대로 유지되지만 국정운영에 있어선 수상이 우선이며 대통령의 권력은 축소되었다. 인도네시아 연방공화국정부 시스템 가운데 부통령은 존재하지 않았다. 대통령은 연방의회의 동의로 3명의 내각구성위원을 지명할 수 있다. 그 중 한 명은 수상으로 임명하며 내각구성위원에 의해 이미 구성되어 있는 장관들을 임명한다. 대통령의 권력이 제한되어 있지만 장관들은 모든 주요 업무를 대통령에게 보고하여야 한다. 대통령은 또한 연방의회의 추천에 따라 연방의장을 임명하여 연방의회의 동의로 대법원장, 부원장, 구성원 등을 임명하는 권한을 지닌다. 그러나 이러한 인도네시아연방공화국 형태는 오래 지속되지 않았다. 1950년 8월에 인도네시아 연방공화국을 대표하는 하타 수상은 인도네시아공화국 수상이었던 할림(Abdul Halim)과 함께 연방국 형태를 해체하는 데에 서명하였으며 단일국으로 복귀함으로써 명실상부한 인도네시아공화국의 모습을 다시 갖추었다. 그동안 네덜란드에 의해 약화되었던 대통령의 권력은 인도네시아 공화국 수립을 선포한 뒤에 회복되었다.

3) 의회민주주의시기 대통령제

의회민주주의시기는 공화국 잠정헌법에 따라 1950년 8월 인도네시아중앙위원회가 국회에 그 기능을 이양한 후 1957년까지 네덜란드의 다당제 의회제도의 형식을 인도네시아에 적용하여 민주주의의 가능성을 실행해 본 시기를 이른다. 그 당시 모든 조직들이 최대한으로 그 기능을 발휘할 수 있었기 때문이다. 정당들이 결성되었고 행정처리, 강령채택, 지지 동원력 등 자치의 수준은 매우 높았다. 매스 미디어 또한 매우 효율적인 사회중재기구 혹은 사회통제 및 관리도구로서의 기능을 하였다.

의회민주주의시기의 첫 내각인 마슈미(Masyumi: Majelis Syuro Muslim

Indonesia)당의 낫시르(Mohammad Natsir)내각 때는 정치, 교육, 경제, 안보, 혁명체제 종식, 국군 창설 등의 정책을 수행하면서 수카르노 대통령의 역할을 축소시켜 상징적인 형태로 만들려는 시도도 있었다. 그러나 수카르노 대통령의 권력에 실질적인 영향을 미치지 못하였고 대내 정책 실패 등으로 국회의 지지를 확보하지 못하였기 때문에 결국엔 마슈미당의 수키만(Sukiman)내각에게 이양하였다. 수키만 내각은 마슈미와 수카르노의 정당인 인도네시아국민당(PNI: Partai Nasional Indonesia)과의 연립정부를 구성하였지만 내부 분열과 정책 실패 등으로 인해 수키만 내각도 붕괴되었다. 국민당의 윌로뽀(Wilopo)를 중심으로 한 마슈미와의 연립내각이 구성되었지만 그 역시 내부분열로 인해 붕괴되었다. 6주 정도의 공백기간이 지난 뒤에 마슈미당이 제외된 국민당의 알리 사스뜨로아미조요(Ali Sastroamidjojo)내각이 구성되었지만 경제와 안보정책 등의 실패로 인해 1955년 7월 20일에 총 사퇴하였다. 그 다음으로 마슈미당의 하라합(Burhanuddin Harahap)이 인도네시아사회당(PSI: Partai Sosialis Indonesia), 나흐타둘 우라마(NU: Nahdlatul Ulama)와의 연립내각을 구성하여 1955년 9월에 인도네시아 최초의 총선을 치루었다. 총 30개 이상의 정당이 총선에 참여해 대통령제의 새로운 국면을 보여주는 기회가 되었다.

하라합내각이 제2차 알리내각으로 교체된 후에 수카르노 대통령은 1955년 총선을 통해 선출된 국회의원들이 출석한 가운데 열린 국회에서 정당들의 경쟁과 분열을 일삼는 서구식 민주주의보다는 국민 여론에 입각하여 인도네시아 고유의 사상을 반영한 교도민주주의의 수용을 구체화하는 동시에 모든 정당의 해산을 요구하였다. 정당해산에 대한 찬반의견이 있었지만 의회민주주의 체제를 종식시키고자 했던 수카르노와 1958년 당시 뻬르머스따(Permesta: Perjuangan Semesta)반란[2]으로 인해 선포한 계엄령,

---

2) 뻬르머스따(Permesta: Perjuangan Semesta)반란은 1958년에 무자카르(Kahar Muzakar)가 술라웨시에서 일으킨 반정부 투쟁임.

제2차 알리내각의 사임(1957) 등으로 독립혁명 후기의 의회민주주의시기는 종결되었다. 따라서 독립혁명 후기의 의회민주주의시기에 수카르노는 실질적인 권력이 없는 상징적인 대통령으로 다소 역할이 축소되긴 하였지만 결과적으론 대통령제와 대통령의 권력을 보다 더 강화시킬 수 있는 발판을 마련한 계기가 되었다.

4) 교도민주주의시기 대통령제

교도민주주의시기는 1959년에서 1965년까지를 이른다.[3] 교도민주주의시기의 대통령제는 수카르노 대통령과 육군(AD: Angkatan Darat), 그리고 공산당(PKI: Partai Komunis Indonesia)의 연합체제이다. 의회민주주의시기에 정책결정에 주요 행위자로 참여하던 마슈미를 중심으로 한 이슬람 세력이 다소 약화된 동시에 의회민주주의시기 동안 실질적인 권력을 소유할 수 없었던 대통령과 의회체제 밖에 있었던 군과 내각에서 제외되었던 공산당 세력이 권력의 중심부를 이루게 되었다. 수카르노가 자신의 위치를 확고히 하기 위한 목적으로 군과 공산당과의 상호협력체제인 교도민주주의 체제를 도입한 것이다. 1959년 7월 5일 대통령령 발효로 인도네시아 정치형태는 변화를 가져왔다. 이것은 인도네시아에 독재주의를 싹트게 한 시초가 되었다. 1945년 헌법으로의 복귀로 행정부의 권한이 대통령을 중심으로 매우 강력해졌기 때문이었다.

　교도민주주의의 성립은 수카르노가 독립혁명 후기인 의회민주주의시기 정당들의 행태에 대한 실망감에서 비롯되었다. 그로 인해 1956년 10월에 수카르노는 정당들에 자유민주주의를 종식하고 강력한 지도력을 갖춘 인도

---

3) 1956년에 수카르노가 교도민주주의를 주창하였고 1957년에 제2차 알리내각의 사임과 아울러 의회민주주의시기가 종식된 사실에 근거한다면 1957년부터 교도민주주의시기에 이미 진입했다고 볼 수 있지만 수카르노가 1959년에 1945년 헌법으로의 복귀와 교도민주주의 도입을 선포하였기 때문에 이 기간으로 설정함.

네시아식 민주주의인 교도민주주의로 변경할 것을 촉구했다. 수카르노는 내각으로 하여금 공산당과 모든 큰 정당들을 포함시킬 것을 제시했고, 또한 국가위원회(Dewan Nasional), 즉 노동자, 농민, 사업가 등의 모든 사회구성원들로 구성된 일종의 자문위원회를 만들 것도 제안했다.

그러한 수카르노의 제안은 마슈미, 인도네시아사회당(PSI), 나흐타둘 우라마(NU) 등의 반대를 받은 반면에 공산당과 국민당의 강력한 지지를 받았다. 제2차 알리 사스뜨로아미조요 내각이 무너질 때 대통령으로서 수카르노는 주안다(Juanda)를 수상으로 한 내각을 구성하기 위해 스스로를 국민의 한 사람으로 표현하였다. 그러한 시도는 육군, 특히 지역의 육군들을 포함한 여러 계층으로부터 거부당하였고, 이런 문제가 중앙정부와 지방정부와의 갈등을 크게 만든 요인이 되었다. 그 이전인 1956년에 북부 및 남부 수마트라를 포함한 중부 수마트라의 일단의 장교들이 지방행정책임자들로부터 권력을 탈취한 사건이 있었다. 그들은 매우 강력한 중앙집권화 형태에 항의했으며 모함마드 하타와 스리 술탄 하믕꾸부워노 9세(Sri Sultan Hamengkubuwono IX)가 이끄는 내각을 구성하도록 요구했다.

낫시르와 쁘라위라느가라(Syafruddin Prawiranegara) 등의 몇몇 마슈미 인물들이 자카르타를 떠나 수마트라 파당으로 향했을 땐 더욱 더 상황이 악화되었다. 그 문제는 그들이 자카르타에서는 안전하지 못하다고 느꼈기 때문에 행해진 조치였다. 1957년 8월 수카르노 시해시도였던 '찌끼니 사건(Peristiwa Cikini)'이 있은 후에 그 배후로 지목된 마슈미 인물들은 거의 매일 협박을 당했다. 마침내 1958년 2월 10일에 중부 수마트라 소재 육군 사령관인 후세인(Akhmad Husein) 중령이 중앙정부에 5일 내에 하타와 스리 술탄 하믕꾸부워노 9세가 이끄는 내각을 구성할 것을 통첩하였다. 그렇지 않으면 자체정부를 구성하겠다고 하였지만 5일이 지나도 중앙정부가 이행하지 않자 1958년 2월 15일에 인도네시아공화국혁명정부(PRRI: Pemerintahan Revolusioner Republik Indonesia)를 구성하여 샤프루

딘(Syafruddin Prawiranegara)을 수상으로 지명하였다.

이에 대해 수카르노 대통령은 여러 계층으로부터 지지 세력을 구성하였다. 그로서는 육군과 공산당의 협조를 받는 것 외에는 다른 방법이 없었고, 그 결과 교도민주주의시기 정치는 세 정치 세력간의 균형을 이루기 위한 구도, 즉 수카르노 대통령, 공산당, 육군의 구도가 되었다. 수카르노는 육군이 권력을 쟁취할지도 모른다는 압박감으로 공산당의 도움을 필요로 했다. 그 외에도 수카르노는 자신만의 아젠다를 지니고 있었다. 수카르노는 PNI의 지원 약속에 의존하진 않았는데, 이는 PNI자체가 수카르노를 보다 필요로 했기 때문이며 PNI는 수카르노에 의해 좌우되었기 때문이다. 한편 수카르노가 PKI에 의존한 이유는 수카르노 자신이 의존할 수 있는 정당이 없었고 그 당시 PKI는 날로 세력이 강화되어 가는 정당이었기 때문이다(McVey 1963, 328; Gaffar 2000, 63-64). 물론 PKI도 수카르노와의 동맹으로 이득을 보았다. PKI의 이해관계를 위해 수카르노의 대중성을 최대한 활용하면서 반식민주의와 반제국주의 운동을 펼쳤고, 이를 통해서 다른 정치세력들과 동등하게 수카르노에 대한 영향력을 직접적으로 견고히 할 수 있었다.

수카르노는 또한 육군과 권력을 공유해야만 했다. 육군이 실제적인 힘, 특히 지방에서 물리적인 힘을 지니고 있었기 때문이다. 수카르노가 1957년 3월 14일에 '전쟁상태의 국가'를 선포했을 때, 지방의 육군은 지방전을 주도하며 결정적인 역할을 했다. 육군은 시민사회계층의 반대를 받을 수 있었기 때문에 수카르노를 밀어낼 수는 없었다. 수카르노는 독립가로서 뿐만 아니라 매우 큰 대중의 지지를 받고 있는 영원한 민족주의자였고, 국가수반으로서 국가 및 정부의 심벌이었기 때문이다. 모든 집단이 수카르노의 의회진출을 위해서는 수카르노의 후원을 받아야 했고 육군 또한 정부의 권력 중 일부를 획득하는 데 그렇게 할 필요가 있었다(McVey 1963, 330).

그러나 양측간의 관계는 순탄하지 않았다. 1952년 10월 17일 사건이 문제의 근원이다. 일단의 육군 장교들이 대통령궁으로 대포를 향하고 데모를 벌인 사건이었다. 그들은 수카르노 대통령이 육군의 내부에 깊숙이 간섭한다고 간주되는 임시의회를 해산시킬 것을 요구했으나 수카르노는 이를 거절하였다. 그 문제는 공산당과의 이념문제가 내포되어 있었다. 육군은 하타와 마슈미 인물들과 같은 반공산주의 인물들의 영향을 많이 받았던 반면, 수카르노는 공산당을 위협적인 요소로 생각지 않고 수용한 동시에 정치적 아젠다를 실현시키기 위해 공산당의 도움을 필요로 했다. 또한 육군은 공군에 비해서 강력한 영향력을 소유하지 못하고 있었고 그러한 이유들로 인해 수카르노와 육군의 관계는 순탄하지 못하였던 것이다.

이러한 상황들로 인해 교도민주주의 시대엔 대통령기구의 권한이 1945년 헌법에 명시된 만큼 강력하지는 못했다. 대통령은 육군, 공산당 등과 그 권력을 공유해야 했기 때문이었다. 이러한 관계는 1965년 9월 30일 공산당쿠데타사건(G-30-S/PKI)으로 첨예하게 표출되었다. 이 사건은 인도네시아정치의 판도를 바꾸었으며 수카르노를 권력의 정점에서 밀어내었다. 헌법상 강력했던 대통령 권력이 상징적인 존재로 변화한 것이다. 그로 인해 수카르노는 수하르토에게 권력을 이양하게 되었고 수하르토를 통해 인도네시아 대통령제의 권력 변화를 가져왔다.

3. 인도네시아 대통령의 제도상 권력과 변화

1) 대통령의 제도상 권력

1945년 헌법은 인도네시아 대통령이 소유한 제도상 권한을 다음과 같이 규정한다. 국회승인을 통한 법률제정 및 정부법령 제정[5조(1)(2)항]; 군통수권(10조); 국회의 승인을 통한 전쟁 포고, 외국과의 강화 및 조약 체결 [11조(1)항]; 비상선포(12조); 대사 및 영사 임명, 외국대사승인[13조(1)(2) 항]; 사면, 특사, 파면, 복권 등의 권한(14조); 직함부여, 훈장 및 기타 명예 장수여 등(15조); 정부법령 제정권(22조); 예산은 매년 법률로 규정되며 국회의 동의가 없을 시에는 정부는 전년도 예산집행권, 조세시스템 및 화폐 단위를 결정하는 재정권[23조(1)(2)(3)항] 등의 권한 이외에도 대통령은 1945년 헌법에 기초한 또 다른 권한들을 지니고 있으며 국회와 권한을 공유한다.

대통령 임기규정 또한 권력유지의 핵심으로 작용하였다. 첫째, 인도네시아공화국헌법은 대통령의 권력을 강력하게 제한하지 않는다. 1945년 헌법 7조에 "대통령과 부통령의 임기는 5년이며 그 후에 재선될 수 있다"라고 함으로 대통령의 임기종료 후에도 재선의 기회가 열려있음을 명시하고 있다. 재선 이후에도 삼선, 사선 등 규정을 준수한다면 얼마든지 다시 선출될 수 있다는 내용이다. 이것은 대통령과 상호협력관계에 있는 국가최고기구인 MPR에 달려 있고 정부 관료들에 의해서도 좌우된다. 수하르토의 예를 든다면, 많은 정치인들, 특히 그가 속해있는 직능집단(Golkar: Golongan Karya)의 지지를 받는다면 가능한 것이다. 둘째, 대통령은 5년 임기이며 재선될 수 있다[7조(1)항]는 부분이다. 5년 이후에 계속 재선이 될 수 있는 가능성이 있기 때문에 대통령직은 최장 10년으로 제한하는 안이 제기되었다. 장기집권을 제한한다면 책임성 있고 투명한 정부를 창출할 수 있으며 진정한 민주주의를 보장할 수 있다는 이유에서였다. 최대 두 번의 임기만을 수행한다면 권력남용을 줄일 수 있고 세력균형을 이룰 수 있으며 장기집권하는 것을 막을 수 있기 때문이며 궁극적으로는 민주주의의 질적 향상을 도모할 수 있다는 의도에서였다.

또한 다음과 같은 1945년 헌법에 근거한 제도상의 권력이 대통령의 권력을 보다 더 강화시킨 결과를 가져왔다.

첫째, 대통령의 충원 감독권이다. 국가고위기관충원 감독, 행정부충원 감독, 정치조직충원 감독 등을 포함한다.[4]

국가고위기관충원 감독은 1945년 헌법에 근거한 것으로 대통령은 국가고위기구인 국회, 최고자문위원회(DPA: Dewan Pertimbangan Agung), 금융감독원(BPK: Badan Pemeriksa Keuangan), 대법원(MA: Mahkamah Agung) 등과 관련된 고위직, 즉 최고자문위원회 위원장과 구성원, 대법원장과 대법원 판사들, 금융감독원장 및 부원장 등과 같은 직급에 대한 충원도 대통령의 권한이다.

행정부 충원 감독은 대통령이 행정부를 통괄하는 수반이기 때문에 장관, 국무장관, 조정장관 등의 내각구성원들과 장관에 상응하는 직급인 국립 원자력 기구, 인도네시아 학술원, 국립우주항공기구, 국방조정위원장 등을 임명한다. 이러한 메커니즘은 긍정적인 면과 부정적인 면이 있다. 긍정적인 면은 충원 메커니즘이 집단적인 정부형태를 창출할 수 있으므로 동일계층 기구들 간의 갈등을 막을 수 있다는 점이다. 한편 부정적인 면은 이러한 권력이 대통령에게 집중되면 정치적 이해관계에서 있어서 선출된 인물들은 항상 대통령을 지지하게 된다는 것이다. 그 결과로 기관간의 통제 메커니즘이 원활하게 이루어지지 않을 수 있다. 정치조직충원 감독에 있어서 대통령은 정당들의 임원진 충원에 개입을 하고 각 정당 총재도 직·간접적으로 대통령의 통제 하에 있으며 국회, 회의, 정당 등과 관련 있는 모든 안건도 분석대상이 된다.

둘째, 대통령의 재정권이다. 인도네시아정치시스템 가운데 가장 큰 재정의 원천은 대통령기구이다. 국가예산책정 메커니즘과 연관된 모든 기관은 대통령기구 아래에 있으며 가장 주도적인 역할을 하는 기구는 재무부와 국가기획원(Bappenas: Badan Perencanaan Pembangunan Nasiona)이다.

---

4) 대통령의 제도상 권력 형태는 Gaffar (2000, 71-82) 참조.

매년 각 부처는 Bappenas에 계획서를 제출한다. Bappenas의 동의를 받으면 해당부처는 예산편성을 위해 재무부와 함께 협의 후 내각에서 함께 완전하게 편성한 후에 국회에 상정한다. 국회는 정부가 제출한 예산안을 변경할 수 있는 권한이 없다. 해마다 정부는 군, 중소도시, 오지마을 등에 도로증설, 보건, 교육 등의 대통령령 프로젝트를 실행한다. 국민협의회, 국회, 최고자문위원회, 금감원, 대법원 등과 같은 정부 고위기구의 예산도 대통령기구에 의해서 집행된다.

셋째, 대통령의 사적 권력이다. 수하르토와 다른 지도자들 간의 차이점은 그가 개인적인 절대권력을 지녔다는 것이다. 'Supersemar 수행자', '개발의 아버지', 'MPR의 위임자' 등의 호칭을 부여받은 사실이 그것을 입증하고 있다. 'Supersemar'는 'Surat Perintah Sebelas Maret'의 약자로 1966년 3월 11일에 수하르토가 수카르노 대통령으로부터 받은 권한 위임서이다. 수카르노 대통령이 허용한 법적원천으로 안보 및 질서유지에 대한 수하르토의 권력은 Supersemar를 통해 수카르노로부터 물려받은 유산이다. 개발의 아버지로서 대통령은 합법적인 권력을 지니기 때문에 현대화로 향하는 과정에서 사회변화를 후원하는 핵심인물이다. 국민협의회의 위임자로서 대통령은 5년의 임기를 수행하며 국가대강령(GBHN: Garis-garis Besar Haluan Negara)이나 MPR 결의사항 등의 정책에 대한 전적인 권한을 부여받는다. 이 외에도 대통령은 군 통수권을 지니며, 공공정책 수립권을 지닌다.

이처럼 대통령은 직·간접적으로 대통령산하 기관들을 통해 조직충원에 광범위하게 개입해왔다. 충원은 한 지도자를 지지하는 인물들에게 보상의 도구로 활용되기 때문이다. 이러한 정치충원문제는 개인이나 집단에게 가장 광범위하게 영향력을 끼칠 수 있는 요소이기 때문에 궁극적으로 대통령에 대한 지지확보를 하기 위한 동원력을 결정하는 주요 요인이 되었다. 1945년 독립 이후 1998년까지 대통령이 두 명 뿐이었던 이유는 언급된 제도상 권

력에 근거한 대통령이라는 직위가 권력의 핵심이었기 때문이다. 따라서 어
느 개인이나 어떠한 기관도 대통령이 지닌 직위와 경쟁할 수 없었다. 이러
한 제도상의 권력을 통해 극대화된 대통령의 권력을 가늠할 수 있다.

2) 전환기의 대통령 권력 변화

인도네시아 대통령제는 전환기마다 대통령의 권력 변화를 보여 왔다. 1950
년대의 정치위기는 수카르노 대통령으로 하여금 국민들의 반대 없이 정책
을 수행하게 만들었고, 1960년대의 정치위기는 수하르토 대통령을 정치권
력의 중심부에서 32년간 집권하게 만들었다. 그러나 끝내는 정치위기가
그들의 권력을 종식시켰다. 1998년에 수하르토 정권(1968~1998)[5]이 종
식되고 하비비(1998~1999), 와히드(1999~2001), 메가와티 수카르노푸
트리(2001~2004), 유도요노(2004~현재) 등의 순으로 권력변화가 있어
왔다. 특히 1998년 5월 수하르토가 정권을 하비비에게 이양한 후의 대통
령 권력 형태는 커다란 변화를 보였다. 하비비 대통령의 권력은 그 이전의
대통령과는 매우 다른 양태를 보인다.

　수하르토는 1966년 3월 11일 정부의 공식 위임서를 통해 수카르노로부
터 전권을 위임받아 1966~1971년 이양기 시에 국가경제발전의 기초가 되
는 정치안정화를 이룩하였다. 그는 '당근과 채찍'의 메커니즘을 혼용함으로
써 자신의 권력을 강화시키는 데에 성공하였다(Gaffar 2000, 308). 자신
을 후원하는 자들에게는 장관, 청장, 대사, 경영주 등 여러 가지 형태의 직
위와 직무를 상급으로 부여하는 반면에 자신을 반대하는 자들에게는 그들
을 정치의 장에서 축출시키는 전략을 사용하였다.

　공화국수립 초기에 나타났던 사회세력들에 대한 정부의 통제개념은 수

---

5) 1966년 당시 전략사령관이었던 수하르토는 수카르노 대통령으로부터 실권을 이양 받고
　1968년에 대통령으로 취임함. 따라서 공식출범은 1968년부터이지만 실제로는 1966년부
　터 대통령직을 수행함.

하르토 정권 시기에 현실화되었다. 그 결과 사회세력들이 분리된 동시에 약화되었다. 이와 같은 상황 하에서 사회세력들에게는 독재정권을 종식시키기 위한 변화를 촉구하려는 여력이 남아있지 않았지만, 1997년 인도네시아를 강타한 금융위기는 마침내 수하르토 권력의 정통성을 약화시키고 국가경제를 심각하게 만들었다. 그리고 이 경제위기는 그동안 대통령제를 강화시켜 자신의 권력을 극대화시킨 수하르토 정권을 종식시키는 결과를 가져왔다. 경제변화에 따른 민주화 압력과 경제위기가 독재정권을 무너뜨린 주요 요인이 된 것이다. 민주주의를 염원하는 세력들의 결집력은 민주주의로의 전환을 촉구하는 주요 요인이 된 반면에 경제위기는 수하르토 대통령이 세운 신질서 독재정권을 약화시키는 요인이 되었던 것이다. 그러나 사회세력들의 약화도 수반되어 민주주의 전환기를 촉구하는 인도네시아에 있어서 심각한 문제가 되었다. 당시 하비비로의 정권이양은 독재주의 중앙집권적 권력과 후원-수혜 권력구조를 종식시킬 수 있을지의 의문이 제기되었다.

하비비는 수하르토와 같은 강력한 대통령제를 유지할 수 있는 정치 전략을 소유하지 못했다. 하비비 대통령의 미약함은 다음과 같은 이유에 근거한다. 첫째, 하비비 정권의 정통성 문제이다. 대법원장 앞에서만 선서를 했지 MPR에 의해서 선출되지 않았기 때문에 헌법상 대통령이 아니라는 주장이다. 즉, 하비비 대통령의 정권이양은 헌법 및 MPR에 준하지 않았기 때문에 적법하지 못하다는 것이다. 반대하는 측의 또 다른 이유는 수하르토와 하비비는 하나의 권력이었다는 사실이다. 따라서 수하르토가 물러나면 하비비뿐만 아니라 수하르토가 구성한 내각의원들도 모두 물러나야 한다는 것이다. 둘째, 하비비는 수하르토와 동일한 행동과 정책을 펴는 수하르토의 계승이라는 반수하르토 감정이 반하비비 감정으로 이어졌다. 수하르토 재임시에 하비비는 과기처장관외에도 25개의 직위를 가지고 있었으며 수하르토의 분신 역할을 한 인물이기 때문이었다. 셋째, 하비비는 권력을 구축할 수 있는 강력한 대중적 기반을 소유하지 않았다. 그는 수하르토가 장관직과 기타 요직들을 통해 키워낸 인물이다. 밑으로부터 정치적 기반과 신뢰를 쌓아온 다른 정치인들과는 달라서 주요한 요직인 대통령과 국가수반으로서는 부적격하다는 인식이다. 대통령으로 취임할 당시엔 다수의 이슬람대중조직이 후원하였지만 강력한 이슬람 조직의 지지를 끌어내지 못한 것이 주요 요인이었다. 넷째, 하비비 내각이 수하르토의 유산을 이어받은 부분이 많기 때문에 강력하지 못하였다. 하비비 내각에 수하르토시기의 장관들이 여전히 주요 권력을 점하고 있었기 때문에 부정부패와 친인척등용과 관련해서는 수하르토와 동일하다는 부정적인 인식을 주었다. 게다가 경제 및 재정팀은 매우 낮은 국제신용을 지녔기 때문에 경제위기를 극복할 수 있을지에 대한 의구심을 받았다.

이러한 요인들로 인하여 하비비 대통령에 의해 개막된 정치자유화는 정권의 정통성 위기를 극복하지 못하고 대통령의 권력변화를 가져왔다. 대통령과 국회간의 권력관계에 영향을 미쳤다. 수하르토 정권시에는 의회에 대한 대통령 권력이 절대적이었던 반면에 수하르토 정권 종식 이후에 국회의 대통령에 대한 권한이 지배적인 것으로 나타난다. 대통령의 권력 약화는 국회에게 더 많은 권한을 주는 결과를 가져왔으며 대통령정책수행에 대한 감시기능도 확대되었다. 인도네시아가 공식적으로 대통령체제를 채택했지만 수하르토 이후의 정부시스템은 의회정부시스템에 더 가깝거나 준의회(quasi parlementer)로 알려졌다. 그러나 국회는 민주주의 시스템기구로서는 여전히 불충분하였다. 그 이유는 첫째, 국회의 역할을 강화하기에는 국회가 국민을 대표하는 기구로서 효율적인 책임 메커니즘에 의해 지지를 받지 않는다는 것이다. 둘째, 정치변화는 시민-군 간의 관계를 재구성하는 기본적인 변화를 가져오지는 않았다. 시민의 최고주권기구인 국민협의회와 국회에서 여전히 막강한 권력을 지니고 있는 군의 정치권력을 종식시키기에는 한계가 있었다.

이러한 대통령의 권력변화로 인하여 MPR은 정치권력의 각축장이 되었다. 하비비 대통령을 위한 정치권력 엘리트간의 연합이 매우 두드러졌지만 권력을 공유하기 위한 단기간의 정치적 이해에 의해 이루어졌기 때문에 연합의 형태는 매우 미약했다. 그로 인해 견고한 민주주의를 수립하기에는 아직도 불충분하였다. 수하르토 정권 시에는 그러한 독자적인 구조를 수하르토의 지도력으로 통제하였지만 그 이후의 시기엔 그러한 독자적인 구조를 정당 엘리트들이 과두정치식으로 통제하였다. 그리고 그러한 과두정치의 형태는 하비비 불신임, 와히드 선출, 와히드 탄핵의 과정으로 이어졌다. 하비비 정권은 Golkar의 정치권력 약화 및 지지세력 감소, 그리고 군과 이슬람 정치세력 확보 실패 등으로 인해 1999년 총선을 치르게 되었다.

총선6)을 통해 오랫동안 권력을 독점해 온 Golkar의 패권을 종식시키고 NU총재 와히드를 대통령으로 선출하는 과정에서 MPR 의장으로 선출된 라이스(Amien Rais)를 통해서도 대통령의 권력변화를 알 수 있다. 메가와티가 이끄는 인도네시아투쟁민주당(PDIP: Partai Demokrasi Indonesia Perjuangan)이 최다수 득표를 했음에도 불구하고 와히드를 대통령 후보로 내세워 당선이 되게끔 한 사실을 통해 표면적으로는 MPR의 권한이 지배적이었던 것으로 보이지만 라이스의 로비가 직접적으로 작용한 것으로 보는 것이 더 적절하다. 따라서 와히드 정권은 MPR과 여타정당들의 연합된 로비활동으로 인해 성립되었기 때문에 대통령의 권력은 미약하였다. 브루네이게이트(Bruneigate)와 불록게이트(Buloggate)로 인해 와히드 대통령 탄핵안이 대두되었을 때도 MPR은 1945년 헌법 수정안으로 인해 더 이상 국민의 주권을 행사하지 못하고 대강령도 제정하지 못하며 와히드 대통령 탄핵도 할 수가 없게 되었다. 대통령제 속에서의 MPR의 권한이 변화한 것이다. 와히드가 물러난 뒤에 부통령이었던 메가와티가 대통령 잔여임기를 수행하는 중에 개최된 2004년 총선시에는 24개 정당이 참여하여 헌정

---

6) 1945년 독립이래로 2004년까지 1955년, 1971년, 1977년, 1982년, 1987년, 1992년, 1997년, 1999년, 2004년에 걸친 아홉 차례의 총선이 시행되었다.

사상 최초로 국민들에 의한 대통령 직접선거가 실시됨으로써 대통령제 및 권력의 변화를 가져왔다.

3) 대통령과 주요 국가기관과의 관계변화[7]

(1) 1945년 헌법 수정 이전의 관계형태

① 대통령과 국민협의회와의 관계

국민협의회(MPR)는 인도네시아의 최고의결기구였다. 1945년 8월 18일에 공식적으로 선포된 1945년 헌법 원문 제 1장 1조 (2)항의 원문을 보면 알수 있다. "주권은 국민에게 있고 MPR에 의해 전적으로 수행된다." 제3장 6조 (2)항에 "대통령과 부통령은 MPR에서 최다득표를 한 인물이 선출된다"고 명시하고 있다. 1999년에도 MPR 의원들을 통해서 대통령과 부통령이 선출되었다. 1945년 헌법 수정안 발효 전의 규정에 근거하면 MPR 구성원은 1,000명으로, 국회의원 500명과 지역구의원이 500명이다. 1,000명 가운데 400명은 총선에서 선출되고 200명은 대통령이 임명한다. 200명 중 100명은 군 출신들로부터 100명은 여러 계층의 대표들로부터 임명하고, 400명은 선거를 거친 이후에 지역구에서 추천한 사람들이며 대통령 확정서와 함께 합법화된다. MPR은 대통령 해임권도 지닌다. 대통령이 국가정책을 위반하거나 대통령 본인의 요청에 따라 해임될 수 있다. 과거 역사적 과정 속에서 MPR은 대통령의 통제 하에 있었다. MPR에 대한 대통령의 개입은 국회 정치권력에 대한 통제를 통해 이루어진다. 대통령이 군 및 각 계층의 대표들을 임명할 수 있기 때문에 대통령의 MPR 정책에 대한 깊은 개입이 수반되어질 수밖에 없다. 게다가 여러 가지 헌법규정에 의해 대통령의 권력이 강화된다.

---

7) 본 절에서의 주요 국가기관은 국민협의외(MPR)와 국회(DPR)를 중심으로 한다. Asshiddiqie (2006) 참조.

② 대통령과 국회와의 관계

대통령과 국회와의 관계는 협력자인 동시에 감시자로서의 형태를 띤다. 양측은 헌법제정을 함께 하고 국가예산법안을 결정하며 전쟁이나 국가 간의 평화유지 등을 함께 결정한다. 국민협의회가 국회의원, 지역 및 각 계층의 대표들로 구성되기 때문에 국회도 국민협의회에서 결정한 국가정책 수행에 대한 감시 역할을 할 수 있다. 국회는 대통령이 국가시책을 위반했을 시엔 대통령의 정책을 평가하기 위하여 국민협의회 임시회의를 소집할 수 있다. 국회는 대통령을 감시하고 대통령의 정책들을 조정·심의한다. 대통령이 국가시책을 위반했다고 간주되면 국회는 대통령에게 경고조치를 한다. 만일 대통령이 3개월 이내에 국회의 조치에 대한 응답이 없으면 두 번째 전달을 한다. 만일 국회의 두 번째 전언도 1개월 내에 대통령이 수용하지 않을 시엔 국회가 특별회의를 소집하고 대통령 해명을 요구하도록 MPR에 요청한다. 국회가 대통령의 조치들을 감시할 권한을 가지고 있지만 대통령은 국회에 해명을 하지 않는다. 그러나 대통령은 국회가 전달하는 사항을 진지하게 경청해야만 한다.

(2) 1945년 헌법 수정 이후의 변화형태

① 대통령과 국민협의회와의 관계

1945년 헌법은 1999, 2000, 2001, 2002년 네 차례 수정을 거듭해 왔으며 지금까지 부분적 해석은 지속적으로 검토되고 있다. 1945년 헌법 수정 이후의 정부형태는 시스템과 조직구성에 대한 전체적인 개념해석이 수반되지 않고 급격히 변화하였다. 1945년 헌법 제1장 1조 (2)항에 "주권은 국민에게 있고 헌법에 따라 수행된다"라고 명시하고 있다. 즉, 주권은 국민에게 있고 전적으로 헌법에 의거하여 수행함을 설명하고 있다. 그 이전의 "주권은 국민에게 있고 MPR에 의해 전적으로 수행된다"라고 한 것과는 매우 대조된다. 즉 국민의 주권을 수행하는 과정에서의 권한이 MPR에서 헌법규정으로 이전되었음을 볼 수 있다. MPR은 국가 최고의결기관으로서 국민의 주권을 대표하여 행사하던 기구의 역할을 더 이상 하지 못하게 된 것이다. 이러한 1945년 헌법 수정안은 인도네시아 정부형태구조를 변화시키는 결과를 가져왔다. 가장 현저한 변화는 1945년 헌법 수정안에 근거한 것으로 국가최고기관이었던 MPR이 더 이상 최고기구가 아니라는 사실이다. 1945년 헌법 수정안은 국가최고기구로서 MPR이 가진 국가권력을 축소하고 국가 최고기구들 특히, 입법부(국회)와 행정부(대통령)에게 권한을 분리시켰다.

헌법 개정 이후에 현저한 변화를 발견할 수 있는데 그것은 MPR 구성원수와 권한변화이다. MPR 의원은 총선에서 선출된 국회의원 550명과 지역구의원들 132명으로 구성된다. 또한 1조 (2)항에 명시된 것처럼 MPR은 개정 전 헌법에서처럼 더 이상 국민의 주권을 행사하는 행위자는 아니지만 대통령과 부통령을 임명 및 해임할 수 있는 권한은 지닌다. 그 외에도 부통령 공석 시에 부통령 임명권이 있다. 대통령 및 부통령 취임 시, 대통령 해임, 헌법 개정 및 제정, 임기 중 공석시의 부통령 선출 등과 같은 일이 발생할 때에는 회의를 소집한다.[8] 이때 국회를 포함한 여타의 국가기관들과의 공조가 이루어진다. 또한 대통령 및 부통령이 법률에 위반되는 행위를 했을 시에 MPR과 법률기관과의 협력이 긴밀히 이루어진다.

아쉬디끼(Jimly Asshiddiqie S. H.)에 따르면, 이러한 형태를 1945년 헌법수정 이후의 테두리 속에서 본다면 입법부가 의회와 지방의회 의원들

---

8) 3조와 8조 (2)(3)항에 따르면, MPR은 헌법제·개정권, 헌법에 근거하여 대통령 및 부통령 해임권, 대통령 혹은 부통령 공석시에 헌법에 근거한 선출, 대통령 혹은 부통령 취임 선서 등을 위해 MPR 임시 특별총회 소집 등의 권한을 지니고 있음을 명시하고 있다. 대통령 및 부통령 선서는 MPR 앞에서 이루어지며 MPR이 소집될 수 없을 시엔 국회 본회의에서 선서가 이루어질 수 있다. 국회 본회의도 소집할 수 없을 경우엔 대법원 지도층 인사들의 입회하에 MPR 지도층들 앞에서 대통령과 부통령이 선서하는 것으로 가능하다.

로 구성된 MPR에서 권한을 지니게 된다. MPR 지도 구성체제를 본다면 지속성이 있고 의회와 지방의회 지도력 외에도 독자성을 지닌다. 의회와 지방의회간의 합동회의가 아니라 MPR는 독자기구로서의 성격을 지닌다. 따라서 MPR은 인도네시아 의회구조 가운데 세 번째 체제라고 말할 수 있다. 그러한 모양의 의회시스템은 세 개의 시스템을 의미하는 'trikameralisme'으로 명명될 수 있으며 인도네시아는 그러한 의회시스템을 사용하는 유일한 국가일 것이다(Asshiddiqie 2006, 148–149; Arifin et al. 2005, 74). 단원제나 양원제의 개념보다는 다소 상이한 세 개의 의회시스템을 지님으로 독특한 양태를 보이고 있음을 잘 표현하고 있다.

그러나 네 번째 개정 이후에 MPR은 더 이상 국가의 다른 기구들 우위에 있는 국가 최고기구로서 인식될 수 없게 되었으며, 국회, 지방의회, 대통령/부통령, 대법원, 헌법재판소, 금감원 등과 동급의 국가기구로서 인식된다. 2002년 네 번째 개정시에 결정했던 1945년 헌법 2조 1항에 "MPR은 총선에 의해 선출되어진 국회의원들과 지방의원들로 구성되며 지속적으로 헌법에 의해 규정된다"라고 명시되어 있다. 이러한 해석은 MPR 구성원이 겸임을 하더라도 MPR은 국회와 지방의회와는 전혀 다르며 분리되어 있음을 나타낸다. 신질서시대 MPR 지도층은 국회 지도층이 겸직을 하였지만 현재 MPR 지도력은 MPR 사무총장 — 국회 사무총장과 지방의회 사무총장은 분리가 됨 — 을 포함하여 분리되어 있다.[9] 여기에서 보수집단은 이전의 국가 최고기구로서의 MPR의 지위를 폐지하려는 것처럼 보이는 상하양원제 개념에 대해 강력한 반발을 한다. 그것은 빤짜실라(Pancasila)의 네 번째 원칙과 연계가 있다. 즉, '협의/대의제도를 통한 지혜로운 정책에 따라 지도되어지는 민주주의 원칙(Sila Kerakyatan Yang Dipimpin oleh Hikmat Kebijaksanaan dalam Permusyawaratan/ Perwakilan)' 가운데 '협의

---

9) 2003년 22호(Undang-Undang No. 22 Tahun 2003)에 MPR, DPR, DPD 등의 직위에 대한 것이 명시되어 있다.

(permusyawaratan)'라는 용어는 국민협의회(Majelis Permusyawaratan Rakyat)하는 용어 속에 나타나 있다. '대의제도' 혹은 '위임'의 의미를 지닌 'perwakilan'도 국회(Dewan Perwakilan Rakyat)라는 용어 속에 반영되어 있다. 국회와 지방의회(DPD: Dewan Perwakilan Daerah)로 구성되어 있는 양원제 의회구조를 수용하는 것은 빤짜실라의 네 번째 원칙에 나오는 협의에 기초한 기구로서의 MPR의 지위를 폐지시키는 것을 의미한다.

메가와티가 대통령으로 집권할 당시의 MPR은 여당인 PDIP에 의해 주도되었다. 1945년 헌법개정을 반대하는 여러 집단의 거센 정치적 압력이 있었을 때 형성된 심리적인 분위기였다. 따라서 여당은 메가와티 대통령이 정부의 수반이자 PDIP당 총재였기 때문에 헌법개정에 대한 의견을 조심스럽게 다루었다. 그 이유는 MPR이 빤짜실라와 1945년 인도네시아공화국헌법에 기초한 인도네시아 정부체제에서 완전히 폐지되는 것에 대한 염려로 인해 압력을 받았기 때문이다.

② 대통령과 국회와의 관계

국회는 1945년 헌법의 세 번째 수정 이후 권한이 보다 확대되었다. 국회의원은 헌법규정에 따라 총선을 통해서 선출된다. 이는 국회의원이 더 이상 지명에 의해서가 아니라 전적으로 총선에 의해 선출된다는 의미이다. 국회는 1년에 최소한 한 차례 이상은 국회를 소집하여야 한다. 헌법제정권, 대정부 질의권, 소환권, 조사권, 대통령 특별권에 대한 제한권 등은 예전에 국회에 포함되지 않았던 것으로 국회의 동의 및 고려를 우선시해야 한다. 국회의 동의가 필요한 직급과 관료임명권이 있다. 인도네시아대사임명, 재외대사임명권 등 모두가 국회의 동의를 거쳐야 한다.

그리고 DPD[10]는 국회와 동일하게 국민을 대표하는 국가기구이다. 단지 각 주를 포함한 지역을 대표하는 기구라는 점이 다를 뿐이다. DPD 의원은 각 주 마다 동일하며 국회의원 총수의 3분의 1정도이다. 권한은 국회와 동일하지만 단지 지방자치, 중앙과 지방, 지역발전, 천연자원 관리, 경제 자원 등과 관련된 법률안을 국회에 제출할 수 있고 심의권을 지닌다. 또한 중앙과 지방 재정을 조정하는 역할도 한다. 그 외에도 국가예산 법률안, 세금, 교육, 종교 등과 관련된 법규 등에 대한 심의를 국회에 제출한다.

이러한 1945년 헌법 수정은 민주주의를 실현하는데 있어서 기본적이며 큰 의미를 지닌다. 즉 대통령과 부통령을 직접 선출하게 된 것이다. 대통령과 부통령은 총선 메커니즘을 통하여 국민이 직접 선출하는 것이다. 직접선거는 대통령의 정통성을 더욱 더 견고하게 했기 때문에 실제적으로 정치적 안정 및 정권에 영향을 미칠 수 있는 충분한 근거 없이는 중도에 사임하는 것이 용이하지 않을 정도로 변화를 가져왔다.

4. 현재의 대통령의 권력형태

현재 대통령의 권력 형태를 헌법에 기준하여 살펴보면,[11] 1945년 헌법 4

---

10) 2003년 헌법 제 12조(UU No.12)는 DPD 의원의 수를 각 주마다 4명으로 하였다. 헌법 22D와 23F는 DPD의 권한을 다음과 같이 규정하고 있다. 첫째, 법률안을 국회에 제출할 수 있다. 법률안은 지방경제, 중앙 및 지방 관계, 지역구성, 발전, 지역 병합, 천연자원 관리, 기타 경제력, 중앙 및 지방정부와의 재정 균형 및 검토 등과 관련된 것을 의미한다. 둘째, 지방의회는 법률안에 대한 수입 및 국가예산의 법률안에 대해 국회에게 심의권을 부여한다. 셋째, 지방의회는 금감원 위원 선출시 국회에 심의권을 부여한다. 넷째, 지방의회는 지방자치의 헌법수행에 대한 감시, 지역구성 및 발전, 지역병합, 중앙 및 지방의 관계, 천연자원 관리, 기타 경제적 원천, 수입예산 및 국가예산, 세금, 교육, 종교 등에 대한 책무를 지닌다.

11) 헌법에 근거한 통치권[4조(1)항];국회에 법률안제출(RUU)[5조(1)항]; 정부법령 제정[5조(2)항]; 육군, 해군, 공군(10조) 등 국군 최고통수권; 국회의 승인을 통한 전쟁 포고, 외국과의 강화 및 조약 체결[11조(1)항]; 비상선포(12조); 대사 및 영사임명[13조(1)항]; 대법원 결정을 고려한 사면권 및 복권[14조(1)항]; 국회결의를 고려한 임명 및 해임권; 헌법에 명시된 직위 및 훈장 등을 수여(15조); 대통령 자문단 구성(16조); 장관들의 임명 및 해임[20조(2)항]; 법률안 합법화[20조(4)항]; 정부규정 확립[22조(1)항]; 지방의회의 심의 하에 국

조(1)항에 "인도네시아 대통령은 헌법에 근거한 통치권을 지닌다"라고 명시된 대로 통치권을 지닌 대통령은 대통령제에 의거하여 정부수반으로서의 대통령과 국가수반으로서의 대통령간에 차이점이 없다. 대통령은 헌법에 근거한 통치권을 지니는 직위인 대통령일 뿐이다. 수뽀모(Soepomo)에 의해서 후에 만들어진 1945년 헌법해석에서도 그러한 차이점을 명백하게 기록하고 있다. 국가와 정부라는 용어가 서로 차이나게 강조되어 기록되어 있다. 두 개의 용어는 1945년 헌법에 따른 인도네시아대통령이 국가수반과 정부수반으로서의 직위를 동시에 지니고 있음을 명백히 설명하고 있다.

인도네시아는 전형적인 대통령제이기 때문에 양 측면을 굳이 구분할 필요도 없고 구분할 필요도 없다. 단지 직위, 즉 각료비서, 대통령비서, 부통령비서 등은 한 공직자, 즉 국무장관만 따르고 책임지면 된다. 그러한 직책들은 국가최고통수권자로서의 대통령과 부통령이 신임하는 공직자에 의해 선임된다. 따라서 국가와 정부의 지도력에 의한 결정과정에서 행정지원 메커니즘은 규칙적이고 정확하게 실행되며 효율적으로 결집되어질 수 있다. 대통령은 부통령의 보좌 하에 현 인도네시아 헌법에 규정된 권한을 지닌다. 대통령 통치권은 1945년 헌법 제3장에 명시되어 있다. 제3장은 대통령과 대통령 기구에 대한 여러 가지 측면을 규정하고 대통령 권한에 대해 상세히 기록하고 있다. 그 중에서 가장 중요한 부분은 4조(1)항에 "인도네시아 대통령은 헌법에 근거한 통치권을 지닌다"라고 명시된 곳으로 4조부터 16조까지 가장 많은 부분을 차지하고 있다. 게다가 제4장은 최고자문위원회에 대한 내용을 삭제하고, 제5장은 17조로 이루어진 장관에 대한 규

회와 함께 검토하기 위한 수입예산 및 국가예산 법률안 제출[23조(2)항]; 지방의회의 심의하에 국회가 선출한 금감원위원 임명(23조F1항); 국회에 사법위원회가 추천한 대법원판사결정(24조A3항); 국회의 동의로 사법위원회 구성원 임명 및 해임(24조B3항); 대법원이 추천한 3명, 국회가 추천한 3명, 대통령이 추천한 3명 등 9명의 헌법재판관 결정(24조C3항) 등과 같은 권한을 명시해 놓고 있다. 참고로 사법위원회 구성원은 7명이며 정부공직자, 법집행자, 법학자, 시민구성원 등으로 구성된 국가공직자의 직위를 가지며 대통령에 의해 국회에 추천된다.

정이 명시되어 있다. 1945년 헌법 17조에 명시된 장관은 대통령을 보좌하는 역할을 한다. 장관은 각 부처의 직무를 수행하며 대통령에 의해 임명되고 해임이 된다. 실상은 대통령과 부통령의 책임 하에 있는 규정이다. 제 6장은 지방정부에 대한 내용으로 18조로 이루어져 있다. 이 중 6조 A는 대통령과 부통령에 대한 규정을 다음과 같이 명시하고 있다. ① 대통령과 부통령은 국민에 의한 직접선거를 통해 파트너로 선출된다. ② 대통령과 부통령 후보 파트너는 총선 이전에 정당이나 연합정당에 의해 공천된다. ③ 대통령과 부통령 후보 파트너는 인도네시아 전체 주 중 절반 이상에 분포된 각 주에서 최소한 20% 이상의 총선 총 득표율 중 50% 이상의 득표를 해야만 당선될 수 있다. ④ 첫 총선을 통해 선출된 대통령과 부통령 파트너가 없는 경우엔 국민에 의한 직선을 통해 최다득표와 두 번째 순위의 득표를 한 두 쌍의 후보 중에서 최다득표를 한 후보 파트너가 임명된다. ⑤ 대통령과 부통령은 다음과 같은 실행규정을 둔다. 1945년 헌법 7조에 "대통령과 부통령의 임기는 5년으로 하며 임기종료 후에는 한 차례에 걸쳐 동일한 5년의 임기로 재선될 수 있다"고 명시되어 있다. 7조 A는 "대통령과 부통령은 국가를 모독하는 형태의 법을 위반했거나 부정, 뇌물수수, 중범죄행위 혹은 과실치사나 더 이상 대통령직 혹은 부통령직을 수행할 수 없게 되었을 때 MPR과 국회에 의해 그 임기 중에 해임될 수 있다"라고 명시하고 있다.

대통령과 부통령 제도는 대통령제의 한 형태이며 헌법상 두 직책으로 나뉘어져 있는 것이다. 대통령과 부통령은 국민에 의한 직선으로 선출되기 때문에 정부시스템 가운데 두 직위의 권한은 매우 강력하다고 볼 수 있다. 따라서 그들의 임기동안은 단순한 정치적 이유만으로는 직위 해임될 수는 없다. 단지 헌법에 위반되거나 더 이상의 직무를 수행할 수 없다는 것이 입증이 될 때만 해임이 될 수 있다. 총선을 통해 국민에 의한 직선으로 대통령의 러닝메이트가 선출되어지는 것이다. 따라서 장관직의 상위에 속해있는 개념이다. 부통령 지위는 대통령을 보좌하고 돕는 역할, 대통령 유고시

잔여임기를 수행하며 독자적인 성격을 지닌다. 헌법상으로 대통령과 부통령은 대통령제의 특징인 단일체 직위를 두 명이 구성하고 있는 성격을 지닌다. 대통령이 외국순방 중일 때는 귀국 시까지 부통령이 대통령의 직무를 대행한다.

인도네시아 대통령제의 경우 대통령과 부통령의 지위는 매우 강력하기 때문에 평형을 이루기 위하여 대통령은 국회를 동결시키거나 해산시킬 수 없다. 이러한 규정은 2001년 있었던 1945년 헌법 7조 C의 세 번째 헌법수정을 통해 명시되고 있다. 와히드 정권 시에는 법령을 통한 국회해산의 현실화를 강조하기도 하였다. 대통령과 부통령의 공석 시에는 다음과 같은 절차를 거친다. ① 임기 중에 대통령직이 공석이 되면 부통령이 잔여임기를 수행한다. ② 부통령의 공석 시에는 늦어도 60일내에 MPR은 대통령에 의해 두 명의 후보를 추천받아 회의를 소집하여 결정한다. ③ 대통령과 부통령이 모두 유고/서거, 사임, 해임, 혹은 대통령직 의무를 수행하지 못할 시에 외무부장관, 내무부장관, 국방부장관 등이 함께 대통령체제를 유지시켜 나간다. 늦어도 30일 안에 MPR은 대통령과 부통령을 선출하기 위하여 회의를 소집하여 이전에 시행된 총선에서 제1과 제2의 득표를 한 정당 혹은 연합정당의 추천으로 두 쌍의 후보를 추천받아 선출된 파트너가 잔여임기를 채운다. 이와 같이 인도네시아는 절대군주제가 아니라 대통령제를 채택한 국가이기 때문에 대통령은 부통령의 보좌를 받아 국가의 수반이자 정부 수반 역할을 하게 되는 것이다.

5. 나오는 말

대통령제를 중심으로 하고 있는 인도네시아 정치사에 있어서 수하르토 집권시기의 대통령 권력은 절정에 달했다. 강력한 대통령 중심제는 1998년

에 수하르토가 대통령직에서 물러날 때까지 지속되었다. 인도네시아공화
국 혁명정부와 뻬르머스따와 같은 반정부투쟁이 일어났던 1950년대의 정
치위기는 수카르노 대통령 권력을 강화시켰고, 공산당 쿠데타가 발생했던
1960년대의 정치위기는 수하르토 대통령이 정치권력의 중심부에서 장기
집권하게 만든 계기가 되었다. 수카르노 대통령시기의 의회민주주의 체제
하에서는 이슬람세력이 정치의 중심부에서 활동함으로 인해 대통령, 군,
공산당 등은 실질적인 권력을 표출할 수가 없었지만, 교도민주주의시기부
터는 그 반대로 이슬람의 정치적 영향력은 지속적으로 약화되어가고 국민
당을 중심으로 한 대통령, 군, 공산당 등의 세력이 증대되어 감으로써 대통
령의 권력이 강화되어가는 형태를 보였다. 수하르토 정권 시에 시행된 선거
체제는 국민들의 주권을 실현시키기 위함이 아니라 단순히 한 정부형태의
기본골격을 갖추기 위함이었다고 볼 수 있다. 1998년에 수하르토 권력이
종식되고 하비비 정권이 집권하면서 그동안 강력했던 대통령의 권력이 약
화되고 와히드, 메가와티 수카르노푸트리, 유도요노 등의 순으로 정권이
교체되면서 대통령제 및 대통령 권력변화를 보여 왔다.

　　1945년 헌법 개정 전에는 규정상으론 MPR이 국민의 주권을 수행하는
국가최고의결 기구로서 존재했지만 실제적으로는 국가수반에 의해 움직
여왔으며 그러한 권한은 헌법제정권, 대통령과 부통령 임명 및 해임, 대통
령 혹은 부통령을 선출, 대통령 혹은 부통령의 공석 충원, 대통령 혹은 부
통령을 임명 및 취임의식 주관 등에 그대로 적용되었다. 이렇듯 개정 전에
MPR은 국가주요정책을 결정하는 국가의 최고기구로서의 지위를 지녔으
며 대통령은 국가수반인 동시에 정부의 수반으로서 MPR의 결정을 따르고
책임을 졌고, MPR로부터 수직적 형태를 지닌 권력분배원칙에 근거하여
그 산하에 위치한 여타 국가 고위직기구들에게 권력이 분배되어졌다.
1959년 7월 5일 대통령령에 의해 1945년 헌법에 대한 설명이 항상 첨부되
어 왔으며 대통령은 MPR의 결정을 따르며 책임을 진다는 내용으로 인해

MPR은 국가 최고기구로 명명되어 왔으며 1945년 헌법에서 가장 우위에
위치해 있다고 인식되어 왔다.

　그러나 와히드와 메가와티 대통령시기의 수차례의 개정 후에 MPR은
더 이상 국가의 다른 기구들 위에 있는 국가최고기구의 형태를 띠지 않게
되었다. 권력분립의 원칙에 근거한 국가권력기구들 간에 세력균형 원칙을
바탕으로 MPR은 국회, 지방의회, 대통령 및 부통령, 대법원, 헌법재판소,
금감원 등의 다른 고위기구들과 동급의 지위를 지니게 된 것이다. MPR 구
성원의 겸임이 가능하지만 국회와 지방의회와는 전혀 다르며 분리되어 있
다. 세 기구의 기능, 의무, 권한 등이 서로 다르고 분리되어 있음으로 인해
2004년 총선은 MPR과 국회 안에서나 의회 밖에서 각 정당들이 독자적으
로 혹은 연합정당을 구성하여 상호 경쟁하게 만드는 결과를 가져왔다.

　이처럼 더 이상 국가최고기구의 권한을 부여받지 못하는 MPR의 권력
분립으로 인해 대통령임기, 선출방법, 고위직충원 등 대통령의 권력이 축
소되었다. 이것은 2004년 총선 시의 대통령 선출이 더 이상 MPR을 거치
지 않고 국민에 의해 직접 이루어진 모습에서 입증되어진다. 그동안 인도
네시아 대통령제의 특징이었던 MPR을 중심으로 하여 대통령에게 권력이
집중되었던 형태로부터 국민에 의한 진정한 협의와 대의에 의해 이루어지
는 성숙된 민주주의 형태를 구현하기 위해 각 정부기구의 실질적인 권력분
산을 도모하는 형태로 전환되어 가고 있다. 헌법 외의 법률규정을 통해 형
성된 국가기구들 간에도 세력균형을 이루고 국민의 신뢰를 구축하면서 정
부는 민주적이고 효율적인 정책을 수행해 나가고 있다. 2009년 총선 이전
까지 MPR, 국회, 지방의회 등의 구성과 직위에 대해 보다 완전한 법률규
정이 수립되고 인도네시아 대통령제가 민주주의의 틀 속에서 국가의 최고
통수권자인 대통령을 중심으로 효율적이고 균형 있는 정책실행에 대한 검
토가 이루어지도록 변화가 이어질 것으로 예상된다.

참고문헌

강영순. 2007. "현대 인도네시아 선거정치에서 이슬람조직의 경쟁과 협력: 나흐다뚤 울라마와 무함마디야를 중심으로." 『동남아시아연구』. 17(1): 69-82.

Anshari, Saifuddin. 1985. *Readings on Islam in Southeast Asia*. Singapore: Institute of Southeast Asian Studies.

Arifin et al. 2005. *Lembaga Negara dan Sengketa Kewenangan Antarlembaga Negara*. Jakarta: Konsorsium Reformasi Hukum Nasional.

Asshiddiqie, Jimly, S. H. 2004. *Konstitusi dan Konstitusionalisme di Indonesia*. Jakarta: Mahkamah Konstitusi dan Pusat Studi Hukum Tata Negara UI.

――――. 2006. *Perkembangan & Konsulidasi Lembaga Negara Pasca Reformasi*. Jakarta: Konstitusi Press.

Departemen PDK. 1988. *UUD RI Tahun 1945 P-4 GBHN: Tap-Tap MPR 1988*. Jakarta: PDK.

Donald, Hindley. 1962. "President Soekarno and the Communist." *The American Political Science Review* Vol. LVI, No. 4, 915-926.

Feith, Herbert. 1963. "Dynamics of Guided Democracy." Ruth McVey (ed.). *Indonesia*. New Haven Connecticut: HRAF Press.

Gaffar, Afan. 2000. *Politik Indonesia: Transisi Menuju Demokrasi*. Yogyakarta: Pustaka Pelajar.

Legowo, TA. et al. 2004. *Pemilihan Presiden Secara Langsung 2004: Dokumentasi, Analisis dan Kritik*. Jakarta: Kedeputian Dinamika Masyarakat Menristek RI.

Maman, H. Bagir. 1999. *Lembaga Kepresidenan*. Jakarta: Pusat Studi Hukum Universitas Islam Indonesia dan Gama Media.

McVey, Ruth T. 1984. "Faith as the Outsider: Islam in Indonesian Politics." James P. Piscatori (ed.). *Islam in the Political Process*. London, N.Y.: Cambridge University Press.

MPR-RI. *UUD RI Tahun 1945 Beserta Perubahannya*. Jakarta: Sekjen MPR-RI.

Surydinata, Leo, 1982. *Political Parties and the 1982 General Election in Indonesia*. Singapore: Institute of Southeast Asian Studies.

Undang-Undang Republik Indonesia Nomor 23 Tahun 2003 tentang Pemilihan Umum Presiden dan Wakil Presiden dengan Rahmat Tuhan yang Maha

Esa(Tambahan Lembaran Negara Republik Indonesia Nomor 4311).
Undang-Undang No. 22 Tahun 2004 tentang Komisi Yudisial (Lembaran
    Negara Tahun 2004 Nomor 89, Tambahan Lembaran Negara No. 4415).
Zoelva, Hamdan. 2005. *Impeachment Presiden: Alasan Tindak Pidana
    Pemberhentian Presiden Menurut UUD 1945.* Jakarta: Konpress.

제3부

대통령제 권력구조의 변화

제10장

이탈리아:

연방국가 대통령제로의 권력구조 전환 모색*

김종법 (한국외국어대학교)

1. 들어가는 말: 전환기의 이탈리아와 정치적 변화

여성과 남성, 전후 세대를 대표하는 좌파와 우파 양진영의 대결로 관심을
모았던 프랑스 대선은 사르코지라는 헝가리출신 이민자 2세를 대통령으로
선택하면서 끝났다. 유럽연합의 주요 국가 중에서 독특한 대통령제를 채택
하고 있는 프랑스의 대통령 선거에는 정치적 권력구조와 관련한 정치적 함
의가 많다. 우선 전통적인 미국식 대통령제와는 다른 유형의 대통령제를
갖고 있다. 흔히 이원집정부제(dual executive system)1)라고 하는 프랑

---

* 이 장은 "이탈리아 권력구조 가능성과 시도: 연방주의와 대통령제로의 전환모색," 『세
  계지역연구논총』, 제25집 3호(2007)에 실렸던 것으로 몇몇 부분을 수정하고 재편집한
  것이다.
1) 이원집정부제라는 용어는 학자에 따라 조금씩 다른 형태로 사용되었다. 가장 빈번하고 주
  로 사용되는 용어는 다음과 같다. 두베르제(Maurice Duverger)나 사르토리(Giovanni
  Sartori)와 같은 이는 준(準)대통령제(semi-presidential system)로, 슈가트와 캐리(Matthew
  Soberg Shugart and John M. Carey)는 총리-대통령제(premier-presidesntial system)

스 대통령제는 독일의 대통령이나 이탈리아의 대통령과는 그 헌법적 지위
나 권한에서 차이를 나타내고 있다(강원택 2006, 168; 신명순 2006, 84;
김동훈 역 1987, 63). 프랑스 대통령제를 서두에서 거론하는 것은 전후 출
범한 프랑스의 권력구조가 변형된 형태로 등장했으며, 현재까지 변화에 성
공한 제도로서 거론하고 있기 때문이다.

　프랑스와 함께 라틴 유럽국가의 대표적 국가인 이탈리아는 1990년에 들
어서면서 격변하는 세계정세만큼 커다란 정치적 지형과 속성의 변화를 겪
었다. 오랫동안 집권 여당으로서 제1당의 위치를 점하고 있던 기민당(DC)
의 해체와 연립정권의 한 축을 담당했던 사회당의 몰락을 가져온 마니풀리
테(Mani Pulite, 깨끗한 손)는 제1공화국과 제2공화국을 나누는 분기점이
었다(김종법 2004, 2005; 정병기 2000, 2003). 이와 같은 정치적 환경의 변
화 속에서 이탈리아의 권력구조 역시 그 성격과 지위에서 변동이 불가피했다.

　이 글에서는 이러한 전환기의 변화된 정치적 속성들이 현재 이탈리아
의 권력구조와 어떤 연관성이 있으며, 아울러 어떤 모습으로 변화되고 있
는지, 그리고 그러한 변화는 성공 가능성이 있는 것인지에 대한 질문에서
출발하고자 한다. 선거제도의 변화가 이탈리아를 제1공화국과 제2공화국
으로 나누는데 결정적인 기여를 했다면,2) 전후 제헌의회에 의해 성립된
이탈리아 정체(polity) 안에서 새로운 정치적 모색이 21세기에 들어서면서
더욱 빈번히 발생하고 있다는 사실은 그에 대한 결과나 성공 여부와는 별
도의 새로운 분석과 현상에 대한 정치학적 접근이 필요하다.

　그러한 의미에서 연방주의와 대통령제로의 전환 문제는 현재 이탈리

　　로, 피너(Finer)는 쌍두정부(two-headed executive)라는 이름으로 부르고 있다. 한국에
　　서는 중립적인 의미로 이원정부제(강원택)라고 부르기도 하며, 행정부라는 의미를 좀 더
　　강조한 이원집행부(김동훈)라고 하지만, 대개의 경우 이원집정부제(신명순)라고 한다.
　2) 1993년의 선거법 개정에 의해 비례대표제100%는 단순다수 소선거구제 75%와 비례대표
　　제25%로 바뀌게 됨으로써, 새로운 정치세력의 등장을 가능케 하였으며 동시에 기성 정치세
　　력의 세대교체와 새로운 정치집단의 등장을 가능하게 하였다(정병기 2003; 김종법 2004).

아에서 전개되고 있는 권력구조 개편에서 가장 중요한 주제이자 논쟁점이다. 2006년 총선 이전에 이미 연방제로의 전환을 위한 시도가 있었고, 이는 1999년 이후 꾸준히 전개된 노력의 연장선이라고 볼 수 있다. 대통령제로의 전환이나 대통령의 지위 변환에 대한 시도들은 1990년대 이후 꾸준히 증가하고 있다. 의원내각제를 채택하고 있는 이탈리아이지만, 1992년의 새로운 대통령 선거에서 나타났던 대통령의 지위 변화나 비교적 오랜 연방주의 전통이 1970년 지방자치법의 제정으로 인해 실현되는 과정에서 보여준 연방주의적 요소 역시 계속하여 정치적 논란을 불러오고 있다.

따라서 여기에서는 몇 가지 분석방법과 수준을 혼용하여 이탈리아 연방주의와 대통령의 정치적 의미를 분석하고자 한다. 첫째, 연방주의에 대한 역사적 고찰을 통하여 이탈리아 연방주의의 내용과 이론적 기준을 제시한다. 둘째, 연방주의가 갖는 정치적 의미를 내각책임제와 대통령의 비교를 통해 전개한다. 셋째, 연방주의와 대통령제와의 상관성을 현재의 이탈리아 정치적 상황과 관련하여 분석한다. 넷째, 분석의 이론적 틀은 구조주의적 관점에서 이탈리아의 하부정치문화의 속성을 결합하여 상호 연관성을 중심으로 분석한다. 이상의 분석 기준과 접근 방법을 통해 연방주의와 대통령제로의 모색이 갖는 정치적 함의를 추적해보고 그 실현 가능성에 대한 예측을 결론으로 갈음할 것이다.

통합의 역사보다는 분열의 역사가 훨씬 긴 이탈리아가 21세기의 정치적 지형을 어떻게 그릴지 아직은 안개 속이다. 그러나 21세기에 들어서면서 보다 분명한 정치적 궤적과 변화의 흐름 한 가운데 정치권력 구조의 변경을 모색하고 있다는 사실은 이탈리아 사회의 정치적 역동성만큼이나 흥미로운 점이다. 그러한 흥미로움과 새로운 분석틀의 요구에서 우리가 고려해야할 변수로는 몇 가지가 있다. 하나는 베를루스코니(Silvio Berlusconi)라는 인물의 정치적 성향과 행동 및 선택이다. 1994년 새로운 선거법 개정에 의해 출범한 첫 정부의 수반으로 정치계에 등장한 이래, 세계 20위권의 부자이면서 이탈리아 총리를 2번이나 역임했던 베를루스코니야말로 21세기 이탈리아 정치에서 빼놓을 수 없는 인물이며, 변수이자 곧 상수이다. 둘째는 남과 북의 차이만큼 북부 내에서 존재하고 있는 동서 간의 차이와 이를 둘러싼 정당 간의 대립구도 역시 중요한 것이다. 셋째는 헌법에서 보장하고 있는 '특별주'의 지위와 위상이다. 특히 이 문제는 제1차 대전 무렵까지 거슬러 올라가는 실지회복운동(Irredentismo)과 관련된 문제로 이미 헌법상에서 연방주의적 특징을 갖는 특별 지위와 연관되어 있다.3)

결국 이러한 변인들과 연방주의에서 이야기할 수 있는 여러 원리들이 이탈리아적 상황에서 어떻게 적용되어 현재에까지 이르렀던 것인가를 규명하고, 현재의 부조화된 모습의 권력구조 전환에 대한 시도를 분석할 필요가 있는 것이다.

2. 이탈리아 연방주의의 전통과 의미

중세 이후 오랫동안 분열되었던 이탈리아가 하나의 왕국으로 재통일 된 것은 1870년에 이르러서였다. 통일 방식을 두고 벌어졌던 갑론을박에는 당대의 수많은 정치사상과 제도들이 동원되었으며, 연방주의 역시 주요한 정치적 지향점이었다. 흔히 리소르지멘토(Risorgimento)라고 하는 이탈리아 통일운동 기간을 지배했던 통일 이탈리아에 대한 정체(polity)를 지향하는 주요 흐름은 크게 세 가지 정도로 볼 수 있다. 하나는 마치니(Giuseppe Mazzini)가 주도했던 공화주의를 지향하는 다소 급진적인 성향의 정치가

---

3) 미수복 영토회복운동이라 할 수 있는 이레덴티즈모(Irredentismo)는 1차 세계대전에서 승전국이었던 이탈리아가 이전에 자신들의 영토였던 여러 지역에 대한 영토 소유권을 주장하면서 발생된 일련의 정치적 운동으로 미수복 영토에 대한 회복을 목적으로 하였다. 남티롤이나 이스크라 및 단눈치오가 의용군을 이끌고 점령했던 피우메 시 등은 이레덴티즈모의 대상 지역이었다.

및 사상가들이었고, 둘째는 입헌군주제를 지향하는 자유주의 계열의 정치
가와 사상가들이었으며, 세 번째는 권력분점과 이탈리아의 지역 다양성을
인정하고자 하는 정치가 및 정치 사상가들이 지향하는 연방주의가 그것이
었다(Salvatorelli 1975, 228-336; Salvatorelli 1969, 412-442;Bravo
& Malandrino 1994, 189-215).4)

　　이탈리아 연방주의의 뿌리가 자유주의적 특징을 갖는 것은 바로 그러
한 이유이다. 이 시기 가장 대표적인 연방주의 주창자들은 카타네오(Carlo
Cattaneo)와 페라리(Giuseppe Ferrari) 그리고 피사카네(Carlo Pisacane)
이다. 피사카네(1818~1857)가 보다 사회적인 문제에 관심을 갖는 급진적
성향인데 반하여 카타네오(1801~1869)와 페라리(1811~1876)는 이탈리아
의 지역적 분할과 역사적 경험을 고려한 연방주의를 주창하였다(Galasso
1962).5) 특히 카타네오의 연방주의에 대한 주장은 현재까지도 그 적실성

---

4) 리소르지멘토의 해석과도 관련된 이 문제는 후대의 역사 비평가들에게 많은 과제를 남겼
다. 보다 다양한 흐름으로 분류하기도 하지만 일반적으로는 서술한 세 가지 흐름이 보편적
이다. 프랑스 혁명 이후에 자유주의와 민족주의자들이 중요한 사상적 흐름을 지배했지만,
왕정복고로 인해 군주제가 주요한 흐름으로 동참했고, 이후에는 이들 세 흐름들이 정치적
지향과 통일운동의 주류로 작용했다. 그러나 일단의 자유주의들 중에서 온건파와 급진파
가 나누어지면서 카타네오(Cattaneo)와 페라리(Ferrari) 등의 급진파를 중심으로 이탈리
아라는 지리적이고 역사적인 배경을 고려하여 연방주의를 정치적 방향과 운동으로 내세우
면서 통일에 이르는 1870년까지 이탈리아의 세 가지 주요한 정치적 흐름이 되었다.

5) 피사카네는 리소르지멘토 시기 이탈리아의 급진 자유주의를 대표하는 사상가이다. 마치니
의 공화주의 주창자들과 온건 자유주의자들 사이에 대립하고 있던 정치적 지향점과 목적
의 대안을 제시하고 일반 민중의 문제를 먼저 해결하고 통일 역시 민중이 주체가 되는 방향
에서 지역적 특성을 감안한 연방주의를 주창했던 인물이다(Rosselli 1977). 페라리는 실증
주의자로 역사 속의 경험들을 통해 혁명에 이르는 방법을 찾으려 했다. 그 과정에서 이탈리
아의 경우 가장 적합한 정체로서 연방주의를 주창한 것이었고, 많은 후학들을 배출하여 이
탈리아 연방주의 지지자들을 길러내었다(Salvatorelli 1975, 337-366). 카타네오는 리소
르지멘토 시기 가장 대표적인 연방주의자로 오랜 역사적 지방주의 전통을 이탈리아의
특수성으로 보고, 이를 정치적으로나 제도적으로 해결하기 위한 방안으로 연방주의를 주
창했다. 당시 그는 이탈리아 중산계층의 대표적 지식인으로서 이탈리아 민족을 중시하는
민족주의적 통일보다는 지역과 계층에 맞는 통일, 즉 연방주의적 통일을 주장했다. 그가
보기에 민족주의 운동은 필연적으로 경제적으로나 행정적으로 사회적 불평등을 야기할 수
밖에 없는 것으로 간주했다. 이로 인해 그의 연방주의가 갖는 이론상이나 적용 면에서의 탁

면에서 많은 지지를 얻고 있으며, 이탈리아의 지리적이고 역사적인 특수성에 가장 적합한 연방주의 이론이자 제도로서 인용되고 있다.

카타네오는 사회 구성에서 세 가지 차원의 체계와 분야를 연계시켜 설명하고 있다. 경제체계와 법률적-제도적 체계 및 문화와 윤리 분야의 결합으로 사회가 구성된다고 주장하였다(Galasso 1962, 8). 그는 자신의 이러한 논리를 발전시켜 한 국가의 성립 역시 이렇게 구성된 여러 사회의 결합으로 보았으며, 따라서 개별 사회와 구성 요소의 자율성을 최대한 인정하면서 개별성을 어떻게 효율적으로 연계시키는가에 관심을 가졌고, 이를 완성해줄 수 있는 제도로서 연방주의를 주창한 것이다. 그러나 연방주의라는 정체의 주체와 적용 대상에 대하여 중산층이나 한정된 계층과 집단에 국한하였기에 국민국가나 민족국가로서 발전하는 연방주의 국가로 이탈리아를 상정하지 않는 모순과 한계를 지니게 되었다. 다시 말해 이탈리아의 정체성에 대한 경제와 사회적인 측면에서의 기준으로 접근함으로써 리소르지멘토의 정치적 목적성에 대한 좌표를 상실하였고, 연방주의에 대한 지지 기반을 확장시키지 못하는 결과를 가져왔다.

그러나 통일의 주도권은 온건파 자유주의자들에게 넘어갔고, 결국 카부르(Camilo Cavour)와 다젤리오(Marchese D'Agellio) 등이 주장하던 입헌군주제의 이탈리아 왕국이 탄생하였다. 통일 이후에도 연방주의의 흔적은 여전히 남아있었고, 역사학자인 무라토리(Lodovico Antonio Muratori)나 개혁적 법학자인 베카리아(Cesare Bonesana Marchese de Beccaria) 등으로 이어졌다. 이탈리아 반도의 통일이 곧 사회적·정치적 통합이 아니었다는 사실은 여러 사회문제들이 해결되지 않은 채로 여러 개의 이탈리아가 하나의 왕국 아래 존재하게 하였다.

연방주의 문제가 다시 한 번 정치적으로 국민들의 관심을 받게 된 것은

월함에도 불구하고 민중적인 지지를 받지 못했던 원인이었다. 그러나 그의 연방주의적 사상은 현재까지 이탈리아 연방주의자들에게 많은 지지를 받고 있다.

제2차 세계대전이 끝난 뒤, 패전국이었던 이탈리아의 정체를 결정하는 국
민투표였다. 1946년 6월 2일 국회의원 선거와 동시에 실시된 이탈리아 정
치사의 최초의 국민투표는 입헌군주제와 공화제를 국민의 손으로 직접 결
정하는 선거였다. 공화제에 찬성하는 표가 12,717,923이었고(총 유효 득
표에 54%에 해당), 입헌군주제를 찬성하는 표는 10,719,284였다(약 200
만 표 뒤진 것으로 유효득표율 46%에 해당)(Chabod 1961, 144-157).[6]
이탈리아 공화국은 이렇게 탄생되었지만 여전히 해결해야할 문제는 남아
있었다. 특히 북부가 주로 공화제에 찬성하였던데 반하여 남부는 입헌군주
제를 선호하였고, 이는 연방주의 전통이 북부에 여전히 강하게 남았다는
내용이외에도 남과 북의 인식과 정치적 견해 차이가 상당히 큰 것이었다는
사실을 증명하는 것이었으며, 중앙권력과 지방권력의 배분이나 국가 안에
서의 조화문제가 커다란 국가의 정치적 문제로 남게 되었음을 의미하였다.

　　1948년 제헌의회는 몇몇 헌법 조항 안에서 '보충성의 원리'[7]에 의거한
연방주의 원칙을 밝히고 있다(박응격 외 2006, 39-40). 헌법 제11조, 제
118조, 제119조, 제128조, 제138조 등에서 규정하고 있는 내용들이 그것이며,
상원에 대한 규정을 다루고 있는 조항들 역시 넓게 보아 연방주의적 근거로
볼 수 있고, 이들 조항들은 주로 국가와 주 및 지방자치단체들 간의 권한과
권력 배분을 규정하고 있다. 그러나 이탈리아에서 연방주의 본격적인 시작은
1972년 지방자치 법안이 의회에서 통과되어 시행에 들어가면서부터이다.

---

6) 공화국 초대 대통령은 니콜라(Enrico De Nicola)였으며, 1946년 6월 28일 출범하였다.
또한 동시에 실시된 국회의원 선거에서 기민당(DC)이 35.2%를, 이탈리아사회당(PSI)이
20.7%를, 이탈리아공산당(PCI)이 19%를 획득함으로써 제헌의회에서 총 557명 중에서
426명에 달하는 약 75%에 달하는 의원들이 주요 세 개 정당 출신이었다.

7) 보충성의 기본원리는 개인, 주 및 사회의 기본적인 분할에 기초하고 있다. 보충성의 고전
적 개념정의는 가톨릭의 사회문제에 대한 가르침에서 발견 된다. "사회나 국가의 도움 없
이 자신이 할 수 있는 데까지 자신에 관계된 일은 스스로 처리하라. 사회는 다만 보충적으
로만 개입한다." 이런 원리는 국가의 계층적인 구조에도 적용된다. … 일련의 법들은 '공평
한 평등분배'를 하도록 하며, 문제가 되는 지역에 대한 지원을 강화한다.

다시 1977년에 이르러 실질적인 지방자치가 시행되고, 이후 지속적인 보완과 입법 등을 통하여 오늘날에 이르고 있다. 2002년 기준으로 이탈리아에 지방자치에 해당되는 행정구역으로 주에 해당하는 레지오네(Regione)는 모두 20개, 쁘로빈치아(Provincia)는 102개에 이르고 꼬무네(Comune)는 모두 8,104개가 존재한다(김종법 2003, 1-30). 이전까지는 실질적인 지방자치의 근거가 되는 법률적인 지방자치나 권력분점 등에 대한 내용들이 막연하고 추상적이었던데 반하여 1970년을 기점으로 본격적인 지방자치와 더불어 연방주의로의 전환을 위한 모색과 준비가 정치권에서도 본격적으로 일어났다(Hine 1996, 113-120).[8]

이론적인 측면에서 보자면 연방주의를 지방자치와 동일시하거나 유사한 것으로 보기에는 한계가 있지만, 이탈리아의 경우 제도적으로 국민 대표성과 지역 대표성을 의미하는 상하양원제를 채택하고 있으며, 3권 분립 문제나 중앙정부와 주정부의 '수직적' 권한 배분이 비교적 오랫동안 잘 지켜진 국가라는 측면에서 보면 넓은 의미의 연방주의의 제도화는 법률에 의한 성문화가 되었다고 볼 수 있다.

3. 내각수반의 권력 축소와 대통령 권한 강화

최근 이탈리아에서의 권력구조의 변화 문제에서 또 다른 중심에 위치하고 있는 것이 대통령과 대통령의 지위에 대한 것이다. 1948년 제헌헌법에서 정의한 대통령의 지위는 다음과 같다. 헌법 제87조부터 제113조까지 언급하고 있는 대통령의 지위는 "국가의 원수이며, 국가를 대표한다"라는 제

---

8) 1970년 지방자치법의 발효로 인해 현재의 20개 주에 대한 헌법적 지위가 5개의 특별주와 보통주로 나뉘게 되었고, 이 법안에 의해 보충성의 원리나 분권화, 민주적 다원주의 원칙 등의 연방주의의 이론적 원리들이 법률안에 실질적으로 반영되었다.

87조 조항으로부터 시작한다(김종법 역 2004, 9-10). 제헌 헌법에서의 이탈리아 대통령은 말 그대로 명목상의 대통령일 뿐 헌법상에 명기된 국회해산권한이나 소집권한이 없었다. 이러한 전통은 제헌헌법에서 채택된 실질적인 국가권력이 내각수반(수상에 해당)과 정당에 의해 주도되는 상하양원에 집중되었기 때문이다. '정당과 양원에 의해 포로가 된 대통령'이라는 말은 그러한 제한적이고 중립적인 대통령의 권한을 잘 표현하고 있다(Merlini 1995, 93).

따라서 제헌헌법에 의해 선출된 초대 대통령 에이나우디(Luigi Einaudi) 이래 제1공화국 말엽까지의 역대 대통령은 하원과 상원을 대표하는 내각 수반과 정당정치(partitocrazia)라는 이탈리아 정치적 특성에 비교적 순응적인 국가기관으로서 역할을 하였다. '정당정치'라는 용어는 이탈리아 정치의 특징을 대표적으로 나타내는 개념이다. 이탈리아 공화국 성립에 있어 주도적 역할을 했던 기민당(DC)과 사회당(PSI) 및 공산당(PCI)은 제헌헌법 이후에도 여전히 행정과 국가제도 곳곳에서 정당과 긴밀한 관계를 통한 통치와 정치를 수행했다. 이런 특징은 지방권력까지 연결되는 폐해를 낳기도 함으로써 이탈리아 정치의 온정주의나 엽관주의적 성격을 보이게 되는 원인이 되었다(Pasquino 1995, 341-354). 그러나 내각수반의 지명이나 양원의 해산 문제에서도 비교적 집권 여당이나 내각의 의사를 존중하여 실행하는 전통을 유지했다. 제한적이던 대통령의 권한에 좀 더 분명한 변화와 권한 강화의 측면에서 이야기할 수 있는 전환점이 되었던 시기는 코시가(Francesco Cossiga: 1985~1992 기간 중에 대통령 역임)에 의해서였다.

기민당 출신으로 1958년부터 하원의원 생활을 시작한 그는 내무부 장관을 비롯하여 1979년에는 내각수반을 역임하였으며, 이후 상원의장직을 수행하기도 할 정도로 화려한 정치적 경력을 가진 자였다. 1985년 상원에서 임기 7년의 이탈리아 공화국 제 8대 대통령에 선출될 때만 해도 다른 전임 대통령과 다를 바 없는 평범한 대통령이었다. 그러나 1987년부터 1992

년까지의 시기는 이탈리아 정치적 지형과 속성의 변화를 수반하는 격동기이자 전환기였다. 국내외적으로 정치적 환경이 끊임없이 변하고 있던 시기였고, 이탈리아 정치 역시 개혁과 변화라는 흐름 속에서 다양하고 새로운 시도들이 있었다(Ginsborg, 1998, 319-337). 전환기라는 변화 속의 정치적 지형 속에서 코시가 역시 대통령이라는 직무를 수행하는 과정에서 새로운 정치적 변화를 시도하였다.

새로운 변화의 핵심은 양원과 내각과의 관계에 대한 것으로 '메시지(messaggio)'라는 형태로 양원에 전달되는 일종의 대통령 교서와 같은 것이다(Merlini 1995, 112-113). 코시가는 1991년 6월 26일에 양원에 메시지 형태로 자신의 의견을 담은 일종의 교서를 전달하였다. 비록 이 메시지가 처음은 아니었지만, 격론 끝에 양원에서 받아들여지게 되었고 이는 제헌헌법에서 제기하고 있던 대통령의 중립의 의무를 침해하는 것이었으며, 헌법의 수호자로서 국가원수라는 헌법상의 책무를 스스로 위반하는 결과였다. 그러나 역으로 보자면 대통령이라는 지위와 권한의 강화라는 정치적 역학 관계와 구조의 변화를 의미하는 것이었고, 코시가는 이를 통해 대통령의 주요 권한의 하나인 법률안의 거부 및 회부(rinvio)를 재임 기간 중에 21차례나 단행했다(Merlini 1995, 115).

더군다나 코시가는 의회와의 마찰을 이유로 임기를 3개월 앞둔 1992년 2월에 사임해 버림으로써 대통령의 지위와 권한에 상당한 영향을 끼쳤고, 우여곡절 끝에 제9대 대통령으로 선출된 스칼파로(Oscar Luigi Scalfaro)에게까지 이어졌다. 스칼파로 대통령 이전까지는 명목적이고 출신 정당에 우호적이던 정치적 중립이라는 대통령의 정치적 입장이 실질적이고 효율적인 정치적 중립이라는 방향으로 선회하여 확립되었고, 국민들과 정치인들에게 일정부분 영향력이 증대되는 결과를 낳았다.[9]

---

9) 이는 실제로 당시 부패한 정치자금 수사를 진행하고 있던 마니풀리테 기간 중에 분명하게 증명되었는데, 당시 집권 여당이었던 기민당과 사회당은 자신들의 지원으로 새로이 선출

이는 의원내각제를 줄곧 표방하였던 이탈리아 정치시스템의 변화가 불
가피하다는 것을 알리는 징표였다. 대통령의 위상과 지위 강화는 정치권력
구조에서 하원과 내각의 권력 약화를 수반할 수밖에 없는 것이었고, 새로
운 관계정립의 필요성이 대두되었다. 결국 코시가 대통령으로 촉발된 대통
령의 권한 강화는 1990년대 이탈리아 정치의 주요한 특징으로 자리 잡았
고, 대통령의 지위와 권한 강화 요소는 이후 이탈리아 정치적 변동의 주요
의제와 논제가 되었다.

1990년대 이탈리아의 정치적 전환기에는 새로운 정치세력의 출현과
그에 걸맞는 새로운 제도 및 구조의 변화가 수반되었다. 특히 마니풀리테
를 계기로 하여 촉발된 부패한 정치자금수사 및 정치적 지각변동은 전후
지속적으로 유지하던 선거법 개정으로 이어졌고, 이는 기존 정치세력의 몰
락과 함께 새로운 정치세력의 출현 및 제2공화국의 시작을 알리는 역사적
사건으로 이어졌다.

베를루스코니라는 기업가 출신의 정치가의 등장한 것도 이러한 환경
하에서였으며, 이탈리아 사회주의와 공산주의를 대표하던 이탈리아공산
당의 노선전환과 중도좌파 혹은 중도우파를 표방하는 새로운 중도 정당들
이 등장하게 된 것이나, 분리주의 운동을 주창하거나 이탈리아의 수구적인
민족주의 정당의 재탄생 역시 이와 같은 환경 변화가 가져온 정치적 산물
이었다.

결국 헌법상의 대통령 지위와 권한 강화는 제헌헌법에서 설정하고 있
는 기존의 내각책임제 하의 부수적 국가 권력기관으로서 대통령이 아닌 권
력구조 개편 과정에서 새롭게 위상을 정립하고 있는 국가의 주요 권력기관
으로서 대통령이라는 측면에서 분석되고 해석되어야할 여지를 남기는 것

된 스칼파로 대통령이 밀라노 풀의 검사들에게 일정 정도의 영향력을 행사해줄 것으로 기
대하고 있었지만, 스칼파로는 언론과 국민 앞에 철저한 중립을 약속하고 오히려 엄정한 수
사를 당부함으로써 마니풀리테 수사가 보다 심도 있게 진행될 수 있었다.

이다. 물론 이러한 변화의 틀과 내용을 준대통령제(semi-presidential system)나 프랑스에서 이야기되는 이원정부제의 틀까지 확장시켜 논의할 수는 없지만(앤드류 헤이워드 지음/조현수 옮김 2003, 623), 명목상 국가 원수로서 지위를 갖는 독일 형의 대통령과는 분명 이론적으로나 실질적으로 차이가 있다는 것을 알 수 있기에 새로운 이론적 유형화의 필요성은 가능하다고 볼 수 있다.

4. 최근 추이와 권력구조 전환의 이론적 접근

이탈리아의 정치적 환경과 조건의 변화는 1990년대 집중적으로 발생하였다. 특히 이는 앞서 서술한 권력구조의 변화문제와 관련하여 몇 가지 중요한 논쟁점을 제시해주고 있다.

첫째, 분리주의와 연방주의의 구분 문제이다. 이는 북부동맹(Lega Nord)의 등장 이후 더욱 불거진 문제로 몇 가지 변수와 함께 묶어서 고려해야 한다. 가장 중요한 것은 이탈리아의 가장 큰 행정단위로 규정하고 있는 20개의 주 중에서 헌법에서 그 지위와 성격을 보장하고 있는 5개의 특별주의 존재이다(Brosio 1996, 3-4). 이탈리아의 20개 주 중에는 지방자치의 독립성과 자치성의 기준에 따라 헌법에서 부여한 일반 주(피에몬테, 롬바르디아, 베네토, 리구리아, 에밀리아 로마냐, 토스카나, 움브리아, 마르케, 몰리제, 아브루초, 라치오, 깜빠냐, 칼라브리아, 바실리카타, 풀리아)의 성격을 갖는 15개의 주와 5개의 특별주(발레 다오스타, 트렌티노 알토 아디제, 프리울리 줄리아 베네치아, 시칠리아, 사르데냐)가 있다.

보통 일반 주는 중앙정부나 상위체계의 국가기관에 덜 독립적이라 할 수 있으며, 특별 주는 헌법에서 지위를 보장할 정도로 입법권이나 조세권에 대하여 일반 주에 비해 특별한 지위를 갖는 주를 의미한다. 위에서 언급한 5개의 특별 주는 국가의 기본 법률에 의해 구속적인 다른 15개의 일반 주들과는 달리 비교적 그 구속력이 크지 않으며, 오히려 자유롭다고 말하는 편이 나을 정도로 중앙정부에 대한 종속 정도가 미미하다. 국가의 상위 법률에 대한 구속력이 약하다는 의미는 주 의회나 주 정부의 결정에 따른 주령이나 주 법률에 따라 새로운 사업이나 재원 마련의 방안이 더욱 용이하다는 의미이기에 이탈리아에서 가장 지방자치의 정도와 수준이 높은 지역은 이와 같은 5개의 특별 주라고 할 수 있다. 충분한 자율성과 자치를 헌법에서 보장하고 있음에도 북부동맹과 같은 분리주의를 지향하는 정당이 정치활동을 전개하고 북부 지역을 중심으로 선거 시 10~20% 사이의 지지율을 획득하고 있다는 사실은 이탈리아 연방주의 성격이나 특이성을 설명할 수 있는 변수인 것이다.

두 번째로 고려해야할 요소는 흔히 남부문제로 일컬어지는 지역문제가 통일이 된 지 60여년이 지났음에도 여전히 존재하고 있다는 사실이다. 이는 자치(self-rule)와 협치(shared-rule)의 기준이 통합과 상충하는 문제를 어떻게 해결할 것인가의 갈등을 유발하였다.

세 번째 요소로는 유럽통합과 관련된 넓은 의미의 연방주의와 이탈리아라는 지리적 경계를 대상으로 하는 연방주의와의 관계설정이다. 이탈리아의 경우 전후 첫 내각수반이었던 데 가스페리(Alcide De Gasperi)나 스피넬리(Altiero Spinelli)와 같은 유럽과의 연방주의를 주창했던 정치가들이 있었으며, 이들은 정책적으로 연방주의가 실효성을 거둘 수 있도록 많은 노력을 기울였다. 그러나 마샬 플랜과 나토(NATO)의 창설 및 슈망 플랜 등이 작동되면서 이탈리아의 내부에서 연방주의로의 지향과 실천은 국내정치의 복잡성으로 인해 약화되었다. 이러한 상황에서 최근에 정치적 주역으로 등장한 프로디(Romano Prodi)와 그의 유럽주의라는 정책적 지향으로 인해 이 요소는 새롭게 부상하고 있다.

지금까지 기술한 세 가지 요소는 이탈리아의 연방주의를 이론적으로 규

명함에 있어 충분히 그리고 심도 있게 고려되어야 할 요소이며, 최근의 연
방주의를 지향하는 여러 움직임들의 핵심에 위치하고 있다. 이러한 연방주
의적 요소들과 함께 떠오르고 있는 두 번째 논쟁점은 대통령제에 대한 것
이다. 이 문제 역시 몇 가지 고려해야 할 요소들을 갖고 있다. 하나는 베를
루스코니라고 정치가의 등장과 그의 정치적 의도와 목표이다.

1994년 총선에서 처음 총리에 오른 이래 현재까지 베를루스코니라는
존재는 이탈리아 정치를 해석하고 분석하는 주요 기준이자 상수가 되었다.
비록 2006년 정권을 중도좌파에게 내주긴 했지만, 그 표 차이가 불과 25
만표에 불과했고 5년 후의 총선에서 총리 후보로 나설 것이 분명하기 때문
에 그를 빼고 권력구조 문제나 대통령제의 전환 문제를 논의하기 어렵다.

두 번째 요소는 양당제로의 전환문제이다. 이는 대통령제로의 전환에
있어 전제조건이 되기 때문에 그동안 불완전한 양당제(Bipartismo im-
perfetto) 혹은 구심적 다원주의(Pluralismo centripetto)라는 정당체제
의 변화 문제이다(정병기 2003, 93-94; Farnetti 1973). 이는 최근에 나
타나고 있는 선거법 개정에서 핵심적인 요인으로 작용하면서 안정적 과반
수 확보라든지 비례대표제의 원칙 변화 문제와 관련된 것이다.

세 번째 요소는 상하 양원제로의 변경 가능성이다. 이 요소는 특히
2006년 총선을 앞두고 개정된 선거법에서 주요한 내용을 구성하고 있다.
개정된 선거법에서 주장하고자 하는 바는 하원에서의 과반수 확보와 실질
적인 지역과 국민의 대표성을 보장하는 것이었다. 그러나 보다 중요한 사실
은 연방주의와 대통령제의 상관성 문제를 따로 떼어놓고 보더라도 이탈리
아에서의 권력구조 문제는 최근의 제도적 전환의 시도와 모색은 이탈리아
의 정치적 정체성의 재설정 문제까지 연결될 수 있는 것이다. 따라서 연방
제로의 전환 문제나 대통령제로의 지향은 단순한 정체나 정치제도의 변화
라는 측면보다는 그 이상의 의미를 담고 있는 것이다.

이탈리아 정가에서 연방제로의 전환문제가 베를루스코니 정부에 들어

서서 처음 시도된 것은 아니었다. 베를루스코니의 등장 이후 지속적으로 포르차 이탈리아(Forza Italia) 정당은 연방제의 가능성에 대한 준비와 헌법 개정까지를 염두에 둔 정치적 의도를 공공연하게 밝혔다. 특히 1994년의 연방제로의 전환 준비 작업은 베를루스코니의 정치적 의도와 연정 안에 소속되어 있던 북부동맹(Lega Nord)의 정치적 이해가 일치되면서 보다 구체적인 내용들이 발표되었다.

연방제로의 전환 문제가 단순히 베를루스코니나 북부동맹만의 문제로 그친 것은 아니었다. 1996년 총선에서 탄생한 중도좌파 연정의 제2기에 해당하는 시기인 지난 1999년부터 이탈리아는 새로운 의미에서 미국식 모델을 기초로 하는 상하 양원의 연방제로 가기 위한 작업들을 지속적으로 해왔다. 이를 위해 몇 년간 준비를 하고 합의하여 제출된 연방제법안이 2001년 4월에 정부에 의해 임시법안의 초안으로 마련되었다. 이후 정권이 바뀌면서 베를루스코니에 의해 다시 한 번 개악을 거쳐 2004년 10월 15일에 개정안이 상원과 하원 양원을 모두 통과하였다. 우리 식으로 보면 국회를 통과한 법률이 일반적으로 효력을 발생하여 시행되는 것이 보통이지만, 이탈리아의 경우 이 법안은 아직 확정되었다고 보기 어렵다.

특히 야당이 법안에 서명조차 하지 않았을 뿐더러 마르케(Marche)를 위시한 몇몇 주가 중심이 되어 헌법재판소에 헌법위헌소지에 대한 청구를 하였다. 현재의 중앙정부와 지방정부의 간의 정치적 역학관계를 심하게 훼손하고 있고, 북부 동맹의 자치를 지나치게 허용하는 쪽으로 법을 개악함으로써 일국 다체제라는 최악의 상황을 초래할 수도 있다는 것이 헌법소원을 발의한 쪽의 입장이다.

법안의 주요 내용은 양원제를 보다 명확하게 연방제 개념의 상원으로 확정하는 것이며, 하원의원의 수를 현재 630명에서 518명(이 중 18명은 해외에서 거주하는 이탈리아 인의 대표로 선출하는 것을 골자로 한다)으로 상원은 315명에서 252명으로 축소하는 것이다. 또한 피선거권 역시 하원

은 21세로 상원은 25세로 하향조정했다. 그 외에는 주로 지방자치에 관련
된 헌법 제114조에서 제134조까지의 내용을 부분 또는 전체조항을 바꾸는
것을 내용으로 하고 있다.

그러나 문제는 이와 같은 헌법개정의 문제가 아니라 현재 대통령이 갖
고 있는 책무를 제한하여 정부해산권을 총리에게 넘겨주는 방안과 지방 경
찰권과 의료, 보건, 교육 부문에 대한 지방자치단체로의 이양을 주요 골자
로 하고 있다는 것이다. 이는 베를루스코니 개인의 정치적 야심과 집권여
당에 속해 있는 북부분리주의 정당의 정치적 요구사항을 포함하여 대통령
제로 전환하기 위한 전단계의 성격을 갖고 있다. 이 문제는 간단하게 결정
할 수 없는 문제이며, 정치적 이해관계에 따라 그 전개 방향을 예측하지 쉽
지 않은 사안이었다. 결국 다가올 선거와 일정 등이 맞물리면서 그 논의는
다음 정부로 넘어갔다.

다시 한번 정치권력과 제도 전환 문제가 불거진 것은 오랜 논의의 끝에
2005년 12월 개정 선거법이 비례대표의 원칙을 1993년 이전으로 돌림과
동시에 과반수 확보를 보장하는 방식을 채택하면서부터였다.[10] 이와 더불
어 변화된 봉쇄조항(sbaramento)을 두면서 제1당이나 제1정당연합체에
게 나머지 추가 의석을 모두 배분하는 다수정당 프리미엄 비례대표제(un
sistema Pproporzionale con premio di maggioranza)를 채택하였다.[11]

새롭게 개정된 선거제도의 가장 큰 특징은 1위를 한 정당이나 선거연합
체가 하원과 상원 모두 과반수의 수치까지 결정할 수 있게 하여 안정적 정
국운영이 가능하도록 보장했다는 점이다. 이는 상하양원에서 비례대표 의
석수를 할당받는 각 정당이나 선거연합체의 최저 전국 득표율을 조정하여

---

10) 이하 2005년 선거법 개정 문제와 2006년 총선 결과에 대한 내용은 다음의 논문에서 인용
한 것이다(김종법 2006, 267-288).

11) http://www.interno.it/legislazione/pages/pagina.php?idlegislazione=716 (검색
일: 2006.6.13).

최대 다수당에게 과반수를 보장하고 있다. 하원의 경우 선거 연합체의 예를 보면 적어도 연합체 소속 한 정당이 전국 득표율 2%를 초과한 상태에서 10%의 득표율을 획득하거나 특별 주[12] 중에서 전국에서 10%를 획득하지 않더라도 주에서 20% 이상의 득표를 했을 경우에는 비례대표 의석수를 할당받았다.[13] 선거 연합체에 소속되지 않은 개별 정당의 경우에는 전국적으로 4%의 최저득표율을 획득하면 비례대표 의석수를 할당받을 수 있게 하였다.

이렇게 하여 최대 다수당에게 '내부 과반수 확보 비율(quozienti interi, 하원 총의석의 54%)'을 배정하고 상원에서도 총의석의 55%를 확보토록 하는 것이다. 그런데 이와 같은 선거법 개정을 추진했던 이는 다름 아닌 베를루스코니 현 총리이다. 정치 분석가들이나 주요 일간지들은 선거 이전부터 여론조사[14]나 모의투표 결과를 통해 중도좌파의 승리를 조심스럽게 예측했지만, 베를루스코니는 자신의 강력한 대중적 인기를 믿고 자신의 임기 중인 2004년 12월에 개정한 가스파리(Gaspari) 방송법을 통해 자신이 소유하고 있던 상업방송 3사를 비롯해 공영방송 RAI까지 장악하면서 선거에서의 승리를 지나치게 과신하였다. 공산재건당(Rifondazione Comunista)을 비롯한 중도-좌파 정당들은 이와 같은 개선안에 줄곧 반대했지만, 과반수를 확보하고 있던 집권여당의 법안이 의회를 통과하는 데 큰 어려움은 없었다. 그러나 역설적이게도 베를루스코니의 의도와는 전혀 다른 결과를 초래하면서, 선거법 개정의 혜택은 0.1% 차이로 신승한 좌파연합(l'Unione)에게 돌아갔다.

---

12) 이탈리아는 총 20개 주가 있는데, 이중에서 5개의 특별주가 있다. 이 번 선거에서는 특별주인 트렌티노 알토 아디제 주의 경우에는 소수 언어 보호 지역 차원에서 해당 주 선거구에서 득표율 20%를 넘는 경우에는 전국 차원에서 10%를 넘지 않더라도 비례득표 의석수를 할당받을 수 있도록 했다.

13) http://www.interno.it/news/articolo.php?idarticolo=21931 (검색일: 2006.6.13).

14) 2006년 3월 22일부터 1주일간 지속적으로 여론조사가 진행되었는데, '중도좌파연합' (52%~52%)이 '자유의 집'(47%~49%)보다 줄곧 앞서는 결과를 보였다. http://www.repubblica.it/speciale/2006/elezioni_sondaggi/index.html (검색일: 2006.6.13).

분명한 것은 이러한 시도가 결국 베를르스코니의 정치적 의도인 대통령제로의 전환을 통해 미국식 정치제도를 갖겠다는 점이다. 그러나 현재 이러한 시도에 대하여 야당을 비롯한 정치권과 시민단체 및 노동계 등이 중심이 되어 저지하려고 하고 있으며, 국민들 역시 지방선거 등을 통하여 베를루스코니의 입장에 대하여 명확하게 반대하고 있다는 점이 정치적 안정성이 급격하게 허물어지지 않고 있는 요인이라 할 것이다.

이렇듯 권력전환 과정에서 핵심적 요인이자 결과물로서의 대통령과 연방주의는 이를 채택하고 있는 국가들과는 다른 특징들을 보여주고 있다. 이탈리아 대통령의 경우 '수평적 분점형 대통령'이라 부를 수 있으며, 연방주의로의 전환 시도 역시 미국식 연방주의와 스위스식 연방제도의 절충적 성격을 띠고 있는 것이다.

이탈리아 연방주의에 대한 이론화 작업은 또 다른 접근과 분석을 필요로 하는 것이기에, 추후 다른 논문을 통해 보다 분석적이고 이론적인 공고화를 모색할 것이고, 여기서는 그 이론적 토대를 밝히는 수준에서 글을 전개할 것이다. 지금까지 수많은 학자들이 연방주의에 대한 국가별 사례를 통해 이론화 작업을 꾸준히 전개해왔다. 도이치(Deutsch 1957), 웨어(Wheare 1963), 라이커(Riker 1964), 버치(Birch 1966), 왓츠(Watts 1996) 등이 주장하고 있는 연방주의의 여러 요소들을 통합해 보면 연방주의를 현실화하고 이론적으로 주장하기 위해서는 최소한 다음과 같은 요소들을 두 가지 영역에서 공통적으로 검토해야 할 필요성이 있다.

이탈리아의 경우 표 10-1에서 구할 수 있는 요소들은 두 영역에서 모두 찾아볼 수 있다. 공동의 이해요소 항에서는 ①번부터 ⑫번까지의 요소 모두 발견할 수 있다. ①의 경우 이미 오래전부터 정치적 유대성과 사회적 갗에 대한 공유가 이루어진 상태이고, ②나 ③ 경우 역시 동일한 수준에서 각 지역에서 전개되고 있으며, ④의 경우 북부동맹(Lega Nord)의 독립주장이나 알토 아디제 주의 이탈리아 공화국에서의 분리 주장 등은 오래 전

표 10-1 연방주의의 기반이 될 수 있는 두 개 영역과 내용들

공동의 이해요소	대내 혹은 대외적인 위협요소들
① 정치적 가치의 공유 ② 강력한 경제적 유대와 사회적 이익에 대한 기대 ③ 커뮤니케이션과 정보처리 영역의 다양성 ④ 정치적 독립에 대한 열망 ⑤ 이전의 정치적 결합의 경험 ⑥ 전략적(영토적) 고려 ⑦ 지정학적 유사성 ⑧ 민족주의, 종교, 계승된 전통과 관습 등과 같은 공통의 문화적-이데올로기적 요소 ⑨ 정치적 리더십과 정치적 엘리트의 확산 ⑩ 사회적/정치적 유사성 ⑪ 연방 모델에 대한 호소 ⑫ 이전의 정치적 참가에 기초한 역사적 과정의 축적	a) 실제적이든 이미지 상이거든 군사적 불안정성이 존재한다는 느낌 b) 실제적이든 이미지 상이거든 경제적 불안정성이 존재한다는 느낌 c) 실제적이든 이미지 상이거든 문화적 불안정성이 존재한다는 느낌 d) 현존하는 정치적 질서의 안정성에 대해 감지할 수 있는 위협의 존재

출처: Michael Burgess(2006, 100)

부터 전개되고 있다. ⑤의 경우 역시 통일 이전과 이후의 정치적 상황에서 보면 정치적 결합의 수많은 경험들이 존재하고 있으며, ⑥의 경우에도 헌법상에 존재하는 5개의 특별 주는 영토적 고려의 대상이고, ⑦의 경우는 이탈리아 반도라는 지정학적 유사성을 말해 주고 있으며, ⑧의 경우에는 로마제국과 르네상스라는 문화적이고 이데올로기적 유사성이 존재하고 있고, ⑨의 경우에도 좌우 정당을 중심으로 강력한 리더십과 정치 엘리트가 존재하고 있다. ⑩의 경우 역사적 경험을 통한 유사성이 존재하고 있고, ⑪ 헌법상의 특별 주 다섯 개와 북부동맹의 연방주의 주장이나 베를루스코

니의 연방주의에 대한 정치적 시도 등은 충분한 사회적 합의를 일정 부분 공유함을 알 수 있으며, ⑫의 경우 15세기 가까운 분열의 역사를 통해 통합과 민주적 통합운동에 참가했던 경험이 풍부하다.

또한 두 번째 영역에서도 c)와 d)의 경우는 이미 통일 시기부터 존재해 오던 위협과 감정이라고 볼 수 있다. 더군다나 인종적으로나 문화적으로 이질적인 외국인들의 유입과 이레덴티즈모(실지회복운동) 당시 유입된 영토 등에서는 이러한 문화적 이질성에 기초한 갈등과 충돌의 가능성이 상존하고 있다. 또한 남부뿐만 아니라 북부동맹을 비롯한 정당이나 정치적 결사체들은 헌법 질서를 깨뜨리는 수준에서의 독립 혹은 자치를 정책과 이념으로 표현하고 있다는 점 등은 이탈리아의 연방주의적 요소를 분명하게 밝히고 있는 것이다.

결론적으로 이탈리아의 경우 이와 같은 연방주의적 요소는 주로 그 기반과 근거들이 인종과 문화의 다양성에 기초하고 있다는 면에서 '다문화적 연방주의' 모델의 유형이라 할 수 있을 것이다. 이에 대한 이론적 정교함이나 가설과 검증의 문제를 뒷받침해야 하겠지만, 이는 다음의 연구에서 정립해야 할 부분이기에, 여기서는 제안 수준에서의 유형화 정도에만 그치도록 하겠다.

연방주의 문제와 함께 거론할 수 있는 것이 의회중심제 하에서의 대통령제 특징에 대한 유형화 작업일 것이다. 앞서 언급했던 대통령제의 특징을 전체적으로 고려한다면, 이탈리아 대통령의 경우 헌법상의 실질적인 권한의 행사라는 측면만이 아니라 내각 수반과의 수평적 관계를 통해 서로의 제도적 자율성을 침해하지 않으면서 일정 부분 권력의 분점을 공유한다는 면에서 상호독립적 지위를 통해 국민들에게 직접적인 정치적 영향력을 행사한다는 특징을 고려한다면 '중립-분점형 대통령 모델'로 규정할 수 있을 것이다.

앞으로 전개될 정치적 변동이나 상황의 가변성을 정확하게 예측할 수 없지만, 처음에 서술했던 이탈리아 정치변동과 관련된 여러 요속들에 대한 충분한 조합과 가능성의 배합을 통한다면, 어느 정도의 유형화와 이를 이론적으로 증명하는 작업이 가능하리라 생각하면서 향후 보다 발전되고 정교한 이론적 분석을 기대해 보겠다.

5. 나오는 말: 이탈리아 권력구조 전환의 정치적 의미

서방 선진국뿐만 아니라 유럽의 주요 국가들 중에서도 정치적 역동성과 국가적 특색이 강렬한 이탈리아의 권력구조의 전환은 중요한 국제정치적 의미를 갖는다. 유럽연합이라는 정치적 통합체가 구체화되고 있는 현재에 새로운 국가성을 강조하는 이탈리아의 권력구조 전환이 향후 전개될 유럽통합의 완성에 어떠한 영향을 미칠지는 예측하기 어렵다. 그러나 현재의 전환 구상과 시도가 오랜 이탈리아의 정치적이고 사회적인 문제들을 해결하고 하나의 국가 안에서 다양성을 인정하는 방향으로 결정된다면 오히려 유럽을 위한 연방주의적 해체라는 의미를 함께 가질 수 있기에 그 파장 또한 적지 않을 것이다.

우리의 경우 역시 통일이라는 문제와 지역갈등과 대결구도가 해소되지 않고 있다는 측면에서 이탈리아의 정치적 상황과 변동으로부터 적지 않은 정치적 시사점을 부여받을 수 있는 것이다. 중세에서 가장 늦게 현대로 달려 나온 이탈리아라는 역사적 배경 외에도, 미군정의 경험과 남과 북의 이데올로기적 대립 등을 겪었던 이탈리아이기에 유사한 역사적 배경을 갖고 있는 한국에게도 그 해결책이나 진행되는 과정이 멀게 느껴지지만은 않는 이유가 될 것이다. 이런 이유로 이 글을 통해 한국의 정치상황에 부여할 수 있는 정치적 가장 커다란 함의는 현재 한국의 권력구조 개편문제에 대한 시사점이다.

　지역문제와 통일 및 계층 간의 갈등 문제에 대한 해결책으로서의 이탈리아의 권력구조 문제만이 아니라, 현재의 소모적인 논쟁을 지양하면서 좀 더 발전적인 측면에서 연방주의와 이를 바탕으로 한 지역과 계층 대표성을 보장하는 상하양원제를 바탕으로 하는 비례대표제의 확충은 한국의 권력구조 논쟁에서 한번쯤은 광범위한 논의가 있어야 할 것이다.

참고문헌

강원택. 2006. 『대통령제, 내각제와 이원정부제』. 서울: 인간사랑.

김동훈 역. 1987. 『대통령제와 의원내각제』. 서울: 일신각.

김종법. 2003. "이탈리아 지방자치제도의 비교연구." 이탈리아어문학회. 『이탈리아어문학』 제12집, 1-30.

───── 역. 2004. 『이탈리아 선거법』. 과천: 중앙선거관리위원회, 9-10.

─────. 2004. "하부정치문화요소를 통해 본 베를루스코니 정부의 성격." 『한국정치학회보』 제38집 5호, 417-437.

─────. 2005. "이탈리아 마니뿔리떼의 사회적·정치적 의미." 『세계지역연구논총』 제23집 1호, 117-136.

─────. 2006. "변화와 분열의 기로에 선 이탈리아: 2006년 이탈리아 총선." 한국국제정치학회. 『국제정치논총』 제46집 4호, 267-288.

박응격 외. 2006. 『서구연방주의와 한국』. 서울: 인간사랑.

신명순. 2006. 『비교정치』. 서울: 박영사.

앤드류 헤이워드 지음/조현수 옮김. 2003. 『정치학: 현대정치의 이론과 실천』. 서울: 성균관대학교 출판부.

정병기. 2000. "이탈리아 정치적 지역주의의 생성과 북부동맹당(Lega Nord)의 변천." 『한국정치학회보』 제34집 4호, 397-419.

─────. 2003. "정치 변동과 정당 특성 분석을 통해 본 전진이탈리아(Forza Italia)의 성공 요인과 전망." 『국제·지역연구』 제12권 1호, 97.

─────. 2003. "정치 변동과 정당 특성 분석을 통해 본 전진이탈리아(Forza Italia)의 성공 요인과 전망." 『국제·지역연구』. 서울대학교 국제대학원. 제12권 1호, 93-94.

AAVV. 1973. a cura di Farnetti, Paolo, *Il sistema politico italiano*. Bologna: Il Mulino.

─────. 1995. a cura di Gianfranco Pasquino. *La politica italiana: Dizionario critico 1945-95*. Roma-Bari: Laterza.

─────. 2004. a cura di J. Blondel e P. Segatti. *Politica in Italia : Edizione 2003*. Bologna: Il Mulino.

─────. 2005. a cura di V. Della Sala e S. Fabbrini. *Politica in Italia : Edizione 2004*. Bologna: Il Mulino.

Birch, A. H. 1966. "Approaches to the Study of Federalism." *Political Studies*, XIV(1).

Bravo, G. M., C. Malandrino, 1994. *Il pensiero politico del Novecento*. Piemme: Alessandria.

Brosio, G. 1996. *Il sistema del Governo locale in Italia*. in 「Il Governo locale」. Blogna: Il Mulino.

Burgess, M. 2006. *Comparative Federalism: theory and practice*. London and New York: Routledge.

Chabod, F. 1961. *L'Italia contemporanea(1918~1948)*. Torino: Einaudi.

Deutsch, K. W. et al. 1957. *Political Community and North Atlantic Area*. Princeton, NJ: Princeton University Press.

Galasso, G. 1962. *Cattaneo*, Bologna: il Mulino.

Ginsborg, P. 1998. *L'Italia del tempo presente: Famiglia, scoieta' civile, Stato 1980~1996*. Torino: Einaudi.

Hine, D. 1996. *Federalism, Regionalism and Unitary Sate*. in edited by Carl Levy. *Italian Regionalism*. Oxford: BERG.

Merlini, S. 1995. *I presidenti della Repubblica, nella Politica italiana: Dizionario critico 1945~95*. a cura di G. Pasquino, Laterza: Roma-Bari.

Pasquino, G. 1995. La partitocrazia. nella Politica italiana: Dizionario critico 1945~95. a cura di G. Pasquino, Laterza: Roma-Bari.

Riker, W. H. 1964. *Federalism: Origin, Operation, Significance*. Boston: Little, Brown & Company.

Salvatorelli, L. 1975. *Il pensiero politico italiano dal 1700 al 1870*. Torino: Einaudi.

————. 1969. *Sommario della storia d'Italia*. Torino: Einaudi.

Tranfaglia, N. 2003. *La transizione italiana*. Milano: Garzanti.

Watts, R. I. 1996. *Comparing Federal Systems in the 1990s*. Kingston, Ont: Queen's University, Institute of Intergovernmental Relations.

Wheare, K. G. 1963. *Federal Government*. Oxford: Oxford University Press.

http://www.interno.it/legislazione/pages/pagina.php?idlegislazione=716.

http://www.interno.it/news/articolo.php?idarticolo=21931.

http://www.repubblica.it/speciale/2006/elezioni_sondaggi/index.html.

제11장

한국:

권력구조의 선택과 변화에 관한 동학*

이상묵 (한국지방행정연구원)

1. 들어가는 말

한국은 1945년 해방된 후 1948년 5월 새로운 헌법을 제정하여 독립국가의 모습을 갖추게 되었다. 초대 정부는 미국의 영향을 받아 미국식 대통령제를 채택하였으며 이승만은 의회에서 간선으로 대통령에 추대되었다. 이후 현재까지 한국은 9번의 헌법 개정을 통해 총 10명의 대통령을 배출해왔다. 1987년 민주화 이후에 헌법 개정이 한 번도 이루어지지 않았기 때문에 1948년 이후 약 40여 년 동안 평균 약 4년에 한 번 꼴로 헌법이 개정되어 온 것이다. 이러한 잦은 헌법 개정은 주로 권력자들이 자신들의 권력을 쟁취하거나 유지·강화시키려는 목적 하에서 이루어진 것이었다(오일환 1998, 54; 정재황·송석윤 2006, 156).

---

* 이 장은 『한국정치연구』 제17집 1호(2008)에 실린 논문을 수정·보완한 것이다.

1960년 8월부터 1961년 5월까지 약 9개월간 제2공화국 하에서의 의원
내각제 경험을 제외하면 한국은 약 58년 동안 대통령제 형태의 정부를 유
지해오고 있다. 그렇다고 장기간의 대통령제 유지가 권력자와 국민의 확고
한 의지에 기초한다고 단언하기는 어렵다. 정권이 바뀔 때마다 정부형태에
대한 논의가 있어 왔고 의원내각제로의 개헌 시도와 대통령제의 수정을 위
한 헌법 개정이 추진되기도 하였다. 특히, 민주화 이후에는 의원내각제로
의 전환이 권력자들의 합종연횡에 있어서 중요한 구심점 역할을 하였으며
최근에 와서는 연임제 대통령제로의 부분 수정이 정치권의 핫이슈가 되기
도 하였다(양동훈 1999; 강원택 2001; 정진민 2004; 조정관 2006; 김혁
2006a).

권력구조1) 개편을 위한 헌법 개정에 대한 수많은 논의가 진행되어 왔
음에도 불구하고 1987년 민주화가 시작된 이후 한국은 약 20년간 한 번도
헌법 개정을 시행하지 않았다. 권위주의 정부와 달리 민주주의 정부 하에서
헌법 개정이 쉽지 않은 이유는 다양한 이해관계 속에서 국민의 합의를 이
루기가 쉽지 않기 때문이다. 더욱이 헌법 개정에 필요한 획기적인 계기가
있었던 것도 아니다. 또한 민주화 시대에 권력자가 자신들의 권력 유지를
위해 초헌법적인 수단을 이용하여 헌법 개정을 시도할 수 있는 상황은 더
욱 아니다.

이 장에서는 그동안의 우리나라 권력구조 개편 사례를 중심으로 권력
구조의 선택과 변화 원인을 분석하고자 한다. 특히, 누가 어떠한 상황에서

---

1) 이 장에서 사용하는 권력구조라는 용어는 정치체계 내에서의 제도화된 권력의 배열이나
질서를 의미하며 정치체계내의 모든 행위자들과 제도들을 포함하는 광의의 의미 보다는
권력의 기능적 측면, 즉 행정부와 입법부의 권력관계에 초점을 두는 협의의 의미로 사용한
다. 따라서 이 장에서 사용하는 권력구조라는 용어는 일반적으로 사용되는 대통령제 또는
의원내각제와 같은 정부형태와 같은 의미로 사용될 수 있다. 하지만 좀 더 세분해서 구분한
다면 정부형태란 권력구조의 하위 개념으로 각 국이 채택하고 있는 권력구조의 구체적인
양태를 의미하며 동일한 권력구조 하에서도 다양한 양태의 정부형태가 있을 수 있다. 권력
구조의 개념적 설명은 최한수(2005, 291-296)와 이명남(1997, 229-230)을 참조.

어떠한 정치적 목적을 가지고 권력구조의 선택과 변화를 주도했는지를 분석한다. 이를 통해 현재도 진행 중인 헌법 개정 논의에 합리적 준거를 제시하고자 한다.

이 장에서는 권력구조 개편을 위한 헌법 개정과 관련한 기존 연구를 검토하고, 한국의 경우 제1공화국에서 대통령제의 선택 그리고 제2공화국과 제3공화국 하에서의 권력구조 개편 과정과 그 배경 및 원인을 당시의 역사적 상황과 정치행위자들의 정치적 목적을 중심으로 살펴본다. 특히, 이 장에서는 역사적 경험, 정당과 선거제도와 같은 제도적 요인, 그리고 정치·문화적 특징 같은 정치행위자의 정치적 선택에 영향을 미치는 변수들에 초점을 둔다. 끝으로, 민주화 이후 전개되고 있는 권력구조 변화의 논쟁에 대해 사례분석이 주는 정치적 함의는 무엇인지 고찰해 보고자 한다.

2. 권력구조 변화에 관한 선행 연구

권력구조의 문제는 각 국의 정치체제 분석에 있어서 중요한 부분으로 자리잡아 왔다. 특히, 1980년대 중반 이후 아시아, 남미, 동유럽 등에서 발생한 신생 민주주의 국가에 있어서 권력구조 또는 정부형태의 선택은 이들 신생 민주주의 국가의 정치적 결과에 미치는 영향력이 지대한 것으로 간주되어 왔다(Horowitz 1991; Shugart and Carey 1992; Stephan and Skach 1993; Ishiyama 1997). 많은 학자들이 권력구조의 선택에 따른 정치적 또는 경제적 결과를 분석하였다.[2] 그 중에서 린츠(Linz 1990)는 남미 국가에 있어서 의원내각제보다 대통령제를 채택한 국가의 실패 사례가 더 많았음

---

2) 한편, 파워와 가시오로우스키(Power and Gasiorowski 1997, 123-155)는 저발전된 국가에서는 권력구조가 정치적 결과에 직접적으로 중요한 영향을 미치는 것 보다는 다양한 사회·문화·경제적 변수가 매개변수로 작용한다고 주장한다.

을 지적하며3) 의원내각제가 대통령제 보다 더 나은 정부형태라고 주장하였
다. 린츠는 대통령제가 정치적 불안정과 갈등을 유발하는 특징이 있기 때문
에 대통령제를 채택한 신생 민주주의 국가의 실패 가능성이 높다고 주장하
였다. 반면에 의원내각제는 정부의 책임성에 있어서 유연하기 때문에 대통
령제 보다 더욱 안정적인 정부형태라고 주장하였다. 이러한 린츠의 주장은
권력구조에 대한 논쟁을 불러 일으켰고 대통령제를 선호하는 학자들의 반
론이 제기되어 권력구조에 대한 학문적 논의가 활발히 진행되었다(Easter
1997; Horowitz 1990; Mainwaring and Shugart 1997; Mettenheim
1997).4)

　　의원내각제를 선호하는 학자들이 많음에도 불구하고 실제로는 많은 신
생 민주주의 국가들이 의원내각제 보다는 대통령제 또는 혼합형의 정부형
태를 채택하고 있다. 이러한 상황에서 구체적 사례분석을 통한 이론의 검
증 작업이 필요하다.

　　어떤 정부형태가 바람직한가 또는 특정한 정부형태가 다른 형태보다 더
좋다라고 주장하는 것은 아무리 여러 논거를 제시한다고 해도 개인의 권력
구조 선호에 따라 또는 인식의 차이에 따라 다르게 나타날 수밖에 없다. 어
느 권력구조도 완벽한 형태는 존재할 수 없고 나름대로의 장점과 단점을
함께 갖고 있기 때문이다(김혁 2006b, 77).5) 권력구조에 대한 이론적 논
의는 결국 결론내기가 어려운 과제임에 틀림없다(Lee 2000, 96). 더욱이

---

3) 세계2차 대전 이후 남미에서는 39개의 의원내각제를 채택한 국가 중에 13개 국가가 실패한
　반면에 13개의 대통령제 국가 중에서는 최소 10개 국가가 실패했다(Linz and Valenzuela
　1994, 74).

4) 호로위츠(Horowitz 1990, 74)는 린츠의 주장이 지역적으로 남미에 의존하고 있으며 사례
　선정에도 자의성이 있고 대통령제의 기계적인 특성에 초점을 두고 정치적 안정을 위한 대
　통령제의 장점은 등한시한다고 비판하고 있다.

5) 니오우와 오데슉(Niou and Ordeshook 1993, 6)은 하나의 권력구조의 장점은 다른 권력
　구조의 단점으로 나타날 수 있고 반대의 경우도 또한 발생할 수 있기 때문에 객관적인 평가
　를 하기가 거의 불가능하다고 주장한다.

각 지역에서 채택되고 있는 다양한 형태의 권력구조 양상을 일반적으로 통용되는 제도적 특징에 초점을 두고 단순 비교한다면 일반화의 오류에 빠질 수 있을 것이다.

권력구조의 문제는 선택의 문제이고 그것의 결과로서 평가될 수 있을 뿐이다.6) 권력구조를 포함한 정치제도의 선택은 주어진 환경 하에서의 정치행위자의 합리적 선택의 결과라고 할 수 있다.7) 정치행위자는 자신들의 정치적 권력을 위해 주어진 상항에서 최선 또는 차선의 정치제도를 선택하게 된다(Frye 1997; Benoit and Schiemann 2001). 다양한 형태의 권력구조 양태를 이해하기 위해서는 정치적 전통, 정치문화, 다른 정치제도 등과 같은 여러 상황적 요인과 정치행위자의 전략적 선택에 대한 고려가 함께 이루어져야 한다. 어떠한 상황에서 어떠한 목적을 갖고 특정의 권력구조를 선택하는가에 대한 분석이 이루어 질 때 권력구조 논쟁에 있어 일정한 준거를 제공할 수 있을 것이다.

정치행위자의 궁극적인 목적은 국가의 권력을 획득하는 것이다. 그들은 권력구조의 선택에 있어서도 공공선(common good)에 대한 관심 보다는 자신들의 이익 증가에 더 많은 관심을 두고 있을 것이다. 이스터(Easter 1997, 211)는 정치행위자들의 선택에 초점을 두고 과거 소련 연방 국가들의 대통령제 권력구조의 특징을 분석한다. 그는 이들 국가에서 채택하고 있는 대통령제는 정치행위자들의 전략적 선택의 결과라고 주장한다. 기존의 정치엘리트들은 의원내각제 보다는 대통령제 하에서 자신들의 기득권을 보존

---

6) 진영재(1997, 182)는 권력구조의 선택은 역사적·문화적 배경과 관련이 있는 정치적 선택의 문제라고 주장한다.

7) 이(Lee 2000)는 제도적 선택의 문제는 정치인들의 정치적 이익의 차원에서 분석 가능하다고 주장한다. 이러한 분석은 램세이어와 로젠블루스(Ramseyer and Rosenbluth 1995)의 일본의 메이지 유신 헌법 구성의 과정에 대한 연구에서도 발견된다. 그들에 따르면, 메이지 유신에 의한 의원내각제와 국왕제의 존속이라는 선택은 그 당시 과두정치가들(Oligarchs)의 정치적 생존을 보장하기 위한 최선의 선택이었다.

할 수 있다고 판단했기 때문이다. 다른 사례분석에서도 정치제도 내지 권력
구조의 선택 과정에서 정치행위자들의 개인 이익 증대가 주요 행위 동기
였음을 보여 준다. 호르캐시타스(Horcasitas 1996)는 멕시코에서 1929년
부터 절대적 권력을 유지하고 있는 집권당 PRI(Partido Revolucionario
Institucional)의 장기 집권 배경에는 정치행위자들의 개인 이익 증대 동
기가 강하게 작용했다고 주장한다. 야당의 요구를 적절히 들어줌으로써 그
리고 그들의 영향력을 분산시킴으로써 절대 권력을 오랫동안 유지할 수 있
었다는 것이다.

한 사회의 문화적 전통이나 정치제도의 특징이 권력구조 형성 과정에
영향을 미치는 중요한 변수로 지적되고 있다. 초보츠라이(Szoboszlai 1996)
는 1980년대 후반 헝가리가 민주주의로의 전환 과정에서 채택한 순수한
형태의 의원내각제는 과거 그들이 경험했던 의원내각제적 전통의 영향을
많이 받았기 때문이라는 것이다. 니노(Nino 1996) 또한 권력구조의 선택
에 있어서 정치적 전통의 중요성을 강조하고 있다. 그는 남미 지역에서 대
통령제의 전통이 국민의 직접 선거에 의해 선출되는 행정부 수반의 과정을
생략한 어떠한 권력구조도 정착되기 어렵게 하는 요인이 된다고 주장한다.

정당체제나 선거제도 등과 같은 정치제도 또한 권력구조의 선택이나
이의 성공적인 실행 그리고 그것의 결과에도 영향을 미치는 중요한 변수로
간주되고 있다. 사르토리(Sartori 1997, 173-194)는 어떤 권력구조가 성
공적으로 실행되기 위해서는 그 지역에 잘 발달된 정당체제가 우선적으로
존재해야 한다고 주장한다. 그는 정당구조, 정당의 수, 정당교육, 정당의 분극
화(polarization)와 같은 정당체제의 특징에 초점을 두고 대통령제와 의원
내각제의 문제점을 지적하고 있다. 존스(Jones 1995)도 대통령제와 선거제
도와의 관계에 관심을 두고 선거제도가 대통령제의 운영에 있어서 중요한
역할을 한다고 주장한다. 그는 권력구조의 전환을 추진하는 것보다는 대통
령제의 문제점을 극복하기 위하여 선거법을 개선하는 것이 더 현실적으로

필요한 작업일 것이라고 강조한다. 한편, 메인워링과 슈가트(Mainwaring and Shugart 1997, 449)는 대통령제가 다른 정치제도와의 조화를 통해 보다 나은 권력구조가 될 수 있다고 주장한다. 그들은 대통령제의 구조적 문제점도 대통령제가 효과적으로 작동하기 위한 정치제도의 유무에 따라 충분히 극복될 수 있음을 강조한다. 예를 들면, 대통령의 입법권이 약하고 정당이 비교적 잘 훈련되어 있고 정당체제가 극단적으로 분열되어 있지 않은 곳에서는 대통령제가 잘 운영되는 경향이 있다는 것이다.

한국에서는 권력구조를 포함한 헌법 개정 논의가 민주화 이후에 활발히 전개되고 있다. 1987년에 개정된 헌법은 민주화 과정에서 국민의 지지를 얻어 민주적 절차에 의한 것으로서 평화적 정권교체를 가능하게 만들었다. 이러한 민주헌법의 개정 배경에는 통치자의 장기집권과 권력의 집중을 방지하는데 그 목적이 있었다(임종훈 2006, 395). 이후 시간이 경과되고 세계화와 한국사회가 보다 다원화되어 가고 있는 상황에서 헌법 개정에 대한 요구가 지속적으로 제기되고 있다(임성호 1999). 더불어 정치인들은 선거제도의 변화와 함께 정부형태의 변화를 주장하기도 한다. 물론 이러한 정치인들의 요구에는 그들의 정치적 의도가 다분히 들어 있는 것임에 틀림없다(정영화 2000, 151).

그동안 권력구조 변화에 대한 정치학계의 논의는 대부분 규범적이거나 단순한 제도적 특징을 비교하여 바람직한 방향을 제시하거나 개선점을 지적하는 수준에 머물러 있는 것이 사실이다. 보다 구체적이며 역사적 과정 그리고 실증적 자료의 발굴 작업은 주로 헌법학계에 의해 이루어져 왔다(김철수 1986; 한태연 1987; 구병삭 1991). 그러나 이들의 연구결과는 역사적 사실을 연대기적으로 서술하거나 이를 검증하는 수준에 머무르는 한계가 있다. 그럼에도 이들의 연구는 보다 분석적인 연구를 위한 소중한 기초자료를 제공해 준다는 측면에서 의미가 있다. 문종욱(2005)과 김도협(2007)의 논문은 제2공화국하의 의원내각제 채택 과정에 대해 소개하고 있는데 이들의 논문들은 제2공화국 연구를 위한 기초 자료를 제공하고 있다. 그리고 이완범(2000)의 논문은 정치사 연구임에도 불구하고 제3공화국 정부에서 대통령제가 채택되는 과정을 정치적 역동성에 초점을 두고 분석하고 있으며 특히 헌법 개정이라는 법적 행위의 정치적 성격을 규명하고 있어 당시 권력자들의 정치적 목적과 상황에 대한 이해를 돕는데 도움을 준다.

권력구조의 선택과 변화는 정치행위자들의 정치적 선택에 의해 이루어짐에도 불구하고 이에 대한 분석적인 연구가 미비하였다. 그동안 권력구조의 선택과 변화에 영향을 미치는 외부 변수에 대한 지적은 있어 왔다. 최한수(2005, 292)는 한국의 경우에 있어 권력구조의 선택에 영향을 미치는 변수로서 역사와 문화적 배경 그리고 정당체제와 선거제도 등과 같은 기존 정치제도의 특성 보다는 정당이나 개인의 권력욕이 중요하게 작용해 왔다고 주장한다. 양동훈(1999, 92) 또한 정부형태의 선택이나 이것의 정치적 결과에 영향을 미치는 것은 특정한 권력구조의 유형이 갖는 제도적 특징 보다는 그 유형이 실현될 국가의 역사적 조건과 현실적 상황이 우선적으로 고려되어야 한다고 주장한다. 이밖에 안용흔(2005)은 권력구조 자체의 문제 보다는 선거제도와 같은 다양한 제도적 변수를 함께 고려할 때 합리적인 제도개혁의 논의가 가능하다고 주장한다. 하지만 한국 정부가 경험한 세 번의 권력구조 선택에 대한 체계적인 연구가 아직 이루어지지 않고 있다. 세 번의 권력구조 선택이 어떤 상황에서 누구에 의해 어떤 목적에 따라 어떻게 이루어 졌는가에 대한 분석이 이루어 질 때 현재도 진행 중인 권력구조 변화에 대한 논쟁에 일정한 준거를 제시할 수 있을 것이다.

3. 경험적 사례분석

1948년 7월 17일에 제헌 헌법이 공포된 이후 한국정부는 총 아홉 차례의 헌법 개정을 추진하였다(표 11-1 참조). 모두 권력구조의 변화에 초점이 맞추어져 있지만 이 중에서 권력구조의 근본적 변화를 위한 헌법 제·개정은 1948년 제헌 헌법과 1960년 그리고 1962년 세 번에 걸쳐 이루어졌다.

표 11-1 한국의 헌법 개정 연혁

년 도	헌법 개정	주요 내용
1948	제헌 헌법 (제1공화국)	대통령제와 단원제 국회
1952	1차 개정 (발췌개헌)	정부통령 직접선거, 국회의 양원제, 국무원책임제
1954	2차 개정 (사사오입개헌)	국민투표제, 초대 대통령의 중임제한 철폐, 국무위원의 개별적 불신임제, 국무총리제 및 국무위원 연대책임 폐지
1960	3차 개정 (제2공화국)	내각책임제, 헌법재판소 신설, 대법관의 선거제, 중앙선관위의 헌법상 기관화
1960	4차 개정	부정선거관련자와 반민주행위자의 공민권 제한, 부정축제자의 처벌에 관한 소급입법의 부여, 이에 관한 형사사건을 담당할 특별재판부와 검찰부의 설치
1962	5차 개정 (제3공화국)	대통령중심제, 대법원의 정당해산권, 기본권 규정의 상세화, 법원의 위헌법률심사권
1969	6차 개정 (3선 개헌)	국회의원 정수의 증가, 국회의원의 국무총리 및 국무위원의 겸임 허용, 대통령의 3기 계속 재임의 허용
1972	7차 개정 (유신헌법)	통일주체국민회의 설치, 대통령의 권한 강화와 국회의 권한 약화, 헌법개정절차의 이원화
1980	8차 개정 (제5공화국)	대통령간선제와 7년 단임제, 국회의 권한 회복
1987	9차 개정 (제6공화국)	대통령직선제, 대통령의 비상조치권 및 국회해산권 폐지, 국회의 국정감사권 부활, 헌법재판소 신설

권력구조 변경을 위한 헌법 개정은 당시의 정치적 상황에서 정치권력자들의 정치적 목적을 위한 선택의 결과로 나타났다.[8] 다음은 제헌 헌법 제정 과정과 두 번의 권력구조 변경을 위한 헌법 개정 과정에서 나타나는 정치적 측면을 정치행위자의 목적과 수단 그리고 당시의 상황에 대한 검토를 통해 분석해 보고자 한다.

1) 제1공화국에서의 대통령제 선택

(1) 역사적 배경

36년간 일본제국주의의 식민통치를 거치고 해방을 맞이한 이후 미군정 3년간의 짧은 기간 동안 독립국가의 모습을 갖추는데 필요한 헌법을 만드는 과정이 순탄하지만은 않았다. 해방 이후 난립한 수많은 정당 및 사회세력의 정치참여 속에서 좌우 이념의 대립뿐만 아니라 남북통일이라는 민족문제가 중요 정치적 이슈였던 상황에서 단일의 헌법안이 나오기는 쉽지 않았다. 특히, 권력구조와 관련해서는 시간적 제약과 함께 정치인들뿐만 아니라 국민들의 합의를 바탕으로 하기에는 정치적·경제적·사회적 상황이 매우 불안정했다. 신생국으로서 대통령제와 의원내각제의 제도적 장단점을 고려하고 우리나라 실정에 맞는 권력구조를 선택하는 문제가 그리 간단하지만은 않았다. 근대 국가로서의 경험이 일천하여 처음부터 다시 시작하는 상황에서 권력구조 선택의 명확한 기준을 정하는 것은 처음부터 거의 불가능한 일이었다. 더욱이 남북이 대치하고 있는 상황에서 신생정부를 빨리 출범시켜야 한다는 상황적 요인이 여러 정치행위자들에게 권력구조에 대한 합의를 강제했다.

---

8) 한태연(1977, 34)에 따르면 경제적 조건이 충분히 좋지도 못하고 민주주의의 경험이 없는 신생 독립국가의 경우에는 권력구조의 문제가 설계자의 정치적 목적에 따라 결정되는 경우가 많다는 것이다.

(2) 정치행위자와 그들의 정치적 목적

권력구조의 형태를 포함한 제헌 헌법의 초안 작성을 주도한 유진오와 다수의 헌법기초위원들은 애초에 의원내각제를 선호하였다. 대통령제의 대표적인 문제점으로 지적되는 행정부와 의회의 반목과 대립의 가능성 그로 인한 정치불안정 초래 그리고 행정부의 권력 독점으로 인한 독재 가능성을 염두에 두었기 때문이었다. 반면 해방 이후에 해외에서의 독립운동 경력을 바탕으로 최고의 정치적 영향력을 갖고 있었던 이승만은 개인적으로 미국식 대통령제를 선호하고 있었다. 그는 의원내각제가 정부의 빈번한 교체로 인해 정권의 안정성을 해칠 수 있으며 수상이 정치와 행정을 모두 책임지는 것은 비민주적이며 독재의 가능성이 있다는 이유로 의원내각제를 반대하였다(조정관 2006, 5-6). 이승만은 헌법기초위원회의에 참석하여 의원내각제에 대한 반대의사를 분명히 밝히기도 하였다(정영화 2000, 154). 권력구조의 선택에 대한 각 세력 간의 논의 속에서 당시 최대의 정치세력을 형성한 한국민주당이 주도하여 결국 대통령제를 채택하되 의원내각제적 요소가 포함된 형태의 권력구조를 탄생시키게 되었다.

　　제헌 의회의 초대 국회의장을 하고 있던 이승만은 여러 사회·정치 세력들이 상존하고 있는 상황에서 개인의 명성을 바탕으로 권력의 독점적 지위를 확보하는 것이 필요했다. 든든한 후원 세력이 약한 상황에서 권력의 분점이 가능한 의원내각제로서는 자신의 정치적 영향력을 계속해서 유지하기가 쉽지 않아 보였을 것이다. 반면 원내 최대 정파의 하나인 한국민주당은 뚜렷한 자당 출신의 지도자가 부재한 가운데 유일한 대통령 후보로 지목되고 있는 이승만이 의원내각제를 반대하고 있는 상황에서 자당의 정책인 의원내각제를 끝까지 고수하기에는 정치적 부담이 컸다. 그리고 독자적인 대통령 후보를 내서 당선시킬 가능성이 낮은 상황에서는 이승만과의 연대를 통해 이승만 정부의 요직을 차지하는 것이 자신들의 정치적 이득을

유지 할 수 있는 방법이라고 생각했다. 또한 1948년 9월에 열리는 유엔총
회에서 독립정부의 승인을 받아야 하는 상황에서 권력구조의 문제로 인한
헌법 작성의 지연이 국민들로부터 비판받기 쉬웠던 것도 한국민주당이 이
승만의 주장을 들어주게 되는 요인이 되었다(정영화 2000, 155).

(3) 정치적 선택의 결과

이승만과 한국민주당의 정치적 타협에 의해 이루어진 대통령중심제의 권
력구조는 다분히 의원내각제적 요소를 담고 있었다. 그것은 원내 최대 정
파 중 하나인 한국민주당이 이승만 대통령 하에서 자신들의 정치적 이득을
유지하기 위한 선택의 결과였다. 그 예를 보면 대통령과 부통령은 국회에
서 선출하기로 되어 있으며, 대통령이 임명은 하지만 국회의 동의를 필요
로 하는 국무총리제를 신설하고 국무위원과 함께 의원 겸직을 허용하며 국
회에 출석하여 답변할 수 있도록 규정하였다. 더욱이 대통령은 주요 현안
에 대하여 국무총리와 국무위원들과 협의하고 그들의 부서를 받아 처리하
도록 되어 있었다. 이러한 제도적 장치는 한국민주당이 이승만에게 대통령
제를 양보하는 대신 자신들의 영향력이 높은 국회가 대통령의 권력을 견제
하고 국무총리와 국무위원들로 구성된 국무원을 통해 행정부에 참여하는
길을 열어 놓기 위한 목적에서 이루어진 것이다(조정관 2006, 7).

국회 내에 뚜렷한 정당 지지 기반을 두고 있지 않았던 이승만은 계속되
는 국회와의 마찰 문제를 극복할 방안을 모색하고 있었다.[9] 그 방안의 하
나로 나타난 것이 국회의 무력화였다(신우철 2001, 317). 국회의 견제를 받
았던 이승만은 점점 자신의 권력 독점을 위한 정치를 하게 되었다.[10] 국무

---

9) 이러한 문제는 유진오 헌법기초위원회 전문위원이 대통령제의 문제점으로 제기했던 것이
　었다.
10) 조정관(2006, 7-8)에 따르면 당시 대통령 이승만에게 국회의 견제를 피하고 자신의 입지
　를 구축할 수 있었던 제도적 장치는 바로 대통령의 국무총리와 국무위원의 해임권이었다.
　이를 통해 이승만은 국회에서 한국민주당의 세력을 무력화 시킬 수 있었다. 그것을 계기로

총리 및 국무위원과의 협의의 과정은 줄어들고 대통령 중심의 운영체제를 확고히 다져가고 있었다. 각종 불법적인 수단을 동원하여 국회의 무력화를 시도하였고 1952년에는 드디어 대통령 직선제와 국회 양원제를 발췌개헌을 통해 통과시키고 이를 계기로 대통령에게로 권력이 집중되는 권력구조를 만들어 나갔다. 1954년에는 이승만 대통령의 3선을 가능케 하는 사사오입개헌을 통해 대통령의 권력독점을 더욱 심화시키게 되고 결국 절대 권력은 망한다는 교훈을 남기고 1960년 3·15일 정·부통령 선거에서의 부정선거를 계기로 국민의 저항을 받아 권력을 상실하게 되었다.

2) 제2공화국에서의 의원내각제 선택

(1) 역사적 배경

이승만 자유당 정부의 부정부패와 권력의 독점으로 인한 권위주의 정치 심화 현상, 그리고 1960년 3월 15일 정·부통령 선거에서의 대대적인 부정 선거로 인해 4월 19일 시민들의 저항 혁명이 발생하였고, 4월 26일 이승만이 하야함으로써 12년간의 자유당 독재 통치가 마감하게 되었다.

자유당 정부가 몰락한 이후 허정을 중심으로 과도정부가 들어서고 차후의 정치일정에 대한 논의가 있었다. 과도정부의 장기화를 염려하여 정치일정을 앞당기자는 공통의 이해가 맞아 떨어져 그해 4월 28일에 국회에 의원내각제로의 개헌을 위한 특위를 구성하고 5월 11일에 초안을 작성하여 6월 15일에 국회 본회의를 통하여 의원내각제를 채택하였다.

제1공화국 국회에서 다수를 차지했던 자유당 소속의 국회의원들은 혁명의 열기 속에서 제 목소리를 내기 어려웠다. 그들은 이승만 대통령의 3선 개헌과 대통령제를 지지했던 사람들이었지만 과도정부하에서 진행된

1952년 발췌개헌이 통과될 때 이승만이 양보한 사항 중의 하나가 국회의 국무위원 불신임권과 대통령의 국무위원 임명 시 국무총리의 추천제도이었다.

권력구조 변경에 관한 논의 과정에서 의원내각제 채택에 대한 반대의사는 찾아보기 어려웠을 정도로 몸을 낮추고 있었다. 결과적으로 의원내각제로의 개헌은 신속히 이루어졌다. 4월 26일 이승만의 하야 발표가 있던 날 국회에서 '선개헌 후총선'이라는 정치일정에 자유당과 민주당 의원들이 합의하였다. 6월 15일에 있었던 국회에서의 개헌안 투표에서는 제적의원 218명 중에 찬성 208명, 무효 3명, 결석 7명의 압도적인 우세로 의원내각제가 제2공화국의 권력구조로 채택되었다(문종욱 2005, 49). 그 중심 내용은 의원내각제 하의 총리중심제, 대통령의 중립적 위치 설정, 국민의 기본권 최대한 보장, 양원제 국회 구성 등이었다.

(2) 정치행위자와 그들의 정치적 목적

이승만 정부 하에서 제1야당을 해오던 민주당은 4·19 혁명으로 인해 몰락한 자유당 정부를 대신해 정국을 주도하는 세력으로 자리 잡았다. 이들은 과거에도 꾸준하게 의원내각제를 주장하였기에 권력의 이전 과정에서도 의원내각제로의 권력구조 변경을 실질적으로 주도하였다. 특히, 이승만 정부 말기에 이미 자유당 내 온건파와 민주당 내의 구파 간에 연로한 이승만의 사후를 대비한 권력구조 변화를 타진하고 진행시킨 경험이 있었다(김도협 2007, 145). 결국 이승만의 반대로 뜻을 이루지는 못했지만 이미 의원내각제는 민주당이 지속적으로 견지해 온 권력구조의 형태로서 권력의 독점과 부정·부패로 점철되어온 대통령제에 대한 대안으로 강력히 추진되었다. 특히, 이승만 정부에서 대통령의 비대한 권한에 따른 폐해를 경험하였기 때문에 의원내각제 하에서 대통령을 간접선거를 통해 선출함으로써 대통령의 권한을 축소하는 방향으로 나아갔다.[11]

---

11) 그럼에도 불구하고 제2공화국 헌법에는 대통령에게 예외적으로 계엄선포권, 국회출석 및 발언권, 정당소추에 대한 승인권, 국무총리 지명권 등을 부여하고 있는데 이는 대통령에게 중립적인 지위를 부여함으로써 국회에서 다수당의 독재가능성을 방지하기 위한 목적이었

자유당 정부 하에서 권력을 향유하였던 의원들은 새로운 권력구조 형성 과정에 영향력을 행사하기 어려웠다. 혁명의 와중에 자신들의 정치적 생존에 위협을 받고 있던 상황에서 대세의 흐름을 거역하기는 쉽지 않았다. 더욱이 자유당의 입장에서는 의원내각제로의 권력구조 변경이 혁명세력으로부터 자신들의 정치적 생명을 보호하는 효과적인 수단이었다(신명순 1993; 박명림 1996). 반면, 민주당은 자신들의 기본 정책인 의원내각제를 관철시킴으로써 정국을 주도할 수 있는 발판을 마련하고 민주당 내의 정치권력의 분점을 가능케 할 수 있었다. 사실 민주당은 4·19 혁명의 반사 이익을 얻어 정권을 넘겨받았을 뿐 자체적으로 정국을 주도할 만큼의 역량이 성숙되어 있지 못했다(문종욱 2005, 69). 민주당 내의 분파는 자유당 정부 하에서 이미 시작되었고 제2공화국 하의 의원내각제 구조 속에서 자신들의 정치적 이득을 쟁취·유지하는 데에 일차적 목적이 있었다. 야당의 부재 속에서 민주당의 분열 그리고 집권 세력의 안일한 정국운영은 결국 정치·사회의 안정과 강력한 통치의 필요성을 강조한 군부 세력에게 쿠데타의 빌미를 제공하고 말았다.[12)

(3) 정치적 선택의 결과

1960년 4·19혁명 이후 의원내각제로의 개헌을 추진하는 과정에서 제기되었던 의원내각제의 문제점들이 실제로 민주당 정부에서 나타나게 되었다. 그 중에서 국회의 정부불신임으로 인한 정국의 불안정과 국회 내에서 다수당의 전제 가능성이 꾸준하게 제기되어(신우철 2001, 317) 왔는데, 민주당 정부는 강력한 리더십을 발휘하여 안정된 정치를 하지 못했고[13) 9개월간

다. 김도협(2005, 489-490) 참조.

12) 문병주(2005, 7)는 제2공화국의 몰락은 그 당시 개인의 자유 확대와 참여 욕구의 증대에 따른 정치사회의 조정 능력 미숙이 중요 요인이었으며 또한 정치권 내의 파벌 간의 권력투쟁과 국가 기구의 정책수행 능력의 부재가 제2공화국의 붕괴를 가져왔다고 주장한다.

13) 한성주(Han 1989, 270-271)는 장면 정부가 초기에 자유당 정부 관료들에 대한 획기적인

의 정국 불안정 끝에 결국 군부세력에 의해 운명을 다하고 말았다.

갑작스러운 자유당 정부의 몰락은 자유의 홍수를 유발하여 혼란과 무질서의 시기를 겪어야 했다. 더욱이 경제적 상황이 별반 나아지지 않은 상태에서 중심 세력으로서의 중산층 형성은 요원한 문제였을 뿐만 아니라 국가의 경제기반이 전무한 상태였다. 이러한 상황에서 정당정치의 발전으로 이룩한 서구의 의원내각제를 단기간 내에 정착시키기에는 민주당 정부의 한계가 있었다.

시간적으로 약 9개월의 짧은 기간이었으며 박정희 정부를 거치면서 전임 정부의 저평가로 인한 오해 등으로 제2공화국의 의원내각제에 대한 객관적 평가가 제대로 이루어지지 못해온 것이 사실이다(김도협 2005, 487; 김혁 2006b, 79). 더욱이 제2공화국의 단명이 의원내각제 그 자체의 제도적인 문제 때문이라고 하기에도 무리가 따른다(김도협 2007, 162). 그럼에도 불구하고 경제적으로 어려운 상황에서 정치·사회적 불안정이 군부세력에게 정치 개입의 빌미를 제공했다는 것은 제2공화국 민주당 정부의 실패로 규정할 수밖에 없다.

3) 제3공화국에서의 대통령제 선택

(1) 역사적 배경

1961년 5월 16일 박정희는 군사쿠데타를 일으켜 장면 민주당 정부를 붕괴시키고 국회를 해산하고 군정을 실시하였다. 군정 기간(1961~1963) 동안 박정희와 핵심 세력들은 차기 정부의 권력구조를 다루는 헌법 초안 작업에 들어가 1962년 말에 새로운 헌법을 구체화하고 1963년 민정 이양에 따른 대통령 선거에서 박정희가 대통령에 당선되었다.

─────────

처벌에 소극적이었던 것이 자신의 지지층의 분열을 가져 왔고, 궁극적으로는 국가 기구와 행정력의 약화를 가져왔다고 주장한다.

쿠데타에 성공한 박정희는 제2공화국의 의원내각제를 철저히 비판함으로써 자신의 정치적 입지를 강화하려 했다. 아직도 국민들로부터 지지를 받지 못한 상황에서, 그리고 정당을 기반으로 한 지지 세력이 전무한 상태에서 박정희는 민정 이양을 위한 헌법 제정의 방법을 고민하였다. 총선거를 실시하여 국회를 구성한 후에 새로운 국회에서 헌법을 제정하는 방법이 있었고 군정 스스로 헌법 초안을 마련하여 국민투표로 결정하는 방안이 있었다. 박정희는 전자보다는 후자가 자신에게 더 유리하다고 판단하여 후자를 택하였다(정영화 2000, 170).

(2) 정치행위자와 그들의 정치적 목적

군사쿠데타에 의한 민주당 정부의 붕괴는 쿠데타를 주도한 신흥 군부세력의 정치적 지배력을 강화시켜 주었다. 군정 기간 동안 행해진 새로운 헌법의 구성 과정에서 군부는 헌법심의위원회라는 형식적인 절차를 거쳤으나 실질적인 내용은 군부의 주도적인 영향력을 통해 그들이 원하는 정치적 목적을 달성하는 것이었다.[14]

우선, 새로운 헌법은 박정희가 민정 이양 이후에도 자신의 권력을 계속해서 유지할 수 있는 방향으로 만들어졌다. 정치적 경험이 일천하고 정당 기반이 없었던 군부세력에게는 국회로 권력이 집중되는 의원내각제 보다는 대통령 개인에게 권력이 집중된 대통령제가 자신들의 집권을 보다 용이하게 보장할 수 있는 권력구조였다(이완범 2000). 즉, 군부에 대한 지지기반이 취약했던 상황에서 자신들의 집권 기회를 용이하게 하고 권력을 집중하여 통치의 효율성을 강화할 목적으로 대통령제를 채택하였다. 결국, 제3

---

14) 이완범(2000, 178-179)에 따르면 초기 박정희 군사정부는 좀 더 자유로운 분위기에서 헌법 초안 작업을 지시했다. 민간인들의 의견을 수렴하기 위한 노력도 했으나 자신들의 의도와는 다른 결과가 나오자 관제화된 헌법심의위원회를 구성하여 자신들의 정치적 목적에 맞는 결과를 도출하게 되었다.

공화국에서의 대통령제 채택은 권력자의 정치적 편의에 따라 이루어졌던 것이다.

제2공화국에서의 정치불안정을 자신들의 쿠데타 동기 요인으로 강조했던 군부세력에게 의원내각제는 정치불안정의 근본 원인으로 간주되었다. 그 당시 분열되고 미발달된 정당제도는 의원내각제 유지에 부정적인 요인으로 작용하였다. 당시 유진오와 같은 의원내각제 지지자조차 정당의 미발달로 인해 대통령제에 대한 반대를 접을 수밖에 없었다고 밝히고 있다 (신우철 2001, 318). 군부세력은 의원내각제의 비효율성과 정국불안의 문제점을 지적하고 강력한 리더십 속에 행복복지국가 건설을 내세우며 미국식의 대통령제를 도입하였다.

(3) 정치적 선택의 결과

박정희가 채택한 대통령중심제 권력구조는 의원내각제적 요소를 줄이는 동시에 보다 순수한 형태의 대통령제의 모습을 띠고 있었다. 제3공화국 헌법에서 대통령은 국회에 대해 배타적 지배권을 강화시켰다. 대통령은 국회의 동의를 받지 않고 국무총리를 임명할 수 있었으며 국무위원의 의원 겸직을 금지하였다. 더욱이 대통령은 국가 위기 상황에서 긴급한 조치를 취할 수 있는 비상입법권을 갖도록 하였다. 물론 국무위원의 국회 출석권과 국회의 국정감사권 그리고 국무위원의 해임건의권 등과 같은 의원내각제적 요소가 국회에 귀속되도록 하였으나 이미 행정부의 절대적 지배 아래 놓여 있던 국회의 권한은 축소될 수밖에 없었다(조정관 2006, 10-11).

군부쿠데타로 정권을 획득한 박정희 정부는 취약한 통치 정당성을 강력한 리더십을 앞세운 안정적인 산업화 정책으로 대체하였다. 절대 권력을 앞세운 정치적 안정으로 인해 빠른 시간 내에 산업화의 가시적 성과가 나타나게 되었지만 지속적인 산업화의 추진을 위한 정치권력의 유지를 위해 비정상적인 정치적 수단을 사용하게 되었다. 1969년에는 임기 연장을 위해 3선 개헌을 단행하고 1972년에는 종신제가 가능한 유신헌법을 채택하는 등 독재정치의 길로 감으로써 이승만 정부의 말로와 같이 박정희 정부는 스스로 자멸하는 결과를 낳았다.

제2공화국의 무능과 무질서를 극복하고 대통령제하에서 효율적인 국가시스템을 이용하여 산업화를 추진하고자 했던 박정희 정부는 이를 위해 정치권력의 독점과 강압적 수단을 사용하여 자신의 정치적 권력의 안정화를 꾀하고 권력을 유지하는데 관심을 두게 되어 결국 대통령제의 문제점만을 노정하게 되었다.

4. 권력구조 변화 논쟁에 대한 사례분석의 정치적 함의

1) 권력구조 변화에 관한 논쟁

1987년 민주화 이후 당시 야당과 권위주의 출신의 여당 간에 국민의 직선에 의한 5년 단임제 대통령제로의 헌법 개정이 이루어졌다. 그동안의 권위주의 정부에 의한 독재정치의 가능성을 줄이기 위해 대통령을 국민이 직접 선출하도록 하였으며 대통령의 임기를 5년으로 한 번만 할 수 있도록 만들었다. 1987년 헌법 개정은 과거와 달리 처음으로 정당한 절차를 거쳐 국민의 지지 속에 이루어진 민주 헌법이었다.

그럼에도 불구하고 1987년 이후 현 대통령제 권력구조에 대한 논의가 정치권뿐만 아니라 학계에서도 끊임없이 제기되는 핫이슈가 되고 있다. 우선 정치권에서는 특히 대통령 선거를 앞두고 권력구조 개편에 대한 논의가 있어 왔다. 1997년과 2002년 대통령 선거를 앞두고 대통령 후보들은 모두 권력구조 개편을 위한 헌법 개정을 공약하기도 했다. 물론 정치인 개인의 정치적 신념이 작용했을 수도 있지만 그 내막에는 자신들의 정치적 이해관계가 맞물려 있는 것을 부인하기 어렵다.

기본적으로 의원내각제로의 권력구조 개편을 주장하는 정치세력을 보면 현 정치구조에서 자신들의 정치적 영향력이 약화되어 다음 정부에서도 계속해서 자신들의 정치권력을 유지하기 힘들어 보일 때, 아니면 대통령 선거를 앞두고 의원내각제를 지지하는 정치세력의 힘이 필요할 때 그들과의 연합을 위한 수단으로 의원내각제 개헌을 지지하는 경우가 많았다. 예로 1997년 대통령 선거를 앞두고 국민회의의 김대중은 충청도 지역에서 상대적 우위를 차지하고 있던 자민련의 김종필과 후보단일화를 이루고 선거에서 승리하면 내각제 개헌을 하기로 약속하기도 했다.15) 반대로 자신들의 정치적 입지가 강할 때는 현 권력구조에 대한 변화를 꺼려하는 경향을 보여 왔다. 김대중은 1997년 대통령 선거에서 승리하여 자신의 정치적 영향력이 확고할 때 내각제로의 개헌에 소극적인 입장을 보였고 결국 내각제 지지자인 김종필과도 정치적 결별의 수순을 밟았다. 이처럼 권력구조에 대한 문제제기와 정치세력화를 꾀하는 집단은 대게 현 정치권력 구도에서 주로 약자들에 의해 주도되어 온 것이 사실이다(신우철 2001, 319).16)

최근에 와서는 노무현 대통령에 의해 제기된 것처럼 시대적 변화에 맞게 대통령제를 개선하기 위하여 부분적 헌법 개정이 추진되기도 하였다. 그는 대통령과 국회의원의 선출 시기의 일치라든지 대통령의 연임가능이라든지 하는 현 권력구조에 대한 현실적인 문제제기를 했으나 대통령 임기 말의 권력구조 개편을 위한 헌법 개정 시도를 대다수 국민들은 순수하게 받아들이지 않았으며 현실 정치인들의 이해관계가 맞물려 문제제기의 수준에 머무르고 말았다. 특히, 헌법 개정을 시도하는 시기의 문제에 대한 의구

---

15) 『조선일보』, 1997년 10월 29일자.
16) 이러한 경향은 권위주의 정부에서도 있어 왔다. 1987년 전두환 정부 말미에도 자신들의 정치적 영향력을 계속 유지하기 위한 방법으로 의원내각제를 주장하기도 했다(오일환 1998, 56).

심으로 인해 대통령의 개헌발의 동기를 순수하게만 받아들이지 못했던 것이다(차동욱 2007).

　학계에서의 권력구조 논의는 정치적 목적보다는 이론적 또는 자신들의 학문적 입장 차이에 따라 다양하게 제기되고 있다. 따라서 학계에서 제기되고 있는 논의는 그 범위가 정치권에서 논의하고 있는 것보다 훨씬 다양하다. 권력구조의 제도적 특징에 대한 분석과 이를 바탕으로 한 특정 권력구조 형태로의 개헌을 주장하거나, 구체적으로 문제가 되는 헌법 조항들에 대한 문제점과 개선점을 지적하거나, 대통령제의 운영과 관련된 문제점과 이에 대한 대안을 제시하는[17] 등 권력구조와 관련된 많은 논의들이 있어 왔고 대체로 이론적 수준에서는 공감하는 부분이 많이 있는 것이 사실이다.

　그러나 현실적인 차원에서 권력구조 개편을 해야 한다면 언제, 어떻게, 누가 해야 하는가에 대한 질문에는 합의된 답을 제시하기가 쉽지 않다. 이것은 권력구조의 변화가 현실 정치에 있어서는 정치행위자의 정치적 선택의 문제이기 때문이다. 그리고 예측보다는 사후의 분석에 초점을 두는 사회과학이 갖고 있는 학문적 한계 때문이기도 하다. 그럼에도 불구하고 이전에 발생했던 또는 현재 진행되고 있는 일에 대한 분석을 통해 차후의 일에 대한 예측력을 높일 수는 있을 것이다.

2) 사례분석의 정치적 함의

민주화 이후 약 20여 년 동안 헌법 개정이 이루어지지 않았다는 사실은 왜 민주화를 기점으로 헌법 개정의 빈도에 차이가 있는 것인가에 대한 학문적 연구주제를 던져주고 있다. 여기에서는 과거 헌법 개정 사례에 대한 분석을 통해 어떤 상황에서, 어떤 목적으로, 어떻게 권력구조에 대한 변화가 초

---

17) 대통령제 하에서의 구조적 문제점, 즉 대통령과 의회의 대립문제 라든가 소수의 지지를 얻고 당선된 대통령의 대표성 부족 문제를 결선투표제를 통해 제고시킬 수 있다는 주장도 있다(진영재 2004 참조).

래되었는지를 분석하였으며, 이를 토대로 현재 진행되고 있는 권력구조 개
편 논쟁에 있어 하나의 준거를 제시하고자 한다. 이를 위해 본 절에서는 앞
에서 살펴 본 세 가지 사례분석에 대한 종합적 평가와 함께 민주화 이후에
나타난 상황과의 비교를 통해 권력구조 변화에 영향을 미치는 중요한 요인
들을 검토해 보고자 한다.

표 11-2에서 보는 바와 같이 한국에서 세 번의 권력구조의 선택과 변
화 사례는 모두 정치행위자의 정치적 목적을 위한 선택의 결과였다. 제3공
화국에서 쿠데타로 정권을 잡은 박정희는 자신의 취약한 정치적 지지기반
과 안정적인 산업화의 실천을 통한 정당성을 확보하기 위해 강력한 대통령
제를 선택하였다. 반대세력이 부재한 상황에서 일방적인 결정으로 군부세
력의 권력을 유지·강화하기 위해서는 권력을 소수에게 집중시킬 수 있는
권력구조의 선택이 필요했던 것이다. 그 결과 권력의 독점과 행정의 효율
성을 통한 산업화의 진전은 가능하였으나 반대세력의 탄압과 과도한 권력

표 11-2 사례분석의 결과

	제1공화국	제2공화국	제3공화국
주요 행위자	이승만과 한국민주당	민주당과 자유당	군부세력
선택의 목적	권력의 독점과 정치적 생존	권력의 분점과 정치적 생존	권력의 유지·강화
상황요인	▪ 정치적 안정 　필요성 ▪ 독립국가 승인 ▪ 대안 부재	▪ 정치적 안정 　필요성 ▪ 반자유당 정서 ▪ 기존 정책의 고수	▪ 지지 기반 약화 ▪ 정당성 확보 필요 ▪ 반대세력의 부재
선택의 과정	정치적 타협	정치적 타협	일방적
선택의 결과	독재와 부정·부패	불안정과 비효율	독재와 산업화

독점이 자신의 정치적 운명에 부정적인 영향을 미치게 되었다.

　제1공화국과 제2공화국의 사례는 모두 여당과 야당의 타협에 의한 권력구조의 선택처럼 보이지만 사실은 양자 간의 권력 사이에는 불평등한 관계가 존재했다. 해방 정국에서 이승만의 개인적 카리스마는 어느 누구도 따라올 수 없었다. 그의 정치적 영향력은 다른 여타 정치·사회세력 보다 월등히 앞서 있었다. 더욱이 불안정한 사회에서 시급히 국제 사회로부터 독립 국가임을 승인받아야 하는 상황에서 이승만의 대통령제 선호를 제지하기는 쉽지 않았다. 그리고 이승만에게는 미국정치의 영향도 있었지만 당시 상황에서 강력한 리더십과 권력의 독점을 통한 권력기반의 구축이 시급한 과제였고 이를 위해서는 대통령제의 선택이 중요했다. 하지만 권력의 독점은 그것을 유지하기 위해 더 많은 독점이 필요했고 결국 부정과 부패를 나아 정권의 운명을 재촉하고 말았다.

　제2공화국에서의 의원내각제 채택도 정치적 타협에 의한 결과로 나타났지만 당시 4·19혁명으로 정치적 영향력을 확보한 민주당과 정치적 생존의 문제에 직면한 자유당 의원들은 균등한 입장이 될 수 없었다. 민주당의 오랜 정책이었던 의원내각제는 이러한 힘의 불균형 상태에서 선택되었다. 당시 국민들 사이에 팽배했던 반자유당 정서는 대통령제에 대한 불신을 초래했고 대안으로서의 의원내각제에 대한 선호가 자연스럽게 반영될 수밖에 없었다. 더욱이 내각책임제는 민주당 내의 권력 분점도 가능한 제도였으며 자유당 의원들에게도 자신들의 정치적 생존이 가능한 것으로 인식되었다. 하지만 정당체제라든지 경제성장에 필요한 정책의 개발 및 이의 실천을 위한 행정력의 강화와 같은 신생 독립국가의 단기적·장기적 계획이 부재한 상황, 그리고 민주당 내의 권력분점이 수상의 정치력을 약화시키고 있던 상황은 정치적 불안정을 유발하였고 군부세력에게 정치개입의 여지를 주어 결국 군사쿠데타에 의해 정권의 단명을 초래하였다.

　표 11-3에서 보는 바와 같이 권력구조 변화가 자주 일어났던 민주화

표 11-3 권력구조 변화의 요인 비교: 민주화 전·후

	민주화 이전	민주화 이후
주요 행위자	여당과 야당 그러나 힘의 불균형	여당과 야당의 힘의 균형 (오히려 야당의 우세)
정치적 목적	권력의 독점 또는 분점과 유지	권력의 독점 또는 분점과 유지
상황요인	▪ 정치적 불안정 ▪ 대안 부재 ▪ 정치제도의 미성숙	▪ 정치적 안정 ▪ 다양한 대안 제시 ▪ 정치제도의 상대적 안정
선택의 과정	일방적	타협적

이전과 한 번도 변화가 일어나지 않았던 민주화 이후를 비교해 볼 때, 차이점은 우선 정치행위자들의 권력 관계에서 찾을 수 있다. 민주화 이전에도 여당과 야당이 주요 행위자이었지만 그들 간의 권력관계는 불균형적이었다. 하지만 민주화 이후에는 양자 간의 권력이 균형적으로 변했다. 오히려 여당이 지난 2004년 총선을 제외하면 항상 야당에 비해 소수당의 위치에 처해 있었다. 따라서 정치적 선택에 있어서 민주화 이전에는 정부 주도의 권력구조 선택에 있어 반대 세력이 약했던 반면에, 민주화 이후에는 정부의 변화 시도에 반대세력이 강력하였기 때문에 뜻을 이루지 못하는 경우도 있으며 반대로 야당이 원하더라도 정부 여당이 반대하여 타협이 이루어 지지 못하는 상황이 생기게 되었다. 더욱이 민주화 이후에 형성된 여소야대 현상은 권력구조와 같은 중요한 정치적 선택의 문제에 있어서 여·야 간의 타협을 유도하는 요인이 되었기 때문에 권력구조의 변화가 쉽게 이루어지지 않았다.

또 다른 차이점은 민주화 이전과 이후의 달라진 상황변화에서 찾을 수 있다. 민주화 이전에 발생한 권력구조의 변화는 불안정한 정치 상황에서 안정을 찾아야 한다는 당위성에 근거하여 정치 권력자가 원하는 방향으로 쉽게 결정될 수 있었다. 더욱이 시민사회의 미형성이라든지 정당이나 선거 등과 같은 정치제도의 미발달 등으로 인해 대안적 권력구조에 대한 논의가 활발하지 않은 상황에서 정치권력자의 주도에 의한 권력구조 선택에 별다른 저항이 없었다. 하지만 민주화 이후에는 시민사회의 정치참여가 활발해졌고 정당과 선거제도가 정치참여의 중요한 기제로 인식되고 있으며 정치·사회적 안정 또한 그 어느 때보다 확고하게 자리 잡고 있는 상황이다. 이러한 상황에서 권력구조에 대한 다양한 대안들이 제시되고 있고 그것들에 대한 상대적 우열을 가리기가 쉽지 않은 것도 권력구조의 변화를 어렵게 하는 요인이 되었다. 안정화된 사회에서 권력구조 개편을 위한 헌법 개정의 사유는 일반적으로 사회적 태도의 변화를 반영하기 위한 것이어야 하는데 공론을 통한 단일의 대안을 찾기가 쉽지 않은 것이 현실이다(김문현 2006, 52).

한편, 정치행위자가 권력구조를 변경하고자 하는 목적에 있어서는 민주화 전·후를 통해서 별로 달라진 것이 없다. 정치행위자들은 모두 자신들의 정치적 이득을 위한 권력구조의 선택에 관심이 있다. 권력구조의 선택과 변화를 통해 자신들의 정치적 이득을 실현하고자 하였다. 특히, 권력구조의 변경은 정치행위자가 정권을 획득하거나 권력을 유지하기 위한 정치적 이익에 우선하여 정치 게임의 기본 규칙을 자기에게만 유리하도록 만듦으로써 반대자의 입장에서는 계속해서 이의 변경을 요구하는 상황을 연출하게 된다.

결국, 민주화 이후에 권력구조의 변화가 없었던 배경에는 정치행위자들의 선택에 영향을 미치는 상황변인들이 과거와는 많이 달랐기 때문이며 따라서 달라진 상황에서 정치행위자가 선택할 수 있는 선택의 폭이 넓지 않았기 때문이다. 정치적 격변기에 비정상적인 절차를 통한 권력구조 개편이 아닌 상황에서 정상적인 절차를 통해 권력구조 개편을 위한 헌법 개정은 쉽지 않은 일이다. 보다 다양한 사회적 요구와 각 정파의 정치적 이해관

계 속에서 공론을 모아 단일한 대안을 찾기는 더욱 어려워졌다. 이밖에 58
년간이나 지속되어온 대통령제의 경험, 그리고 상대적으로 짧고 좋지 않았
던 의원내각제의 기억들이 정치행위자의 선택에 영향을 미치고 있다.

5. 나오는 말

이 장에서는 한국에서 권력구조의 선택과 관련된 세 가지 사례를 분석하였
다. 당시 상황에 대한 검토와 각 상황에서 정치행위자가 가졌던 정치적 목
적, 그에 따라 선택한 권력구조의 특징, 그리고 그것의 결과적 측면을 분석
하였다. 분석 결과에 따르면 한국에서의 권력구조의 선택에는 정치행위자
의 정치적 목적이 중요한 요인으로 자리잡고 있었다. 특히 정치적 영향력
이 높은 정치권력자의 의도가 중요하게 작용하였다. 정치권력자들은 자신
들의 정치권력을 획득하고 유지하기 위하여 그리고 야당은 새로운 권력구
조하에서 자신들의 정치적 생존을 위하여 정치권력자와 타협하는 모습을
보여 주었다. 그리고 이러한 권력구조의 변화가 일어날 수 있었던 상황요
인으로는 정치적 불안정, 4·19 혁명과 5·16 군사쿠데타와 같은 정치적 사
건, 그리고 정치제도의 미성숙과 대안 세력의 부재 등이 있었다.

　이 장에서는 권력구조의 선택과 변화의 원인적 측면을 고찰하였다. 이
를 토대로 앞으로의 권력구조 개편 논쟁에 있어서 현실적인 대안을 찾는데
도움이 되었으면 한다. 앞에서도 살펴보았지만 정치·사회적 안정기에 접
어든 한국에서 과거와 같은 비정상적 방법을 통한 권력구조 개편은 거의
불가능하다고 할 수 있다. 더욱이 커다란 정치적 변혁을 위한 권력구조의
변화 또한 시도되기 어려운 과제일 것이다.

　어떠한 권력구조의 형태도 완벽한 것일 수는 없다. 문제는 그것을 어떻
게 잘 운영해 나가느냐일 것이다. 어떠한 권력구조의 형태라 하더라고 그

정부의 성과는 결국 정치적 자원을 잘 활용할 수 있는 정치엘리트의 리더십에 달려있는 것이다. 현재의 권력구조에 구조적 문제점이 있다면 그것을 현실에 맞게 수정하고 개선해 나가는 것이 다른 권력구조로의 변화를 시도하는 것보다 기회비용의 절감은 물론 한국의 정치적 민주주의의 공고화를 위해 보다 바람직한 길이라 생각한다.

참고문헌

강원택. 2001. "한국정치에서 이원적 정통성의 갈등 해소에 대한 논의: 준대통령제를 중심으로." 『국가전략』 제7권 3호, 29-50.

권영성. 2007. 『헌법학원론』, 서울: 법문사.

구병삭. 1991. "제3공화국 헌법사." 한국정신문화연구원 편. 『한국헌법사』. 서울: 고려원.

김도협. 2005. "제2공화국상의 통치기구에 관한 소고: 대통령, 국무원 및 의회를 중심으로." 『헌법학연구』 제11권 제3호, 487-517.

───. 2007. "의원내각제에서의 상징적 국가원수에 관한 일고찰: 한국 제2공화국 헌법과 독일 기본법상 대통령을 중심으로." 『세계헌법연구』 제13권 1집, 143-168.

김문현. 2006. "헌법개정의 기본방향." 『공법연구』 제34집 2권, 49-82.

김철수. 1986. 『헌법개정, 회고와 전망』. 대학출판사.

김혁. 2006a. 『한국사회의 변화와 헌법 개정의 필요성』. 한국정치학회 (국회 용역 보고서).

───. 2006b. "한국 대통령제의 문제점과 개선방안에 관한 연구." 2006년 한국정치학회 하계학술회의 발표논문집.

문병주. 2005. "제2공화국 시기의 좌절된 민주주의와 현재적 함의." 『민주주의와 인권』 제5권 2호, 5-37.

문종욱. 2005. "제2공화국 헌정에 관한 연구." 『법학연구』 제18집, 47-72.

박명림. 1996. "제2공화국 정치균열의 구조와 변화." 백영철 편. 『제2공화국과 한국 민주주의』. 서울: 나남출판.

신명순. 1993. 『한국정치론』. 서울: 법문사.

신우철. 2001. "현행 대통령제에 관한 몇 가지 생각: 우리 헌정사의 경험을 반추하면서." 『서울대 법학』 41권 1호, 316-343.

안용흔. 2005. "대통령제 논쟁의 비판과 새로운 쟁점의 모색." 『대구 카톨릭대학교 사회과학 논총』 제4집, 39-55.

양동훈. 1999. "한국대통령제의 개선과 대안들에 대한 재검토." 『한국정치학회보』 제33집 3호, 91-109.

오일환. 1998. "한국 대통령제 권력구조의 문제점과 그 개선책." 『공공정책연구』 제4호, 3-77.

윤대규. 1997. "왜 대통령제를 선호하는가." 『법과사회』 40-55.

이명남. 1997. "한국에서 대통령제의 적실성."『한국정치학회보』제30집 4호,
229-246.

이완범. 2000. "박정희 군사정부 '5차헌법개정' 과정의 권력구조 논의와 그 성격:
집권을 위한 '강력한 대통령제' 도입."『한국정치학회보』제34집 2호, 171-192.

이정희. 2004. "한국 권력구조 논쟁의 정치적 매커니즘." 이창훈 편.『한국과 프랑스의
권력구조』. 아셈연구원.

임성호. 1999. "전환기 한국정부의 권력구조: 과정중심의 '이익통합적' 모델을 위한
서론."『호남정치학회보』제11집, 3-26.

임종훈. 2006. "국가권력구조의 개편방향."『헌법학연구』제12권 제4호, 393-419.

장훈. 2002. "한국 대통령제의 불안정성의 기원: 분점정부의 제도적, 사회적, 정치적
기원."『한국정치학회보』제35집 4호, 107-127.

정영화. 2000. "한국의 대통령제 정부형태의 진화와 전망."『세계헌법연구』제5호,
149-179.

정재황·송석윤. 2006. "헌법개정과 정부형태."『공법연구』제34집 4호 2권, 155-182.

정종섭. 2007.『헌법학원론』. 서울: 박영사.

정진민. 2004. "한국대통령제의 문제점 극복방안: 정부형태와 정치제도의 조응성을
중심으로."『한국정당학회보』제3권 1호.

조정관. 2006. "한국 권력구조의 역사적 평가와 변화의 모색." 2006년 한국정치학회
하계학술회의, 4-33.

진영재. 1997. "정당제도화의 유형과 체제선택의 경험적 논의: 15개 선진자본국가의
비교연구."『한국정치학회보』제31집 4호, 161-185.

진영재 편. 2004.『한국 권력구조의 이해』. 서울: 나남출판사.

차동욱. 2007. "개헌, 바람직한가?." 2007년 한국정치학회 학술대회 발표자료집.

최한수. 2005. "한국 역대정권의 대통령제 권력구조 특성에 관한 연구."『대한정치학회보』
제13집 2호, 291-311.

한승주. 1983.『제2공화국과 한국의 민주주의』. 서울: 종로서적.

──────. 1987.『헌법과 정치체제』. 서울: 법문사.

한태연. 1977.『헌법학』. 서울: 법문사.

Benoit, Kenneth and John Schiemann. 2001. "Institutional Choice in New
Democracies: Bargaining over Hungary's 1989 Electoral Law." *Journal of
Theoretical Politics* Vol. 13, No. 2, 153-182.

Brichta, Avraham. 1998. "The New Premier-Parliamentary System in Israel."
Annals of the American Academy of Political and Social Science Vol. 555,
180-192.

Easter, G. M. 1997. "Preference for Presidentialism: Postcommunist Regime Change in Russia and the NIS." *World Politics* Vol. 49, 184–211.

Frye, Timothy. 1997. "A Politics of Institutional Choice: Post-Communist Presidencies." *Comparative Political Studies* Vol. 30, No. 5, 523–552.

Han, Sung-Joo. 1989. "South Korea: Politics in Transition." in Larry Diamond, Juan J. Linz, Seymour Martin Lipset (eds.). *Democracy in Developing Countries: Asia.* CO: Lynne Rienner Publishers.

Horcasitas, J. Molinar. 1996. "Changing the Balance of Power in Hegemonic Party System: The Case of Mexico." in A. Lijphart and C. H. Waisman. *Institutional Design in New Democracies: Eastern Europe and Latin America.* CO: Westview Press.

Horowitz, Donald. 1990. "Comparing Democratic Systems." *Journal of Democracy* Vol. 1, No. 4, 73–79.

Horowitz, Donald. 1991. *A Democratic South Africa? Constitutional Engineering in a Divided Society.* Berkeley: University of California Press.

Ishiyama, John. 1997. "Transitional Electoral Systems in Post-Communist Eastern Europe." *Political Science Quarterly* Vol. 112, 95–115.

Johns, M. P. 1995. *Electoral Laws and the Survival of Presidential Democracies.* IN: University of Norte Dame Press.

Lee, Pei-Shan. 2000. "The Political Logic of Institutional Choice: Taiwan in Comparative Perspective." *Political Science Review* No. 13, 93–124.

Lijphart, Arend. 1992. "Democratization and Constitutional Choices in Czecho-Slovakia, Hungary and Poland, 1989~1991." *Journal of Theoretical Politics* Vol. 4, No. 2, 207–223.

Linz, J. 1990. "The Peril of Presidentialism." *Journal of Democracy* Vol. 1, No. 1, 51–69.

————, and A. Valenzuela (eds.). 1994. *The Failure of Presidential Democracy.* Baltimore: The Johns Hopkins University.

Mainwaring, S., and M. S. Shugart (eds.). 1997. *Presidentialism and Democracy in Latin America.* N.Y.: Cambridge University Press.

Mettenheim, K. V. (ed.). 1997. *Presidential Institutions and Democratic Politics: Comparing Regional and National Contexts.* Baltimore: The Johns Hopkins University Press.

Nino, C. S. 1996. "Hyperpresidentialism and Constitutionalism Reform in

Argentina." in A. Lijphart and C. H. Waisman. *Institutional Design in New Democracies: Eastern Europe and Latin America*. CO: Westview Press.

Niou, Emerson, and Peter Ordeshook. 1993. "Notes on Constitutional Change in the ROC: Presidential versus Parliamentary Government." presented at the Conference on Democratic Institutions in East Asia, Duke University, Durham, North Carolina, April 2-4.

Power, T. J., and M. J. Gasiorowski. 1997. "Institutional Design and Democratic Consolidation in the Third World." *Comparative Political Studies* Vol. 30, No. 2, 123-155.

Ramseyer, J. Mark, and Frances M. Rosenbluth. 1995. *The Politics of Oligarchy: Institutional Choice in Imperial Japan*. New York: Cambridge University Press.

Sartori, G. 1997. *Comparative Constitutional Engineering: An Inquiry into Structures, Incentives and Outcomes*. N.Y.: New York University Press.

Singh, Mahendra. 2001. "Towards a More Federalized Parliamentary System in India: Explaining Functional Change." *Pacific Focus* Vol. 74, No. 4, 553-568.

Stepan, A., and C. Skach. 1993. "Constitutional Frameworks and Democratic Consolidation: Parliamentarism versus Presidentalism." *World Politics* Vol. 46, No. 1, 1-22.

Shugart, M., and J. Carey. 1992. *Presidents and Assemblies: Constitutional Design and Electoral Dynamics*. N.Y.: Cambridge University Press.

Szoboszlai, G. 1996. "Parliamentarism in the Making: Crisis and Political Transformation in Hungary." in A. Lijphart and C. H. Waisman. *Institutional Design in New Democracies: Eastern Europe and Latin America*. CO: Westview Press.

부록

각 국가의 역대 대통령

미국 역대 대통령

	대통령	재임기간	정당
1대	조지 워싱턴 (George Washington)	1789.4.30 ~1797.3.4	정당없음
2대	존 애덤스 (John Adams)	1797.3.4 ~1801.3.4	연방주의
3대	토마스 제퍼슨 (Thomas Jefferson)	1801.3.4 ~1809.3.4	민주공화
4대	제임스 매디슨 (James Madison)	1809.3.4 ~1817.3.4	민주공화
5대	제임스 먼로 (James Monroe)	1827.3.4 ~1825.3.4	민주공화
6대	존 퀸스 애덤스 (John Quincy Adams)	1825.3.4 ~1829.3.4	민주공화
7대	앤드류 잭슨 (Andrew Jackson)	1829.3.4 ~1837.3.4	민주당
8대	마틴 밴 뷰런 (Martin Van Buren)	1837.3.4 ~1841.3.4	민주당
9대	윌리엄 해리슨 (William Harrison)	1841.3.4 ~1841.4.4	위그당
10대	존 타일러 (John Taylor)	1841.4.4 ~1845.3.4	위그당
11대	제임스 포크 (James K. Polk)	1845.3.4 ~1849.3.4	민주당
12대	재커리 테일러 (Zachary Taylor)	1849.3.4 ~1850.7.9	위그당
13대	밀러드 필모어 (Millard Fillmore)	1850.7.10 ~1853.3.4	위그당
14대	프랭클린 피어스 (Franklin Pierce)	1853.3.4 ~1857.3.4	민주당
15대	제임스 뷰캐넌 (James Buchanan)	1857.3.4 ~1861.3.4	민주당

16대	에이브러햄 링컨 (Abraham Lincoln)	1861.3.4 ~1865.3.4	공화당
17대	앤드류 존슨 (Andrew Johnson)	1865.3.4 ~1869.3.4	공화당
18대	율리시스 그랜트 (Ulysses S. Grant)	1869.3.4 ~1873.3.4	공화당
19대	러더포드 헤이스 (Rutherford B. Hayes)	1873.3.4 ~1881.3.4	공화당
20대	제임스 가필드 (James A. Garfield)	1881.3.4 ~1881.9.19	공화당
21대	체스터 아서 (Chester A. Arthur)	1881.9.20 ~1885.3.4	공화당
22대	그로버 클리블랜드 (Grover Cleveland)	1885.3.4 ~1889.3.4	민주당
23대	벤자민 해리슨 (Benjamin Harrison)	1889.3.4 ~1893.3.4	공화당
24대	그로버 클리블랜드 (Grover Cleveland)	1893.3.4 ~1897.3.4	민주당
25대	윌리엄 매킨리 (William McKinley)	1897.3.4 ~1901.9.14	공화당
26대	시어도어 루즈벨트 (Theodore Roosevelt)	1901.9.14 ~1909.3.4	공화당
27대	윌리엄 태프트 (William H. Taft)	1909.3.4 ~1913.3.4	공화당
28대	우드로 윌슨 (Woodraw Wilson)	1913.3.4 ~1921.3.4	민주당
29대	워런 하딩 (Warren G. Harding)	1921.3.4 ~1923.3.4	공화당
30대	캘빈 쿨리지 (Calvin Coolidge)	1923.3.4 ~1929.3.4	공화당
31대	헐버트 후버 (Herbert Hoover)	1929.3.4 ~1933.3.4	공화당
32대	프랭클린 루즈벨트 (Franklin Roosevelt)	1933.3.4 ~1945.4.12	민주당

33대	해리 트루먼 (Harry S. Truman)	1945.4.12 ~1953.1.20	민주당
34대	드와이트 아이젠하워 (Dwight Eisenhower)	1953.1.20 ~1961.1.20	공화당
35대	존 케네디 (John F. Kennedy)	1961.1.20 ~1963.11.22	민주당
36대	린든 존슨 (Lyndon B. Johndon)	1963.11.22 ~1969.1.20	민주당
37대	리처드 닉슨 (Richard Nixon)	1969.1.20 ~1974.8.9	공화당
38대	제럴드 포드 (Gerald R. Ford)	1974.8.9. ~1977.1.20	공화당
39대	지미 카터 (Jimmy Carter)	1977.1.20 ~1981.1.20	민주당
40대	로널드 레이건 (Ronald Reagan)	1981.1.20 ~1989.1.20	공화당
41대	조지 부시 (George H. W. Bush)	1989.1.20 ~1993.1.20	공화당
42대	빌 클린턴 (Bill Clinton)	1993.1.20 ~2001.1.20	민주당
43대	조지 부시 (George W. Bush)	2001.1.20 ~2009.1.2	공화당
44대	바락 오바마 (Barack Hussein Obama)	2009.1.20 ~현재	민주당

프랑스 역대 대통령 및 총리 (제5공화국, 1959~현재)

대통령	재임기간	총리	재임기간
드골 (Charles de Gaulle)	1959~1969	드브레(Michel Debré)	1959~1962
		퐁피두(Georges Pompidou)	1962~1968
		드 뮈르빌 (Maurice Couve de Murville)	1968~1969
퐁피두 (Georges Pompidou)	1969~1974	샤방~델마스 (Jacques Chaban~Delmas)	1969~1972
		메스메르(Pierre Messmer)	1972~1974
데스탱 (Valéry Giscard d'Estaing)	1974~1981	시락(Jacques Chirac)	1974~1976
		바르(Raymond Barre)	1976~1981
미테랑 (François Mitterrand)	1981~1995	모로아(Pierre Mauroy)	1981~1984
		파비우스(Laurent Fabius)	1984~1986
		시락(Jacques Chirac)	1986~1988
		로카르(Michel Rocard)	1988~1991
		크레송(Édith Cresson)	1991~1992
		베레고브와 (Pierre Bérégovoy)	1992~1993
		발라뒤르 (Édouard Balladur)	1993~1995
시락 (Jacques Chirac)	1995~2007	쥐페(Alain Juppé)	1995~1997
		조스팽(Lionel Jospin)	1997~2002
		라파랭 (Jean~Pierre Raffarin)	2002~2005
		빌팽(Dominique de Villepin)	2005~2007
사르코지 (Nicolas Sarkozy)	2007~현재	피용(François Fillon)	2007~

대만 역대 총통 및 부총통

	총통 / 부총통	재임기간	정당
1대	장제스 (蔣介石) /리쫑런 (李宗仁)	1948.5.20 ~1949.1.1	중국국민당 (Kuomintang)
대행	리쫑런 (李宗仁) /없음	1949.1.21 ~1949.3.1	중국국민당
복귀	장제스 (蔣介石) /리쫑런 (李宗仁)	1949.3.1 ~1954.5.19	중국국민당
2~3대	장제스 (蔣介石) /천청 (陳誠)	1954.5.20 ~1966.5.19	중국국민당
4~5대	장제스 (蔣介石) /옌자진 (嚴家淦)	1966.5.20 ~1975.4.5	중국국민당
대행	옌자진 (嚴家淦) /없음	1975.4.6 ~1978.5.19	중국국민당
6대	장징궈 (蔣經國) /셰둥민 (謝東閔)	1978.5.20 ~1984.5.19	중국국민당
7대	장징궈 (蔣經國) /리덩후이 (李登輝)	1984.5.20 ~1988.1.13	중국국민당
대행	리덩후이 (李登輝) /없음	1988.1.13 ~1990.5.19	중국국민당
8대	리덩후이 (李登輝) /리위안추 (李元簇)	1988.1.13 ~1996.5.19	중국국민당
9대 (민선)	리덩후이 (李登輝) /롄잔 (連戰)	1996.5.20 ~2000.5.19	중국국민당
10대 (민선)	천수이벤 (陳水扁) / 뤼슈렌 (呂秀蓮)	2000.5.20 ~2004.5.19	민주진보당 (Democratic Progressive Party)
11대 (민선)	천수이벤 (陳水扁) /뤼슈렌 (呂秀蓮)	2004.5.20 ~2008.5.19	민주진보당
12대 (민선)	마잉주 (馬英九) /샤오완창 (蕭萬長	2008.5.20 ~현재	중국국민당

보스니아~헤르체고비나 (BiH) 역대 대통령

	대통령	재임기간	정당
1대	일리야 이제트베고비치(B) 지브코 라디시치(S) 안테 옐라비치(C)	1998 ~2002.10.5	민주행동당 세르비아사회당 기독민주연맹
2대	슐레이만 티히치(B) 미르코 샤로비치(S) 드라간 쵸비치(C)	2002.10.5 ~2006.10.1	민주행동당 세르비아사회당 크로아티아민주연맹
3대	하리스 실라이지치(B) 네보이사 라드마노비치(S) 젤이코 콤시치(C)	2006.10.1 ~현재	보스니아~헤르체고비나당 독립 사회민주연맹 사회민주당

보스니아~헤르체고비나 역대 연방 (FBiH)대통령

	대통령	재임기간	정당
1대	크레쉬미르 주박	1994.5.31 ~1997.3.18	신크로아티아 이니셔티브
2대	블라디미르 숄이치	1997.3.18 ~1997.12.29	크로아티아 민주연맹
3대	에유프 가니치	1997.12.29 ~199.1.1	민주행동당
4대	이보 안드리치~루잔스키	1999.1.1 ~2000.1.1.	크로아티아 민주연맹
5대	에유프 가니치	2000.1.1 ~2001.1.1.	민주행동당
6대	이보 안드리치~루잔스키	2001.1.1 ~2001.2.28.	크로아티아 민주연맹
7대	카를로 필리포비치	2001.2.28 ~2002.1.1	사회민주당

8대	사페트 할릴로비치	2002.1.1 ~2003.1.27	보스니아~헤르체고비나당
9대	니코 로잔치치	2003.1.27 ~2007.2.22	크로아티아민주연맹
10대	보르야나 크리슈토	2007.2.22 ~현재	크로아티아민주연맹

스르프스카 역대 공화국(RS)대통령

	대통령	재임기간	정당
1대	라도반 카라지치	1992.4.7~1996.7.19	세르비아 민주당
2대	빌야나 팔라브시치	1996.7.19~1998.11.4	세르비아민주~급진당
3대	나콜라 포플라센	1998.11.4~2000.1.26	세르비아민주~급진당
4대	미르코 샤로비치	2000.1.26~2002.11.28	세르비아 민주당
5대	드라간 챠비치	2002.11.28~2006.11.9	세르비아 민주당
6대	밀란 옐리치	2006.11.9~2007.9.30	독립 사회민주연맹
7대	이고르 라도이치치	2007.10.1~2007.12.9	독립 사회민주연맹
8대	라이코 쿠즈마노비치	2007.12.9~현재	독립 사회민주연맹

브라질 역대 대통령

	대통령	재임기간	정당
1대	데오도루 다 폰세까 (Deodoro da Fonseca)	1889.11.15 ~1891.11.23	군인(공화파)
2대	플로리아누 뻬이소뚜 (Floriano Peixoto)	1891.11.23 ~1894.11.15	군인(공화파)
3대	쁘루덴찌 지 모라이스 (Prudente de Morais)	1894.11.15 ~1898.11.15	공화당 (상파울루주)
4대	깜뿌스 살레스 (Campos Sales)	1898.11.15 ~1902.11.15	공화당 (상파울루주)
5대	호드리게스 알베스 (Rodrigues Alves)	1902.11.15 ~1906.11.15	공화당 (상파울루주)
6대	아퐁수 뻬나 (Afonso Pena)	1906.11.15 ~1909.6.14	공화당 (미나스제라이스주)
7대	닐루 뻬샨냐 (Nilo Peçanha)	1909.6.14 ~1910.11.15	공화당 (니떼로이주)
8대	에르메스 다 폰세까 (Hermes da Fonseca)	1910.11.15 ~1914.11.15	군인
9대	벤세스라우 브라스 (Venceslau Brás)	1914.11.15 ~1918.11.15	공화당 (미나스제라이스주)
	호드리게스 알베스 (Rodrigues Alves)	1918.11.15 ~1919.1.16 (취임하지 못함)	공화당 (상파울루주)
10대	델핑 모레이라 (Delfim Moreira)	1918.11.15 ~1919.7.28	공화당 (미나스제라이스주)
11대	에피따시우 뻬쏘아 (Epitácio Pessoa)	1919.7.28 ~ 1922.11.15	공화당 (미나스제라이스주)
12대	아르뚜르 베르나지스 (Artur Bernardes)	1922.11.15 ~1926.11.15	공화당 (미나스제라이스주)
13대	와싱통 루이스 (Washington Luís)	1926.11.15 ~1930.10.24	공화당 (상파울루주)
	훌리우 프레스찌스 (Júlio Prestes)	취임하지 못함	

	준따스 밀리따리스 (Juntas Militarias)	1930.10.24 ~1930.11.3	군사위원회
14대	제뚤리우 바르가스 (Getúlio Vargas)	1930.11.3 ~1945.10.29	소속정당 없음
15대	주제 린냐리스 (José Linhares)	1945.10.29 ~1946.1.31	소속정당 없음
16대	가스빠르 두트라 (Gaspar Dutra)	1946.1.31 ~1951.1.31	군인 사회민주당
17대	제뚤리우 바르가스 (Getúlio Vargas)	1951.1.31 ~1954.8.24	브라질노동당
18대	까페 필류 (Café Filho)	1954.8.24~ 1955.11.9	브라질노동당
19대	까를루스 루스 (Carlos Luz)	1955.11.9 ~1955.11.11	사회민주당
20대	네레우 하무스 (Nereu Ramos)	1955.11.11 ~1956.1.31	사회민주당
21대	주셀리누 쿠비체크 (Juscelino Kubitschek)	1956.1.31 ~1961.1.31	사회민주당
22대	자니우 꽈드루스 (Jânio Quadros)	1961.1.31 ~1961.8.25	소속정당 없음
23대	하니에리 마찔리 (Ranieri Mazzilli)	1961.8.25 ~1961.9.7	사회민주당
24대	주앙 굴라 (João Goulart)	1961.9.7 ~1964.4.1	브라질노동당
25대	하니에리 마찔리 (Ranieri Mazzilli)	1964.4.2 ~1964.4.15	사회민주당
26대	가스뗄루 브랑쿠 (Castelo Branco)	1964.4.15 ~1967.3.15	군인
27대	꼬스따 이 시우바 (Costa e Silva)	1967.3.15 ~1969.8.31	군인
	준따스 밀리따리스 (Juntas Militarias)	1969.8.31 ~1969.10.30	군사위원회
28대	에밀리우 메디씨 (Emílio Médici)	1969.10.30 ~1974.3.15	군인 국가재건동맹당

29대	에르네스뚜 가이젤 (Ernesto Geisel)	1974.3.15 ~1979.3.15	군인 국가재건동맹당
30대	주앙 피게레이레두 (João Figueiredo)	1979.3.15 ~1985.3.15	군인 국가재건동맹당
	땅끄레두 네비스 (Tancredo Neves)	1985.3.15 ~1985.4.21 (취임하지 않음)	브라질민주운동당
31대	주제 사르네이 (José Sarney)	1985.3.15 ~1990.3.15	브라질민주운동당
32대	페르난두 콜로르 (Fernando Collor)	1990.3.15 ~1992.10.2	국민화해당
33대	이따마르 프랑쿠 (Itamar Franco)	1992.10.2 ~1995.1.1	소속정당 없음
34대	페르난두 엥리끼 카르도주 (Fernando Henrique Cardoso)	1995.1.1 ~2003.1.1	브라질사회민주당
35대	루이스 이나시우 룰라 다 시우바 (Luiz Inácio Lula da Silva)	2003.1.1 ~2010.12.31	노동자당

베네수엘라 역대 대통령 (1958년 이후 현재까지)

제4공화국 (1958~1998)

	대통령		정당
	볼프강 라라사발 (Wolfgang Larrazábal)	1958.1.23 ~1958.11.14	
임시	에드가르 사나브리아 (Edgar Sanabria)	1958.11.14 ~1959.2.13	
	로물로 에르네스또 베딴쿠르 베요 (Rómulo Ernesto Betancourt Bello)	1959.2.13 ~1964.3.13	민주행동당 (AD)
	라울 레오니 오떼로 (Raúl Leoni Otero)	1964.3.13 ~1960.3.11	민주행동당 (AD)
	라파엘 깔데라 로드리게스 (Rafael Caldera Rodríguez)	1969.3.11 ~1974.3.12	COPEI
	까를로스 안드레스 뻬레스 로드리게스 (Carlos Andrés Pérez Rodríguez)	1974.3.12 ~1979.3.12	민주행동당 (AD)
	루이스 에레라 깜삔스 (Luis Herrera Campins)	1979.3.12 ~1984.2.2	COPEI
	하이메 루신치 (Jaime Lusinchi)	1984.2.2 ~1989.2.2	민주행동당 (AD)
	까를로스 안드레스 뻬레스 로드리게스 (Carlos Andrés Pérez Rodríguez)	1989.2.2 ~1993.3.21	민주행동당 (AD)
임시	옥따비오 레빠헤(Octavio Lepage)	1993.6.5 ~1994.2.2	민주행동당 (AD)
의회 지명	라몬 호세 벨라스께스 (Ramón José Velázquez)	1993.6.5 ~1994.2.2	민주행동당 (AD)
	라파엘 깔데라 로드리게스 (Rafael Caldera Rodríguez)	1994.2.2. ~1999.2.2	

제5공화국 (1999~현재)

	대통령	재임기간	정당
	우고 라파엘 차베스 프리아스 (Hugo Rafael Chavez Frías)	1999.2.2 ~2000.1.10	제5공화국운동*
	우고 라파엘 차베스 프리아스 (Hugo Rafael Chavez Frías)	200.1.10 ~2002.4.12	제5공화국운동
쿠데타	뻬드로 까르모나 에스땅가 (Pedro Carmona Estanga)	2002.4.12 ~2002.4.13	
임시	디오스다노 까베요 론돈 (Diosdano Cabello Rondón)	2002.4.13 ~2002.4.14	제5공화국운동
	우고 라파엘 차베스 프리아스 (Hugo Rafael Chavez Frías)	2002.4.14 ~2007.1.10	베네수엘라통합 사회주의자당
	우고 라파엘 차베스 프리아스 (Hugo Rafael Chavez Frías)	2007.1.10 ~현재	베네수엘라통합 사회주의자당

• 제5공화국운동(Movimiento V República)은 베네수엘라 통합사회주의자당(Partido Socialista Unido de Venezuela)의 전신이다.

남아프리카공화국 역대 대통령(1984년 이후 현재까지)

	대통령	재임기간	정당
7대	피터 보타 (Pieter Willem Botha)	1984.9.14 ~1989.8.15	국민당 (National Party)
8대	프레데릭 드 클레르크 (Frederik Willem de Klerk)	1989.9.20 ~1994.5.10	국민당
9대	넬슨 만델라 (Nelson Mandela)	1994.5.10 ~1999.6.16	아프리카 민족회의 (African National Congress)
10대	타보 음베키 (Thabo Mbeki)	1999.10.20 ~2008.9.25	아프리카 민족회의
11대	크갈레마 모틀란테 (Kgalema Motlanthe)	2008.9.25 ~현재	아프리카 민족회의

● 1910~1984년까지는 의원내각제였고, 1961~1984년에는 대통령(1대~6대)이 존재했으나, 국가예식을 담당하는 상징적 역할에 불과했으므로 명단에서 제외했음

이란 역대 대통령과 최고지도자

	대통령	재임기간	정당
1대	아볼하산 바니사드르 (Abolhassan Banisadr)	1980.2.4 ~1981.6.22	무소속
2대	모함마드 알리 라자이 (Mohammad Ali Rajai)	1981.8.2 ~1981.8.30	이슬람 공화당
3대	알리 하메네이 (Ali Khamenei)	1981.10.13 ~1989.8.3	1987년까지 이슬람 공화당, 이후 성직자 투쟁 연합
4대	아크바르 하셰미 라프산자니 (Akbar Hashemi Rafsanjani)	1989.8.4 ~1997.8.3	성직자 투쟁 연합
5대	모함마드 하타미 (Mohammad Khatami)	1997.8.4 ~2005.8.3	성직자 투쟁 연대
6대	마흐무드 아흐마디네자드 (Mahmoud Ahmadinejad)	2005.8.4 ~현재	이슬람 이란 건국자 동맹

	최고 지도자	재임기간
1대	루홀라 호메이니 (Grand Ayatollah Ruhollah Khomeini)	1979.12.3~1989.6.3
2대	알리 하메네이 (Ayatollah Ali Khamenei)	1989.6.4~현재

인도네시아 역대 대통령 (1945년 이후 현재까지)

	대통령	재임기간	정당
1대	수카르노(Soekarno)	1945.8.18 ~1967.3.12	인도네시아 국민당 (PNI:Partai Nasional Indonesia)
2대	수하르토(Soeharto)	1967.3.12 ~1998.5.21	골까르(Golkar) 인도네시아 직능그룹
3대	바하루딘 유숲 하비비 (Baharuddin Jusuf Habibie)	1998.5.21 ~1999.10.20	골까르(Golkar) 인도네시아 직능그룹
4대	압두라흐만 와히드 (Abdurrahman Wahid)	1999.10.20 ~2001.7.23	국민각성당(PKB:Partai Kebangkitan Bangsa)
5대	메가와티 수카르노푸트리 (Megawati Soekarnoputri)	2001.7.23 ~2004.10.20	인도네시아 투쟁민주당 (PDIP: Partai Demokrasi Indonesai Perjuangan)
6대	수실로 밤방 유도요노 (Susilo Bambang Yudhoyono)	2004.10.20 ~현재	민주당 (PD: Partai Demokrat)

이탈리아 역대 대통령 (1948년 이후 현재까지)

	대통령	투표횟수	득표율	재임기간	정당
1대	엔리꼬 데 니콜라 (Enrico DE Nicola)	1	72.9% (재적의원 556표 중 405표 획득)	1948.1.1 ~1948.5.12	이탈리아 자유당 (PLI)
2대	루이지 에이나우디 (Luigi Einaudi)	4	59.4% (재적의원 872표 중 518표 획득)	1948.5.12 ~1955.5.11	이탈리아 자유당 (PLI)
3대	죠반니 그론끼 (Giovanni Groncchi)	4	78.9% (재적의원 883표 중 658표 획득)	1955.5.11 ~1962.5.11	기독교 민주당 (DC)
4대	안토니오 세니 (Antonio Segni)	9	52.6% (재적의원 842표 중 443표 획득)	1962.5.11 ~1964.12.6	기독교 민주당 (DC)
5대	쥐세뻬 사라가 (Giuseppe Saragat)	21	68.9% (재적의원 937표 중 646표 획득)	1964.12.29 ~1971.12.29	이탈리아 민주 사회당 (PSDI)
6대	죠반니 레오네 (Giovanni Leone)	23	52.0% (재적의원 996표 중 518표 획득)	1971.12.29 ~1978.6.15	기독교 민주당 (DC)
7대	알레산드로 페르티니 (Alessandero Pertini)	16	83.6% (재적의원 995표 중 832표 획득)	1978.7.9. ~1985.6.29	이탈리아 사회당 (PSI)
8대	프란체스코 코시가 (Francesco Cossiga)	1	76.6% (재적의원 997표 중 752표 획득)	1985.7.3 ~1992.4.28	기독교 민주당 (DC)

9대	오스카 루이지 스칼파로 (Osca Luigi Scalfaro)	16	66.3% (재적의원 1014표 중 672표 획득)	1992.5.28 ~1999.5.15	기독교 민주당(DC) ~지금의 민주당으로 소속 변경
10대	카를로 아젤리오 참피 (Carlo Azeglio Ciampi)	1	77.7% (재적의원 990표 중 707표 획득)	1999.5.18 ~2006.5.10	독립당 ~지금의 민주당으로 소속 변경
11대	조르지오 마포리따노 (Giorgio Napolitano)	4	54.8% (재적의원 990표 중 543표 획득)	2006.5.10 ~현재	좌파 민주당(DS) ~지금의 민주당(DS)

* 투표횟수는 당선 확정되기까지 투표를 한 횟수를 의미한다. 초기에는 재적의원(상하양원 재적의원 수) 2/3 찬성 혹은 과반수이상의 찬성으로 당선 여부를 결정하기도 했다. 그런 이유로 인해 후보자가 난립하거나 정해진 득표율에 미치지 못할 경우에는 재투표가 당선조건에 충족될 때까지 투표를 반복해서 했다. 제 6대 대통령 선출 투표가 23번까지 실시되었을 만큼 단기 투표로 당선자가 결정되지 않는 경우가 대부분이다.

* 대통령 선거는 간접선거로 상하양원 의원들에 의해 실시된다. 각 정당마다 후보자를 내기도 하지만, 일반적으로 후보자에 대한 사전 합의를 통해 선출하는 것이 일반적이다. 정당 소속이 바뀐 경우 이탈리아 정치계의 지형변화가 심한 편이기도 하고, 대통령 후보자가 정치적 중립을 표방하기는 하지만 자신의 정치적 견해에 대해서는 대외적으로 분명하게 밝히는 것이 일반적이다.

한국 역대 대통령

	대통령	헌법	선출 방식	재임기간	정당	비고
초대	이승만	제헌헌법	간선	1948.8.15 ~1952.8.14	대한독립 촉성 국민회	제1공화국
2대	이승만	1차 개정헌법	직선	1952.8.15 ~1956.8.14	자유당	
3대	이승만	2차 개정헌법	직선	1956.8.15 ~1960.4.26	자유당	초대 대통령 의 중임 제한 철폐
4대	이승만	2차 개정헌법	직선	미취임	자유당	부정선거로 1960년 4월 26일 국회에 서 선거무효 의결
4대	윤보선	3차 개정헌법	간선	1960.8.12 ~1962.3.23	민주당	제2공화국 (의원내각제) 1962년 3월 22일 대통령 사임으로 3월 24일부터 남 은 임기를 박 정희 최고 회 의 의장이 대 통령 권한대행
5대	박정희	5차 개정헌법	직선	1963.12.17 ~1967.6.30	민주 공화당	제3공화국
6대	박정희	5차 개정헌법	직선	1967.7.1 ~1971.6.30	민주 공화당	
7대	박정희	6차 개정헌법	직선	1971.7.1 ~1972.12.26	민주 공화당	3기 연임 인정
8대	박정희	7차 개정헌법	간선	1972.12.27 ~1978.12.26	민주 공화당	제4공화국 (중임제한 없음)

9대	박정희	7차 개정헌법	간선	1978.12.27 ~1979.10.26	민주 공화당	1979년 10월 26일 암살로 동일부터 남은 임기 동안 최규하 국무 총리가 대통령 권한대행
10대	최규하	7차 개정헌법	간선	1979.12.21 ~1980.8.16	무소속	
11대	전두환	7차 개정헌법	간선	1980.9.1 ~1981.2.28	무소속	
12대	전두환	8차 개정헌법	간선	1981.3.1 ~1988.2.24	민주 정의당	제5공화국 (단임제)
13대	노태우	9차 개정헌법	직선	1988.2.25 ~1993.2.24	민주 정의당	제6공화국 (단임제)
14대	김영삼	9차 개정헌법	직선	1993.2.25 ~1998.2.24	민주 자유당	
15대	김대중	9차 개정헌법	직선	1998.2.25 ~2003.2.24	새정치 국민회의	
16대	노무현	9차 개정헌법	직선	2003.2.25 ~2008.2.24	새천년 민주당	
17대	이명박	9차 개정헌법	직선	2008.2.25 ~2013.2.24	한나라당	

» **주미영**

(한국외국어대학교 국제지역대학원)
미국 미시간주립대학 정치학박사(비교정치/미국정치)

» **김태수**

(한국외국어대학교 글로벌정치연구소)
프랑스 파리1대학 정치학박사(비교정치/프랑스정치)

» **김형철**

(비교민주주의연구센터)
한국외국어대학교 정치학박사(비교정치/정치과정)

» **김신규**

(한국외국어대학교 동유럽발칸연구소 연구원)
한국외국어대학교 정치학박사(비교정치/동유럽정치)

» **강경희**

(제주대학교 정치외교학과)
멕시코국립자치대학교(UNAM) 정치학박사(비교정치/중남미지역학)

» **이순주**

(울산대학교 스페인어·중남미학과)
한국외국어대학교 정치학박사(비교정치/중남미지역학)

» **황규득**

(한국외국어대학교)
남아프리카공화국 프레토리아대학 정치학 박사

(한국외국어대학교)
남아프리카공화국 프레토리아대학 정치학 박사

» **장지향**

(가톨릭대학교 아태지역연구원)
미국 텍사스오스틴대학교 정치학박사(비교정치/중동정치)

» **강영순**

(한국외국어대학교 말레이·인도네시아어과)
국립인도네시아대학교 사회정치학대학원 정치학 박사

» **김종법**

(한국외국어대학교 글로벌정치연구소)
이탈리아 토리노 국립대학교 정치학박사(비교정치/유럽정치)

» **이상묵**

(한국지방행정연구원)
미국 Texas Tech University 정치학박사(비교정치/정치과정)